CM2

Cycle 3
niveau 3

Multi lectures

Martine Géhin
Maître formateur

istra

Avant-propos

« Le monde de l'écrit est de plus en plus divers et les élèves y sont confrontés très tôt, hors de l'école comme dans la classe. Il convient de les habituer rapidement à discerner ses multiples aspects et fonctions pour mieux les identifier et accéder ainsi à leur compréhension. »

Les Programmes de l'école primaire, 1995, C.N.D.P./Savoir Livre, diffusion Hachette.

Conforme à l'esprit des **programmes**,
la collection **Multilectures** repose sur **trois idées fortes**.

◆ Lire des textes différents

Multilectures propose une grande variété de textes, réunis autour de 12 thèmes.

Pour les onze premiers thèmes, l'élève retrouvera :

- deux ou trois textes narratifs ;
- un texte à lire, à dire et à jouer ;
- un texte de lecture fonctionnelle (ou écrit de la vie courante) ;
- des textes documentaires ;
- des poésies.

Les deux derniers chapitres se rapportent à la sixième, l'un en abordant la mythologie, l'autre en présentant un extrait de roman.

Certains élèves préfèrent les contes et les légendes, d'autres affectionnent les nouvelles, les témoignages ou les textes documentaires... D'autres encore se passionnent pour les textes à lire à voix haute, favorisant une lecture fluide, aisée et expressive. Faire connaître la diversité des écrits, susciter la curiosité, s'adresser à tous sont nos priorités.

◆ Lire mieux à l'aide d'outils méthodologiques

On ne lit pas de la même manière un récit, un journal intime, un documentaire ou un fait divers. Pour chaque texte, nous donnons à chaque enfant les moyens pratiques pour lui permettre de mieux lire et d'acquérir des réflexes de lecture adaptés.

Les rubriques de l'appareil pédagogique (Repère, Explique, Explore) permettent de construire des savoir-faire précis et fournissent les clés de la compréhension de l'écrit.

La rubrique finale (Débat, Production d'écrit, Recherche, Arts plastiques...) prolonge les activités. Elle doit susciter l'expression personnelle et permettre l'appropriation, par l'élève, des sujets développés.

Nous donnons également des éléments biographiques et bibliographiques, pour inciter les élèves, pour certains textes, à prolonger leur lecture.

◆ Lire pour apprendre dans toutes les disciplines

La lecture ne se limite pas à une plage horaire de l'emploi du temps de français, mais se pratique dans toutes les disciplines. L'enseignant pourra donc, par exemple, aussi utiliser **Multilectures** comme élément déclencheur ou comme conclusion d'une leçon d'histoire (voir le tableau de la *page* 6).

Les thèmes exploités dans le livre permettent d'aborder les différentes disciplines du programme scolaire : histoire-géographie, sciences et technologie, mathématiques, éducation civique, arts plastiques...

ISBN 2. 01. 11. 6110.X

Imprimé par Campin et relié par AGM – Dépôt légal : n° 3857-08/99 – Collection : 67 – Édition : 01 – 11/6110/8

Sommaire

Au cinéma

La révolution française

C'est la vie !

Vive le sport !

Inventeurs et inventions

Terre, planète vivante

Histoires d'argent

L'énergie

La guerre

Émotions et sentiments

…Vers la sixième

La mythologie

Kamo, l'idée du siècle *de* Daniel Pennac

Multilectures

un choix de textes interdisciplinaires

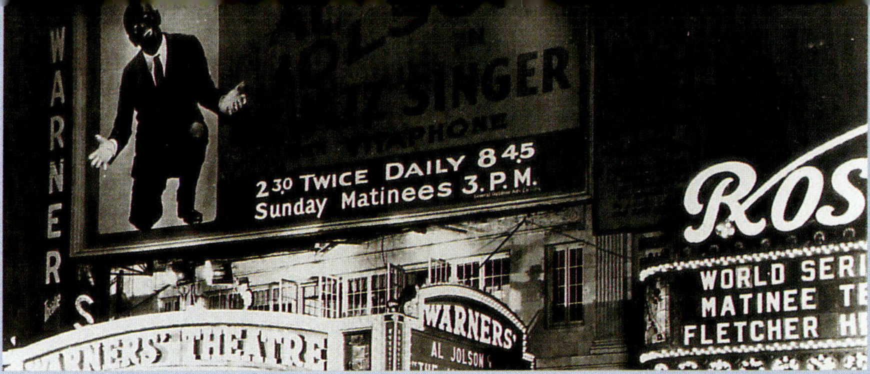

Le chanteur de jazz.

Au cinéma

Quelle agréable surprise attend Steven lors de l'ennuyeuse projection familiale ?

L'aventurier de Jurassic Park

Un cadeau inattendu

Salut ! Je m'appelle Steven, j'ai 12 ans, et j'habite Scottsdale, une petite ville sans histoire, dans l'État de l'Arizona. Mon père est ingénieur en électronique, ma mère est pianiste, nous vivons à six dans une grande maison, et somme toute, ma vie serait plutôt agréable si je n'étais pas l'aîné de trois filles nommées Ann, Nancy et Sue. Quand on parle du loup ! Justement, je les entends qui montent l'escalier avec la délicatesse d'un troupeau d'éléphants.

– Steven, descends vite au salon, on va regarder le film de notre balade au Grand Canyon* ! me lance Nancy, en ouvrant la porte à toute volée.

L'œil rivé sur les pieds des « envahisseuses », je prie pour qu'aucune ne marche sur mon train électrique.

– Je lis. Dites à papa que je suis en train de faire mes maths.

– Oh ! siiiii, Steven, viens ! Tu avais promiiiiis ! insiste Sue. Vaincu, je jette un regard désolé sur ma bande dessinée : juste au moment où les Vénusiens allaient lancer leur attaque sur New York avec leurs soucoupes à bras télescopiques !

– C'est bon… J'arrive !

Au salon, tout est prêt pour la projection. Un drap blanc est tendu au mur et Papa fixe la bobine sur le projecteur. Une bonne odeur de pop-corn chaud s'élève de la table basse.

Pendant que les filles s'installent sur le canapé, je prends mon poste à côté de l'interrupteur, prêt à éteindre la lumière quand Papa me fera signe.

– On y va, Stevie !

L'obscurité faite dans la pièce, une image floue apparaît sur le drap. On y reconnaît la famille Spielberg au grand complet, entassée dans le break familial. Après un plan sur les grimaces de Sue, la caméra se dirige vers les montagnes qu'elle parcourt d'un travelling* hésitant avant de plonger sur le Grand Canyon. Difficile quand on filme d'une voiture qui roule à 60 à l'heure de reconnaître cette merveille de la nature dans la tache noire qui ondule à l'écran !

– Beurk, j'ai mal au cœur, dit Sue.

– Chut ! C'est parce que la caméra bouge, chuchote Maman.

– Et là, qui c'est ? demande Nancy.

– Tu vois bien que c'est Maman. Mais Papa lui a coupé la tête ! pouffe Ann.

Je me tais, mais je n'en pense pas moins. Depuis que Papa a reçu cette caméra comme cadeau d'anniversaire, il ne manque pas une occasion de nous filmer. Mais quel mauvais cameraman ! À chaque fois, j'ai envie de lui arracher la caméra des mains pour lui montrer comment s'y prendre. La projection terminée, je m'apprête à filer à l'anglaise quand il s'avance vers moi.

– Alors, fiston, qu'en penses-tu ?

Pris au dépourvu, j'essaie de feindre l'enthousiasme.

– Ouais ! C'était chouette. Vraiment chouette !

Puis c'est plus fort que moi :

– Mais... Euh... Enfin... Tu sais, ta caméra n'est vraiment pas stable, P'pa. Et puis tu filmes tout de la même façon. Il faut faire des gros plans, couper de temps en temps pour donner du rythme.

– Hum ! Je vois ce que tu veux dire. Écoute, fais-moi plaisir, Steven...

– OK, j'ai compris : je garde mes critiques pour moi.

– Non. J'ai une meilleure idée : à partir de maintenant, c'est toi qui filmeras. Je te confie la caméra.

Cette caméra Super-8, c'est le plus beau cadeau qu'on m'ait jamais fait. Car ne croyez pas que je vais me contenter de filmer les vacances familiales, comme Papa. Non, avec elle, je vais m'entraîner à tourner de vrais films, pour devenir cinéaste quand je serai plus grand !

Maman dit que j'ai toujours été un fanatique de cinéma. À l'âge des couches-culottes, j'avais déjà vu tous les grands Walt Disney : *Blanche Neige*, *Peter Pan*, *Bambi*, *Fantasia*...

Du sang pour les dinosaures

– Maman, je peux prendre la confiture de fraises ?

– Bien sûr, Steven. Mais où vas-tu ? Fais-toi une tartine dans la cuisine.

– C'est que… ce n'est pas pour goûter, M'man. J'en ai besoin pour faire du sang.

– Du sang !

– Du faux sang, quoi ! C'est pour mon film sur les dinosaures.

Laissant Maman à sa stupéfaction, je file rejoindre Nancy dans le garage. C'est là que je me suis installé pour tourner mon premier court métrage*. Ce sera un film d'animation de trois minutes. Voyons… comment vous expliquer ? C'est le même principe qu'un dessin animé, sauf qu'on filme des personnages de pâte à modeler, en les bougeant entre chaque prise de vue pour donner l'illusion* du mouvement.

Mes héros sont deux dinosaures, un vélociraptor et un tyrannosaure qui se battent en duel. Ils sont vraiment effrayants !

Deux mois ont passé. Le film sur les dinosaures est fini. Une fois le montage terminé, j'ai rajouté le bruitage, en utilisant ma clarinette pour imiter des cris de dinosaures. Le résultat est plutôt réussi, surtout quand Maman accompagne le film au piano, avec un air de sa composition !

Pendant les vacances, j'ai eu le temps de faire un autre court métrage de trois minutes, montrant la collision de deux trains. Je l'ai tourné avec mes trains électriques, mais je vous jure qu'on s'y croirait ! Pour qu'on ne voie pas qu'il s'agit de jouets, je les ai

*** Vocabulaire**

Grand Canyon : nom des gorges du Colorado dans l'Arizona (États-Unis).

travelling (n. m., mot anglais) : déplacement de la caméra, généralement sur un chariot roulant sur des rails.

court métrage (n. m.) : film de faible durée, d'une minute à une demi-heure.

illusion (n. f.) : perception fausse due à une apparence trompeuse.

▶ Pour en savoir plus, ouvre ton dictionnaire.

Repère

1. Quel est le genre de ce texte ?
2. Quel est le titre de l'ouvrage dans lequel il est paru ?
3. Qui en est l'auteur ?
4. Quel est le nom de la collection ?
5. Quel est l'éditeur de l'ouvrage ?
6. De qui raconte-t-on la vie ?

filmés au ras du sol, de très près, en remontant lentement de la locomotive vers la queue du train. Puis, au montage, j'ai intercalé les images du train qui vient de gauche avec des images de celui qui vient de droite : c'est comme ça que Cecil B. DeMille fait durer le suspense, dans son film *Sous le plus beau chapiteau du monde*. Enfin, j'ai ajouté des gros plans sur les visages terrifiés des gens qui assistent à la collision. Les « gens » en question, ce sont mes sœurs et mes parents… ravis de jouer la comédie.

Depuis que j'ai la caméra, mes sœurs sont mes actrices attitrées. Pour m'entraîner, je les fais souvent jouer dans des petites scènes improvisées. Comme ce sont généralement des histoires d'assassinats, elles sont déjà mortes une bonne demi-douzaine de fois !

– Au moins, tu ne passes plus ton temps à les terroriser ! se réjouit Maman.

C'est vrai qu'il n'y a pas si longtemps, je ne perdais pas une occasion de les faire enrager. Dès qu'elles étaient au lit, je filais dans le jardin me cacher sous la fenêtre de leur chambre à coucher. J'attendais qu'elles soient dans leur premier sommeil, puis je me mettais à chuchoter d'une voix lugubre :

– Je suis la luuuuuuuune !

Si bien qu'elles se relevaient en hurlant !

Maintenant, je n'ai plus le temps de les taquiner. Le cinéma me prend tout mon temps ! Et à partir de la semaine prochaine, ce sera pire : c'est la rentrée.

Claire LAURENS, « L'aventurier de Jurassic Park »,
dans *Je lis des histoires vraies*, n° 52, mai 1997, Fleurus Presse.

Explique

1. De qui se compose la famille Spielberg ?
2. Pourquoi le père est-il un mauvais cameraman ?
3. Pourquoi propose-t-il à Steven de lui confier la caméra ?
4. Comment Steven s'y prend-il pour réaliser son film d'animation ?
5. Quel est le sujet de son deuxième film ? Comment le réalise-t-il ?

Explore

1. Quelles expressions se rapportent au cinéma ?
2. De quels animaux préhistoriques parle-t-on ?
3. Quels noms les adjectifs *télescopiques, terrifiés, attitrées* et *lugubre* qualifient-ils ?
4. Pourquoi parle-t-on de « travelling hésitant » ?

Géographie

Sur une carte, situe le Grand Canyon.

Qu'est-ce qui précipite des milliers de spectateurs dans cette salle obscure ?

L'invention du siècle

Georges Méliès n'oubliera point cette soirée : « Nous nous trouvions, les autres invités et moi, en présence d'un petit écran, semblable à ceux qui nous servaient pour les projections Molteni, et, au bout de quelques instants, une photographie immobile représentant la place Bellecour, à Lyon, apparut en projection. Un peu surpris, j'eus à peine le temps de dire à mon voisin : “ C'est pour nous faire voir des projections qu'on nous dérange ? J'en fais depuis plus de dix ans. ”

« Je terminais à peine qu'un cheval traînant un camion se mettait en marche vers nous, suivi d'autres voitures, puis de passants, en un mot, toute l'animation de la rue. À ce spectacle, nous restâmes tous bouche bée, frappés de stupeur, surpris au-delà de toute expression. »

Le Cinématographe avait déjà été montré au monde savant, lors de réunions privées. Des séances publiques et payantes pouvaient-elles attirer les Parisiens, auxquels, en cette fin de siècle, les nouveautés ne manquent pas et que le néologisme* obscur qui baptise l'appareil ne renseigne guère ? Clément-Maurice, un ancien employé des établissements Lumière, est chargé de l'organisation des projections. Il loue le Salon indien, une petite salle située en sous-sol du Grand Café, 14, boulevard des Capucines. L'aménagement est sommaire : un écran de toile, une centaine de chaises, un appareil de projection posé sur un escabeau, et, à l'entrée, un calicot* annonçant « Cinématographe Lumière, entrée un franc ».

Le premier jour, 28 décembre 1895, maigre succès : trente-trois spectateurs ; la presse, pourtant conviée,

*** Vocabulaire**

néologisme (n. m.) : mot de création récente.

calicot (n. m.) : bande d'étoffe portant une inscription ; banderole.

ahuri (adj.) : stupéfié, hébété.

sceptique (adj.) : incrédule.

blasé (adj.) : indifférent, insensible, lassé.

statique (adj.) : qui est sans mouvement.

▶ Pour en savoir plus, ouvre ton dictionnaire.

Repère

1. Quel est le genre de ce texte ?
2. Dans quelle collection le livre d'où vient cet extrait est-il publié ?
3. Qui est l'auteur ? Quel est son métier ?
4. De quel personnage célèbre parle-t-on ?
5. À quelle époque la scène se passe-t-elle ?

Explique

1. Est-il courant de faire parler un personnage dans

ne se dérange pas. Mais en quelques jours, sans autre publicité que le bouche à oreille, le public afflue. « Ceux qui se décidaient à entrer sortaient un peu ahuris* ; on les voyait bientôt revenir, amenant avec eux toutes les personnes de connaissance qu'ils avaient pu rencontrer sur le boulevard », raconte Clément-Maurice. Rapidement, plus de deux mille spectateurs se précipitent chaque jour à la porte du Salon indien, des attroupements se forment, parfois même des bagarres éclatent. La police doit mettre en place un service d'ordre.

« L'arroseur arrosé » par L. Auzolle, 1896.

Dans la salle obscure, on installe bientôt un piano pour couvrir le crépitement de l'appareil. Le programme de vingt minutes comporte une dizaine de films et les spectateurs manifestent tous les mêmes réactions : sceptiques* ou blasés* à l'apparition initiale d'une projection photographique statique*, ils sont stupéfaits lorsque celle-ci s'anime, admiratifs à la vue du vent dans les arbres, de l'agitation des flots, effrayés quand le train entrant en gare de La Ciotat semble se précipiter sur eux, finalement enthousiastes.

Plongés dans le noir, les yeux fatigués par le scintillement de la lumière, le sautillement de l'image, la rapidité saccadée des mouvements, ils n'ont pas l'impression d'assister aux premières d'un spectacle nouveau. Le Cinématographe leur semble avoir une vocation autrement profonde : la reproduction de la vie, peut-être sa résurrection, comme en témoigne cette réaction d'un journaliste : « Lorsque ces appareils seront livrés au public, lorsque tous pourront photographier les êtres qui leur sont chers, non plus dans leur forme immobile, mais dans leur mouvement, dans leur action, dans leurs gestes familiers, avec la parole au bout des lèvres, la mort cessera d'être absolue. »

Emmanuelle Toulet, *Cinématographe, invention du siècle*, coll. « Découvertes », Gallimard Jeunesse.

Petite biographie

Emmanuelle Toulet

Chargée du département des Arts du spectacle de la Bibliothèque nationale, Emmanuelle Toulet est responsable des collections concernant le cinéma.

Elle a publié divers articles sur le cinéma muet et s'occupe d'une association internationale de recherche sur les débuts du cinéma.

un texte de type documentaire ? Pourquoi fait-on parler ici celui qui relate l'événement ?

2. Pourquoi les spectateurs sont-ils stupéfaits ?
3. Pourquoi installe-t-on un piano dans la salle de projection ?
4. Quelle vocation profonde le cinéma semble-t-il avoir ?
5. Que veut dire le journaliste quand il écrit : « la mort cessera d'être absolue » ?

Explore

1. Quelles sont les expressions ayant un rapport avec la projection du film ?
2. Que signifie le terme *cinématographe* ?
3. Quels sont les mots employés pour décrire les réactions des spectateurs ?

Technologie Cite des appareils ou des procédés qui permettent de projeter une image. Recherche comment ils fonctionnent.

Petite biographie

Roberto BENIGNI

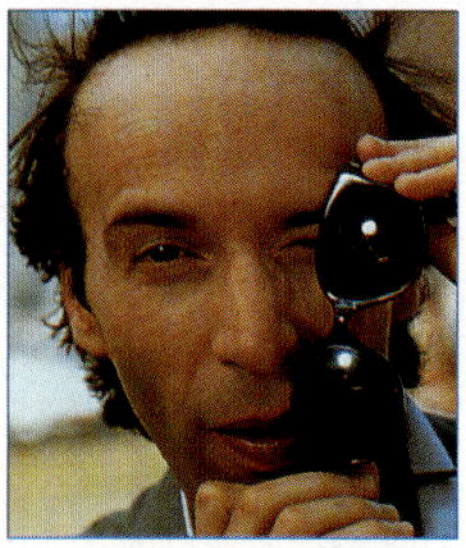

Né en 1952 en Toscane (Italie). Son cinéma est original. Il choisit l'humour, le décalage et la poésie pour raconter le monde contemporain *(Johnny Stecchino)*, l'amour *(Le Monstre)*, la religion *(Le Petit Diable)* et l'histoire. Avec *La Vie est belle*, Roberto Benigni a franchi un cap dans son art cinématographique : cette fable sur l'holocauste et sur l'irréductible amour d'un père pour son fils fait éclater toutes les lois de la narration et propose au cinéma une nouvelle manière de traiter l'histoire, car elle ne choisit pas les codes habituels.

Sur l'oreiller

SCÈNE 12

La maison de l'oncle. Intérieur nuit.

Les deux amis sont au lit, en pyjama, l'un auprès de l'autre. Une lampe est allumée, mais sur un vieux meuble adossé à un mur et à bonne distance. Ferruccio semble préoccupé, sa tête repose sur l'oreiller.

FERRUCCIO. – Je dois ramener la voiture à mon père… Il y tient beaucoup.

GUIDO. – Tu la lui rapporteras dans un mois.

FERRUCCIO. – Non, je dois la lui rapporter rapidement… Sais-tu pourquoi ? *Il fait soudainement silence.*

GUIDO. – Pourquoi ?

Ferruccio ne répond pas, et, soucieux, Guido le secoue.

GUIDO. – Ferruccio ?

Ferruccio sort d'un profond sommeil et, pris d'épouvante, il jette un regard circulaire autour de lui.

FERRUCCIO. – Qu'y a-t-il ? Quelle heure est-il ?

GUIDO. – Comment, quelle heure est-il ? Nous étions en train de parler, voici tout juste une seconde… mais quoi, tu dormais ?

FERRUCCIO. – Bien sûr que je dormais !

GUIDO. – Précisément une seconde, mais comment as-tu fait ?

FERRUCCIO. – Schopenhauer* !

GUIDO. – Quoi, Schopenhauer ?

FERRUCCIO. – Il prétend que, pour peu qu'on ait de la volonté, on peut tout faire : « Je suis ce que je veux… », et, en ce moment, je veux être un homme qui dort. Et moi, j'étais en train de me dire : « Je dors, je dors, je dors ! » Et toc… je me suis endormi !

Guido est enthousiaste, il flotte presque sur son oreiller.*

GUIDO. – C'est beau. C'est simple.

Il fait jouer ses doigts comme s'il voulait attirer quelque chose vers lui, il assombrit sa voix.*

GUIDO. – Dors, dors, dors…

FERRUCCIO *(agacé)*. – Mais pourquoi agites-tu les mains…, ce n'est pas un tour de prestidigitateur. C'est une chose profonde, sérieuse, qui requiert* beaucoup de temps ! Allez, bonne nuit, nous en reparlerons demain !

*** Vocabulaire**

Schopenhauer : philosophe allemand du XIXe siècle.
enthousiaste (adj.) : exalté, heureux.
assombrir (la voix) : baisser la voix.
requérir (v.) : demander, réclamer, exiger.
s'abîmer (dans le sommeil) : sombrer dans le sommeil.

▶ Pour en savoir plus, ouvre ton dictionnaire.

Repère

1. Comment appelle-t-on l'ensemble des dialogues d'un film ?
2. Quel est le titre du film ?
3. Qui en est l'auteur ?
4. Qui sont les deux personnages ?
5. Quelles sortes d'indications le texte en italique donne-t-il ?

Guido demeure perplexe. Entre-temps, en un clin d'œil, Ferruccio s'abîme de nouveau dans le sommeil. Alors, Guido essaie de mettre cette théorie en pratique : il agite ses doigts au-dessus du visage de son ami endormi.*

GUIDO. – Réveille-toi, réveille-toi…
(Il hausse un peu le ton.) Réveille-toi !

Ferruccio sursaute et ouvre de nouveau les yeux, épouvanté.

FERRUCCIO. – Qu'y a-t-il ? Quelle heure est-il ?

GUIDO *(enthousiaste)*. – Oh, ça marche !

FERRUCCIO. – Qu'est-ce qui marche ?

GUIDO. – Schopenhauer ! Je disais : « Réveille-toi, réveille-toi… » et tu t'es aussitôt réveillé ! Incroyable, la volonté. Comment tout cela se passe-t-il ?

FERRUCCIO. – Il se passe que tu m'as réveillé… Tu me hurlais : « Réveille-toi » à l'oreille. Je me suis forcément réveillé !

GUIDO. – Ah, je dois le dire plus doucement !

FERRUCCIO. – Non, tu ne dois pas le dire du tout ! C'est une question de volonté… intérieure…

Tout en prononçant ces mots, Ferruccio se tourne de l'autre côté et ferme de nouveau les yeux.

GUIDO. – J'aime cette chose, elle est très belle…

Il recommence alors à agiter ses doigts devant lui en soufflant tout juste quelque chose du bout des lèvres.

GUIDO. – Ehoum, ehoum, ehoum…

Ferruccio n'ouvre pas les yeux, mais donne des coups de pied sous les draps.

FERRUCCIO. – Qu'y a-t-il ?

GUIDO. – Non, rien… sans le dire, j'étais en train de dire : « Éteins-toi, éteins-toi » à la lampe. Je ne parviens pas à dormir la lumière allumée !

FERRUCCIO. – Lève-toi et va l'éteindre !

Alors Guido pointe ses mains sur la tête de son ami et agite ses doigts.

GUIDO. – Vas-y toi-même… vas-y toi-même…

Ferruccio se lève, non sans soupirer.

FERRUCCIO. – J'ai compris !

Il court vers la lampe et l'éteint. La pièce est plongée dans l'obscurité.

Roberto BENIGNI et Vicenzo CERAMI, *La Vie est belle*,
traduit de l'italien par Philippe DI MEO, coll. « Folio », Gallimard.

L'affiche du film *La vie est belle.*

Réfléchis

1. Quelle découverte enthousiasme Guido ?
2. Est-ce par l'effet de sa volonté que Ferruccio se réveille ?
3. Pourquoi Ferruccio finit-il par se lever ?

Lecture expressive

1. La scène est légère et gaie : lors de la lecture à haute voix, faites-le ressentir au public.
2. Les répliques peuvent être entrecoupées, quand cela est nécessaire, par un temps de silence.

Mise en scène

Les deux acteurs se placent assis côte à côte.

- Adoptez un ton enjoué et enthousiaste pour Guido. Ferruccio, lui, est plus neutre et plus posé.
- Faire ressortir les grandes parties : premières répliques, réveil de Ferruccio et révélation du principe de Schopenhauer, « rendormissement », réveil de Ferruccio.

La Belle et la Bête

100 personnalités présentent 100 films

1 → **La Belle et la Bête**

2

16.40 18.30 **La 5e**

Film TTT

3 (Présenté par Henri Alekan.)

4 Film français de Jean Cocteau (1945). Image : Henri Alekan. Musique : Georges Auric. Chrétiens-Médias : adultes, adolescents. NB. Rediffusion. Jean Marais : Avenant/la Bête/le prince. Josette Day : Belle. Michel Auclair : Ludovic. Mila Parély : Félicie. Nane Germon : Adélaïde. Marcel André : le père. Raoul Marco : l'usurier. Et la voix de Jean Cocteau.

5 **Le genre.** Conte fantastique.

6 **L'histoire.** Un marchand veuf et à demi ruiné vit dans un manoir avec son fils, Ludovic, et ses trois filles, Félicie, Adélaïde et Belle. La benjamine est traitée comme une esclave par ses sœurs, égoïstes et prétentieuses. Au retour d'un voyage, le marchand s'égare et pénètre dans un château étrange. Il cueille pour Belle une rose dans le jardin. Alors apparaît le propriétaire, monstre doté d'un corps d'homme et d'un mufle de bête. Il condamne le visiteur à mourir, à moins qu'une de ses filles ne prenne sa place au château. Belle se sacrifie.

7 **Ce que j'en pense.** Ce film reste un joyau à part dans la production française de l'immédiat après-guerre. Jean Cocteau, auteur complet, signe une de ses plus belles réussites avec ce film magique où s'ouvrent les portes de l'interdit. Par le truchement d'un conte, recueilli en 1757 par Mme Leprince de Beaumont, il a repris sa mythologie personnelle : la Bête condamnée à la solitude et à la nuit par sa condition animale, c'est le poète exilé sur terre. L'amour, hors du normal, c'est un appel à la liberté, contre les conventions, contre la mort.

Les décors, conçus par Christian Bérard, accentuent l'aspect onirique (telle la salle éclairée par des candélabres tenus au mur par des bras vivants). Plastiquement, c'est superbe. Henri Alekan a modelé des images en noir et blanc qui rappellent les peintres français et hollandais du XVIIe siècle et Gustave Doré. Jean Marais (dont le maquillage durait cinq heures) offre, dans la Bête, une composition extraordinaire, faisant passer toute la souffrance intérieure, le besoin d'affection d'un être condamné à une apparence horrible et à des instincts sauvages.

8 **Jacques Siclier**

9

10 **Derrière la Bête, Jean Marais, le prince de Cocteau.**

11 *Télérama*, n° 2 565, 10 mars 1999.

Repères de lecture

1 Le titre du film : les mots *Belle* et *Bête* sont écrits avec des majuscules pour montrer qu'il s'agit de personnages.

2 L'heure de passage et la chaîne qui diffuse le film.

3 Un symbole : il donne une « note » au film. Plus il y a de **T**, plus le film est bon.

4 Les renseignements sur le film :
– l'année de la réalisation ;
– les noms des personnes qui ont créé le film : auteur, directeur de la photographie, compositeur de la musique ;
– destination : à quel public le film s'adresse ;
– les noms des acteurs principaux (Jean Marais joue trois rôles).

5 Le genre du film : il existe différentes catégories de films (policier, suspense, science-fiction, aventure, fantastique, comédie…). Celui-ci appartient à une catégorie spéciale : il s'inspire d'un conte, écrit en 1757.

6 Le descriptif du film : un résumé de l'histoire permet de se faire une idée des personnages et des principaux événements du film. Pour ménager le suspense, seul le début du film est décrit.

7 La critique : un journaliste donne son avis personnel. C'est pourquoi la rubrique s'intitule « Ce que j'en pense ».

8 Le nom de l'auteur de l'article : l'article est signé du nom de la personne qui l'a rédigé ; il parle en son nom, s'engage dans ses propos.

9 Une photographie : elle présente une scène du film. Elle montre l'acteur principal maquillé pour le rôle.

10 Une légende : une photo est le plus souvent accompagnée d'une légende comportant un commentaire qui permet de comprendre ce qui est montré.

11 La source du document : l'article reproduit ici provient d'une revue hebdomadaire spécialisée dans les programmes de télévision et de radio et dans l'actualité culturelle.

Repère

1. Dans quelle revue cette critique figure-t-elle ?
2. Quel est le titre du film présenté ?
3. Qui en est l'auteur ?
4. Quel est le nom de l'acteur jouant le rôle principal ?
5. Par quelle phrase la critique personnelle du journaliste est-elle introduite ?
6. En quelle année le film est-il sorti ?

Explique

1. À quoi cette critique sert-elle ?
2. Pourquoi l'article est-il signé ?
3. Pourquoi ce film est-il classé dans la catégorie « conte fantastique » ?
4. Pourquoi l'auteur de l'article ne raconte-t-il pas le film en entier ?
5. Quels sont les mots et les expressions qui montrent que ce film a enthousiasmé le critique ?

Mars 1895 : la naissance du cinéma

19 mars : le premier tournage

Invité à Paris pour une conférence sur l'industrie photographique, Louis tourne le mardi 19 mars 1895 son premier film : *La Sortie des usines Lumière.*

Il installe son appareil au rez-de-chaussée d'un petit immeuble situé presque en face du portail de l'usine.

Auguste Lumière

22 mars : la première projection publique

Le vendredi 22 mars 1895, Louis donne à Paris la première projection publique de son premier film. Elle a lieu à la Société d'encouragement de l'industrie nationale où Louis Lumière fait sa conférence*.

Louis Lumière

« *A l'aide d'un* kinétoscope *de son invention*, est-il écrit dans le bulletin du Photo-club de Paris, *il a projeté une scène des plus curieuses : la sortie du personnel des ateliers à l'heure du déjeuner. Cette vue animée, montrant en plein mouvement tout ce monde se hâtant vers la rue, a produit l'effet le plus saisissant, aussi une répétition de cette projection a-t-elle été redemandée par tout l'auditoire émerveillé. Cette scène, dont le déroulement ne dure qu'une minute environ, ne comprend pas moins de huit cents vues successives.* »

30 mars : le *cinématographe*

Le 30 mars, le mot *cinématographe* apparaît pour la première fois dans une addition au brevet précisant diverses modifications de l'appareil.

* Parmi les deux cents spectateurs se trouvaient Léon Gaumont, directeur du Comptoir de la photographie, et créateur, deux ans plus tard, de la firme cinématographique Gaumont, et Jules Carpentier qui réalisa en série la fabrication de l'appareil.

20

*** Vocabulaire**

kinétoscope (n. m.) : appareil permettant la projection de photographies à courts intervalles ; un des ancêtres du cinéma.

brevet (n. m.) : titre qui garantit la propriété d'un dispositif ou d'un produit nouveau à son inventeur.

congressiste (n. m.) : membre d'un congrès.

session (n. m.) : période de temps.

▶ Pour en savoir plus, ouvre ton dictionnaire.

Repère

1. Comment ce document est-il organisé ?
2. Quels sont les titres et les sous-titres ?
3. Quelles sont les dates mentionnées ?
4. Que représentent les photographies ?
5. Que raconte le texte placé entre guillemets ?
6. D'où ce document provient-il ?

Juin 1895 : les premières actualités

Scène du débarquement, à Neuville, des participants au congrès de la photographie.

A l'occasion du Congrès des Sociétés françaises de photographie qui se déroule à Lyon, Louis filme l'arrivée des congressistes en excursion à Neuville-sur-Saône le 11 juin, ainsi que l'astronome Janssen en conversation avec M. Lagrange, conseiller général du Rhône.

Ces deux premiers films d'actualités sont projetés aux congressistes le lendemain sous le titre *Le Débarquement à Neuville* et *Discussion de M. Janssen et de M. Lagrange*.

Pour rendre encore plus vivant son reportage, Louis fait redialoguer l'astronome et le conseiller général derrière l'écran pendant la projection.

C'est un énorme succès.

Dans son discours au Congrès, Janssen affirme : « *Messieurs, le gros événement de cette session a été le résultat obtenu en photographie animée par MM. Lumière.* [...] *On connaissait surtout les intéressants résultats obtenus par MM. Muybridge* et Edison. Mais le tableau animé créé par ces inventeurs ne pouvait être perçu que d'une personne à la fois. Avec MM. Lumière, c'est toute une assemblée qui est appelée à jouir de l'étonnante illusion.* »

* Eadweard Muybridge, photographe anglais (1830-1904), présente à l'aide de son *zoopraxinoscope* des photographies animées.

21

Dans « Le cinéma des frères Lumière », *BTJ* n° 1 061, octobre 1994, Publications de l'École moderne française.

Explique

1. Qui sont les frères Lumière ?
2. À quelle occasion le premier film de Louis Lumière fut-il tourné ?
3. Comment s'appelle l'appareil de projection qu'il a utilisé ?
4. Pourquoi mentionne-t-on la présence de Léon Gaumont ?
5. Quel procédé a permis d'associer les images et les voix des premières actualités ?

Production d'images

Utilisez une caméra vidéo pour réaliser des petits films : les visionner et les analyser.

TÉLÉVISION

HOLLYWOOD - SOIRÉE THÉMATIQUE

En 1924, les quatre dernières lettres se sont écroulées.

L'entrée de la Paramount, le plus célèbre des studios hollywoodiens.

Le fameux lion de la MGM (Metro Goldwyn Mayer), en vrai !

Films d'action, comédies... on tourne tout dans les studios.

"Chantons sous la pluie", une comédie musicale avec Gene Kelly.

Le grand mélange

Au début du siècle, avec ses citronniers et ses eucalyptus, Hollywood c'était la campagne aux portes de Los Angeles. C'est à partir de 1913 que les producteurs de cinéma y débarquent pour installer leurs studios.

En quelques années, ils font construire de véritables villes sur lesquelles ils règnent en maîtres. Une belle revanche pour ces immigrés juifs d'Europe de l'Est, fuyant la misère et les persécutions.

Aux États-Unis, ils se sont lancés dans le cinéma car les métiers auxquels ils étaient habitués en Europe (médecine, commerce et finance) étaient réservés à la bourgeoisie protestante, les "wasp", fondateurs des États-Unis.

Dans ce pays très raciste, les producteurs juifs n'hésitent pas à confier la musique de leurs films à des compositeurs noirs. Grâce à eux, le jazz sort de son ghetto.

Le péplum, ou l'Antiquité revue par Hollywoo

Les affaires avant tout

Les producteurs d'Hollywood ne sont pas des révolutionnaires. Pour eux, les films, c'est d'abord du commerce. Barney Balaban, qui présida pendant trente ans la Paramount, un des grands studios hollywoodiens, a grandi dans le ghetto juif de Chicago. Pour le pousser à se lancer dans le cinéma, sa mère lui disait : *"Il n'y a pas de meilleure affaire au monde. Les gens payent avant de voir le produit !"*

Le but, c'est de faire des films qui plaisent au plus grand nombre en ne choquant personne. Les producteurs font donc leur propre censure : un baiser ne doit durer que quelques secondes. On va jusqu'à tourner deux versions quand les acteurs s'embrassent : une courte pour les États-Unis, pays très puritain. Une autre, longue et passionnée, pour le reste du monde.

On impose le "happy end" aux scénaristes : les histoires doivent finir bien pour que chacun puisse s'identifier aux héros. Et les acteurs aux noms trop exotiques sont priés d'en changer pour faire plus américain. Kirk Douglas (le père de Michael Douglas) s'appelait en fait Issur Danilovitch Demsky !

Des amoureux du cinéma

Les producteurs n'hésitent pas à dépenser des fortunes pour les films auxquels ils croient. En contrepartie, ils se mêlent de tout.

16

*** Vocabulaire**

septième art (n. m.) : cinéma.

ghetto (n. m.) : quartier dans lequel une minorité se trouve regroupée et isolée du reste de la population.

censure (n. f.) : action de juger en vue d'accorder ou de refuser la diffusion d'une idée au public.

puritain (adj.) : respectueux des principes moraux.

tyrannique (adj.) : qui tient de la tyrannie ; autoritaire, injuste et violent.

▶ Pour en savoir plus, ouvre ton dictionnaire.

Repère

1. D'où le document provient-il ? Qu'est-ce qui te l'indique ?
2. Comment ce document est-il organisé ?
3. Que représentent les photographies reproduites ?
4. Quels sont les titres des films mentionnés ?
5. Quel mot a été défini dans le document ?
6. Combien de fois vois-tu le mot *Hollywood* ? Comment est-il présenté ?

DIMANCHE 21 MARS - ARTE - 20H40

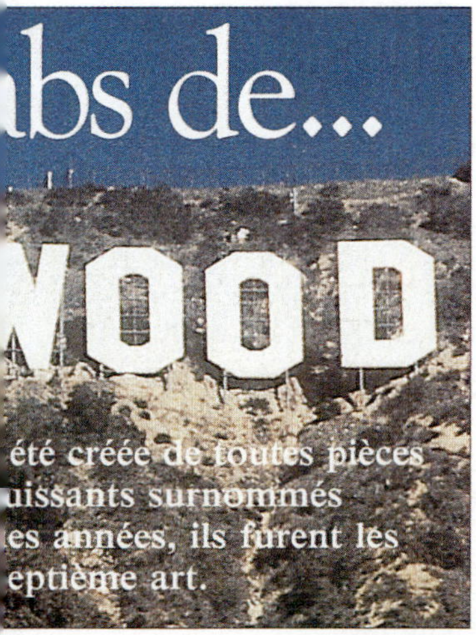

"Autant en emporte le vent" : une mise en scène très hollywoodienne !

tournage de "Samson et Dalila" (1949), avec l'un des premiers réalisateurs
Iollywood, Cecil B. de Mille. À gauche, un Oscar (équivalent de nos César).

David O'Selznick, producteur du célèbre *Autant en emporte le vent* (1939), a usé 4 scénaristes et 3 réalisateurs pendant le tournage ! Les studios étaient alors organisés comme des petits États, dont les producteurs étaient les dirigeants tyranniques : de la couleur des affiches au look des actrices, en passant par les petites amies des acteurs, ils contrôlaient tout. Ce système a duré jusque dans les années 60. Son âge d'or a été celui des comédies musicales, des années 30 aux années 50. Et puis le public en a eu assez des films faits en studio. Les réalisateurs et les acteurs sont partis tourner dans des décors naturels. Les producteurs n'ont plus été les rois. Dans les années 80, c'est un réalisateur, Steven Spielberg, qui a remis les studios d'Hollywood à la mode en y tournant *Les Aventuriers de l'arche perdue* (1981) ou *E.T.* (1982). La légende n'est pas finie !

François Descombe

*Les nababs étaient les riches gouverneurs des provinces en Inde. Aujourd'hui, ce mot désigne une personne puissante qui étale sa richesse.

HOLLYWOOD EN SON MIROIR

• Dans le cadre de sa soirée thématique sur Hollywood, Arte diffuse *Le Jour du fléau* (1975) : dans les années 30, un dessinateur embauché dans "l'usine à rêves" tombe amoureux d'une jeune femme prête à tout pour devenir starlette.

• Tu peux aussi te procurer les cassettes vidéo de grands films sur l'âge d'or d'Hollywood :
- *Good Morning Babylone* (1987) : l'épopée de deux immigrés italiens, tailleurs de pierre, qui deviennent décorateurs dans les studios hollywoodiens.
- *Chantons sous la pluie* (1952) : une comédie musicale relatant le passage du cinéma muet au cinéma parlant.
- Pour les plus grands, *Barton Fink* (1990) : la toute puissance des producteurs et le "travail à la chaîne" des scénaristes.

PHOTOS ARTE/KIPA/SIPA/DR

17

François Descombe, dans *L'Hebdo des juniors*, n° 290, semaine du 20 au 26 mars 1999, Junior Hebdo.

Explique

1. Pourquoi le nom de *Hollywood* est-il célèbre ?
2. Pourquoi désigne-t-on les producteurs par le terme *nababs* ?
3. Pourquoi les immigrés juifs ont-ils quitté l'Europe de l'Est ?
4. Pourquoi se sont-ils lancés dans le cinéma ?
5. Quelle musique ont-ils concouru à faire connaître ? Pourquoi ?
6. Dans quels buts produisent-ils des films ?
7. Qu'est-ce que le « happy end » ?

Recherche documentaire

Fais des recherches sur l'évolution du cinéma : les différents progrès techniques, les grands films...

Un enfant sage comme une image...

Un enfant sage comme une image regarde une image
qui représente un enfant sage comme une image qui
représente un enfant sage comme une image
qui représente...
Mais l'enfant en a assez de cette unique représentation,
il veut que le décor change et toute la pièce avec.
« Cette image que je regarde, j'en fais ce que je veux,
ça me regarde. »
Il détache la page avec soin, la déchire, lance les morceaux
en l'air et attend que ça retombe, en désordre.
Et il ordonne ce désordre à sa guise, et bientôt découvre
une autre image qui représente un enfant turbulent, comme
il l'est lui-même souvent, secrètement et qui transforme, en
souriant, le langage des images, comme il réforme et reforme
les images du langage qu'on lui apprend habituellement,
quand elles lui semblent être, et c'est souvent,
les messages du mensonge.

Jacques Prévert, *Imaginaires*, coll. « Folio », Gallimard.

Avant le cinéma

Et puis ce soir on s'en ira
Au cinéma

Les Artistes que sont-ce donc
Ce ne sont plus ceux qui cultivent les Beaux-Arts
Ce ne sont pas ceux qui s'occupent de l'Art
Art poétique ou bien musique
Les Artistes ce sont les acteurs ou les actrices

Si nous étions des Artistes
Nous ne dirions pas le cinéma
Nous dirions le ciné

Mais si nous étions de vieux professeurs
de province
Nous ne dirions ni ciné ni cinéma
Mais cinématographe

Aussi mon Dieu faut-il avoir du goût.

Guillaume Apollinaire, *Il y a*, Gallimard.

L'écran

le chef d'orchestre automatique dirige le pianola
il y a des coups de revolver
applaudissements
l'auto volée disparaît dans les nuages
et l'amoureux transi s'est acheté un faux col
Mais bientôt les portes claquent

Aujourd'hui très élégant
Il a mis son chapeau claque
Et n'a pas oublié ses gants

Tous les vendredis changement de programme

Philippe Soupault, *Poèmes et Poésies*, Grasset.

La plantation de l'arbre de la liberté.

La Révolution française

Où trouver de la poudre et des munitions pour combattre la tyrannie ?

À la Bastille !

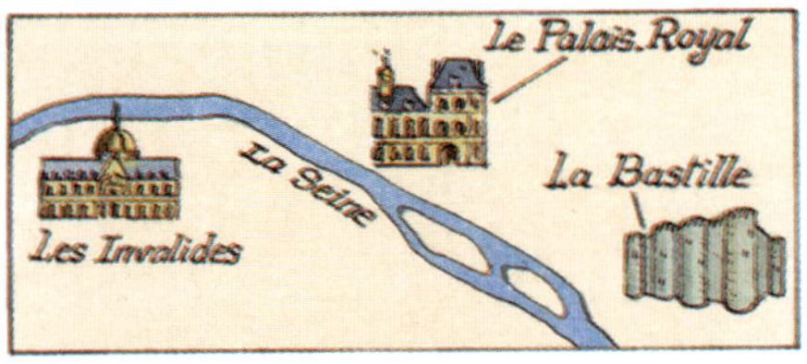

– Ce qui nous menace, hurle Desmoulins, c'est une Saint-Barthélemy* des patriotes !

Une immense acclamation salue cette harangue*. Desmoulins appelle le peuple aux armes. Il propose, en signe de ralliement, que sur-le-champ les amis de la liberté détachent les feuilles des arbres et les attachent à leurs chapeaux : ce seront les cocardes vertes de l'espérance. En un instant, il n'y a plus une feuille sur les arbres du Palais-Royal.

Le 13, ceux que l'on appelle déjà partout les *patriotes* creusent des tranchées, édifient des barricades. Mais si l'on veut se défendre contre les troupes que le roi – on en est de plus en plus certain – va envoyer, il faut des armes. Où les trouver ?

Très tôt, le 14 juillet, la foule se porte aux Invalides. Elle s'empare de plusieurs canons et de 32 000 fusils. Première victoire. Ce qui manque, c'est la poudre, ce sont les munitions.

Qui, le premier, a crié : « À la Bastille » ? On ne le saura jamais. Certes, la Bastille est une prison d'État. Mais vous devez savoir que, ce jour-là, en marchant sur la forteresse, personne n'a pensé aux prisonniers. On a besoin de poudre. On sait qu'il y en a dans les caves. Donc :

– À la Bastille !

Grimpé sur la plus haute tour de la citadelle dont il est gouverneur, M. de Launey, un vieux soldat, considère avec plus d'étonnement que de peur l'énorme cohue qui s'est agglutinée dans la rue et le faubourg Saint-Antoine.

Du haut des 24 mètres de ses remparts – la hauteur d'un immeuble de 8 étages – avec ses 8 fortes tours et ses courtines*, la Bastille domine tout le quartier. Elle écrase les couvents, les maisons, les jardins, le palais de M. de Beaumarchais, l'auteur dramatique, père du fameux *Mariage de Figaro*. À l'abri d'un fossé large de 25 mètres et profond de 8 mètres, elle apparaît imprenable. Elle est défendue par 80 invalides encadrés par 30 de ces mercenaires étrangers que l'on appelle les « Suisses ».

Dans l'esprit de ceux qui en commencent le siège, M. de Launey doit, sans faire de manière, ouvrir ses portes et livrer toute sa poudre. L'ennui, c'est que M. de Launey n'est pas d'accord. Afin qu'on le comprenne bien, il fait pointer ses canons sur la foule. Mais, pour montrer qu'il n'est pas méchant, il ne fait pas tirer. Il accepte même de négocier. Toute la journée, il tentera de convaincre plusieurs délégations* de sa bonne volonté. Ceci jusqu'au moment où la foule brise les chaînes du pont-levis et, hurlant sa joie, s'engouffre dans la première cour de la forteresse.

Cela, c'est plus que ne peut en supporter un gouverneur élevé dans le respect de l'ordre et de l'obéissance.

Il fait un signe et les fusils partent. Les salves atteignent la foule de plein fouet. Les blessés et les morts s'abattent dans une inextricable mêlée, celle du sang répandu, de la peur, de la colère. Vers la Bastille monte une gigantesque clameur de haine.

La Bastille n'était pas un symbole, elle le devient à l'instant même où les soldats de M. de Launey ont ouvert le feu.

Maintenant, ce sont les assaillants qui tirent sur les défenseurs. Ils sont à chaque minute plus nombreux. On dirait que Paris tout entier marche sur la Bastille. De Launey répond en faisant encore tirer. Au canon cette fois !

Il est 3 heures. Soudain le gouverneur ressent un intense soulagement : du haut des remparts, il voit accourir, au pas de charge, un détachement des gardes françaises.

*** Vocabulaire**

Saint-Barthélemy : massacre opposant catholiques et protestants qui fit 3 000 victimes, le 23 août 1572.

harangue (n. f.) : discours prononcé devant une foule.

courtine (n. f.) : muraille joignant les tours d'un château fort.

délégation (n. f.) : groupe de personnes envoyées au nom d'une collectivité.

arbitraire (n. m.) : autorité fondée sur le bon vouloir.

▶ Pour en savoir plus, ouvre ton dictionnaire.

Repère

1. Quel est le genre de ce texte ? Quel événement décrit-il ?
2. Qui en est l'auteur ? Quelle fonction exerce-t-il ?
3. Qui appelle aux armes la foule réunie dans les jardins du Palais-Royal ?
4. Quelle sorte de bâtiment la Bastille est-elle ?
5. Comment le gouverneur se nomme-t-il ?
6. Qu'écrit le roi dans son journal le 14 juillet ?

Cette troupe d'élite est chargée de la protection de la famille royale. Sûrement elle va enfoncer cette canaille. Erreur ! De Launey ignore que les gardes, la veille, ont déjà pris parti pour ces Parisiens au milieu desquels ils vivent. Sous les regards stupéfaits du gouverneur, ils se jettent dans les bras des assaillants qui les acclament.

Il ne reste plus à Launey qu'à se rendre. Il fait ouvrir les portes. La foule exaspérée s'engouffre dans la citadelle, s'empare du gouverneur et de ses officiers. On court à travers les couloirs, on force la porte des cachots. Déception ! Alors que l'on croyait la Bastille encombrée par les victimes de l'arbitraire* royal, on n'y trouve que sept prisonniers : deux fous que l'on expédie aussitôt à Charenton, quatre faussaires et un noble enfermé là, selon son oncle, pour avoir commis des « crimes atroces ».

On emmène Launey. Il marche entre deux murs de femmes et d'hommes furieux. On le frappe à coups de sabre. Il tombe. Un homme – un cuisinier nommé Desnot – lui coupe la tête avec un canif.

Ce jour-là, à Versailles, le roi a chassé pendant de longues heures. Le soir, il s'est couché après avoir écrit dans son carnet trois mots seulement, promis à la célébrité : *14 juillet, rien.*

Il est plongé dans son premier sommeil quand une voix l'éveille en sursaut. Il entrouvre les yeux et aperçoit, à son chevet, le duc de La Rochefoucauld-Liancourt.

Le roi le regarde, interloqué. D'une voix tremblante, le duc explique :

– Sire, la Bastille est prise...

– Prise ?

– Oui, Sire, par le peuple. Le gouverneur a été assassiné. On porte sa tête sur une pique dans toute la ville.

Un silence. Le roi hoche la tête :

– Mais alors, c'est une révolte ?

– Non, Sire, c'est une révolution !

Alain DECAUX, *Alain Decaux raconte la Révolution française aux enfants*, Perrin.

Petite biographie
Alain DECAUX

Historien français, né en 1925, auteur de nombreux ouvrages historiques. Il a créé des émissions de radio et de télévision populaires, consacrées à l'histoire. Il a été ministre délégué à la Francophonie de 1988 à 1991.

Explique

1. Qu'appelle-t-on les patriotes ?
2. Pourquoi la foule se rend-elle à la Bastille ?
3. Quelle est l'attitude de M. de Launey ?
4. Pourquoi est-il surpris par l'attitude des gardes ?
5. Qu'a fait le roi ce jour-là ?
6. Pourquoi le roi est-il surpris ?
7. Le roi comprend-il l'importance de l'événement ?

Explore

Relève les mots et les expressions utilisés dans le texte pour décrire la Bastille.

Histoire

1. Prépare avec des camarades un exposé sur Paris au temps de Louis XVI et présente-le en classe.
2. Fais une recherche sur l'organisation de la société en 1789.

*L'abolition des privilèges a été décrétée la nuit du 4 août 1789.
Cela réjouit-il tout le monde ?*

Plus le droit ! Tiens donc !

Nicolas, un jeune garçon, raconte ce qui s'est passé en 1789. Il vit à Montreuil-sur-Vincennes, petit village de la banlieue parisienne groupant jardiniers et vignerons.

Seulement, la situation se gâte dans les autres villes du royaume et surtout dans les campagnes. Encouragés par la prise de la Bastille, les paysans se révoltent contre les droits féodaux, refusent désormais de payer l'impôt, les dîmes*, les redevances, brûlent les archives et parfois les châteaux.

Cette fois, nous sommes devenus attentifs ; tandis que notre garde communale veille, il ne se passe pas de jour sans que des Montreuillois ne trouvent prétexte à se rendre à Paris, en quête de nouvelles... Nous n'éprouvons plus seulement de la peur, mais aussi une sorte d'espérance, encore indéfinie. Quelque chose est en train de changer pour nous, et en bien. Enfin, le 6 août, l'oncle Valentin nous arrive de Paris, tout essoufflé et endolori : il s'est fait prêter un cheval pour être rendu plus vite auprès de nous. Son cheval semble encore plus haletant : faut-il rappeler que mon oncle est fort des Halles, c'est-à-dire gros, lourd, avec une bonne tête rouge, des épaules et des bras énormes... Il veut nous annoncer le premier une nouvelle encore plus incroyable que les précédentes : l'Assemblée nationale, tous députés confondus, noblesse, clergé, tiers, vient de voter dans la nuit du 4 août l'abolition des privilèges fiscaux. Dorénavant chacun devra payer son dû, y compris les nobles ! Sont également

abolis, entre autres, les droits de chasse, les corvées*, les droits des pigeons seigneuriaux à venir sur les terres... Le clergé renonce à percevoir la dîme !

Nous n'en croyons pas nos oreilles. Ma mère se tient mains jointes, l'air extasié, mon père bégaie presque en demandant :

– Et les nobles ont accepté ?

– Ils ont voté comme les autres, oui... Impossible autrement d'apaiser les troubles, de ramener l'ordre dans les provinces. Tu as bien vu que les gardes françaises ont marché avec le peuple à Paris.

– Tout de même, répète mon père, tout de même...

À cette époque, les esprits sont si agités, si occupés, que j'en ai presque oublié mon ennemi Augustin Ménaux, ses menaces, son désir de devenir chef en se battant contre moi à la plâtrière*. Mais Fernand Verdier m'annonce qu'Augustin n'a pas renoncé à ses projets, et qu'il s'occupe à constituer une bande nombreuse.

– Tu devrais y penser aussi, me suggère-t-il.

Je hausse les épaules ; nous sommes déjà sept ou huit. Il ajoute :

– Je vais parler pour toi à des amis vignerons.

Je suis bien forcé d'accepter la proposition... Fernand me dit aussi que son père est allé à Paris, la veille, se renseigner au sujet de son frère condamné aux galères. Peut-être en raison des événements pourrait-il être libéré ? Le père Verdier est revenu la mine sombre. Tout en parlant, nous marchons tous les deux dans les vignes, au milieu des rangées de pinots-meuniers aux feuilles blanchâtres presque mûrs, brillant au soleil. La maisonnette des Verdier nous apparaît, et je suis prêt à rebrousser chemin pour m'en retourner à la Croix-de-Chaveau, lorsque soudain nous parvient un bruit de galop. Deux cavaliers passent en plein vignoble, sans se gêner. Ils sont jeunes, portent perruques, la chemise en dentelles largement ouverte sur la poitrine... à la main, ils tiennent un bâton et s'amusent en riant à frapper les grappes à tour de bras tout en galopant. Je ne sais pourquoi je pense que ce sont les mêmes que ceux qui nous regardaient nous battre plusieurs mois auparavant, le jour de la fête des vignerons. En les voyant faire, Fernand Verdier ne peut retenir un grand cri d'indignation...

*** Vocabulaire**

dîme (n. f.) : impôt correspondant à un dixième des produits de la terre et de l'élevage versé à l'Église.
corvée (n. f.) : travail gratuit dû par le paysan au seigneur ou au roi.
plâtrière (n. f.) : carrière de pierre à plâtre.
pétrifié (adj.) : paralysé par la peur, l'émotion.
feint (adj.) : faux, simulé.
au grand dam de quelqu'un : à son grand regret.

▶ Pour en savoir plus, ouvre ton dictionnaire.

Repère

1. Quel est le titre du roman ?
2. Quel est le titre de ce texte ? Qui prononce ces paroles ?
3. Qui fait le récit des événements ?
4. Qui sont les personnages qui interviennent dans ce récit ?
5. À quel temps les verbes sont-ils ? Quel effet cela produit-il ?

Les cavaliers l'entendent, tournent la tête et poussent alors leurs montures vers nous. Il me semble que le sang s'arrête de couler dans mes veines ; je reste pétrifié*.

Arrivé à notre hauteur, l'un des cavaliers retient son cheval, interrogeant avec une feinte* bonhomie :

– Qu'y a-t-il, l'ami ? Je t'ai entendu crier.

– Parle, ajoute le deuxième, peut-être sommes-nous dans ta vigne ?

D'un coup de bâton bien assené, il broie deux ou trois grosses grappes... Je vois alors paraître le père Verdier au seuil de sa cabane. Sans doute a-t-il vu la scène de sa fenêtre. Son chapeau à la main, l'attitude déférente, il crie cependant d'une voix ferme :

– Vous n'avez plus le droit de passer dans les vignes. Pardonnez-moi, messeigneurs, mais les députés ont voté.

Le premier cavalier se dresse comme s'il était piqué par une guêpe :

– Plus le droit ! Tiens donc, et quoi encore !

– Manant ! hurle le deuxième, en proie à la plus vive colère, je vais t'apprendre le respect !

Je pense un instant qu'il va s'élancer vers la maisonnette. Mais au lieu de cela, il lève brusquement son bâton et l'abat sur Fernand. Mon ami crie, surpris et blessé, fait mine de s'enfuir ; le jeune noble ne lui en laisse pas le temps, il continue de frapper.

Malgré ma peur, je m'élance, mais le deuxième cavalier se dirige alors vers moi au galop de son cheval, me renverse ; je m'écorche durement dans les ceps de vigne... Le temps de me relever, les cavaliers repartent à bride abattue.

Le père Verdier m'aide à ramener son fils à la maison, tout étourdi encore ; Fernand a l'épaule bien endolorie. Je lui promets de venir l'aider aux vendanges et de travailler comme deux. Le père Verdier gronde sous ses moustaches. Il dit que les deux seigneurs sont sûrement venus exprès, à cause de la nuit du 4 août. D'habitude, ils ne traversent jamais nos terres, contrairement à ce qui se passe à Bagnolet par exemple, au grand dam* des cultivateurs dont ils abîment les récoltes.

Bertrand SOLET, *En 1789, Nicolas de Montreuil.*

Petite biographie

Bertrand SOLET

Son roman – *En 1789, Nicolas de Montreuil* – a été élaboré à l'aide de documents authentiques. L'auteur cite des faits réels qui se sont passés à Montreuil. D'autres faits sont le fruit de l'imagination de l'écrivain.

Explique

1. Contre quoi et comment les paysans se révoltent-ils ?
2. Que s'est-il passé lors de la nuit du 4 août 1789 ?
3. Pourquoi les parents de Nicolas sont-ils surpris ?
4. Qui sont les hommes qui s'en prennent à la vigne ? Pourquoi agissent-ils ainsi ?
5. Quel mot un cavalier utilise-t-il pour désigner le père Verdier ? Que veut-il dire ?

Explore

1. En t'aidant du texte, dresse le portrait des deux nobles décrits par Nicolas de Montreuil (leur physique et leur caractère).

Histoire

Recherche dans le texte les différentes charges et les impôts dus par les paysans avant l'abolition des privilèges.

Petite biographie

Ariane Mnouchkine

Née en 1939

Actrice et directrice française de théâtre. Elle dirige le Théâtre du Soleil depuis 30 ans. Elle est l'un des metteurs en scène les plus célèbres dans le monde. Elle a renouvelé le rapport entre comédien et texte, public et scène. On lui doit aussi un film sur Molière.

Terminé !

LE CRIEUR (*ponctue son discours d'un tambour comme un crieur public*). – Frères ! le temps de la justice est venu ! Frères, notre bon roi Louis XVI, de par la grâce de Dieu, se penche sur notre état ! Frères, notre bon roi vous invite à lui écrire sur des cahiers appelés cahiers de doléances ! Frères, le temps de l'espérance est venu ! Écrivez-lui, écrivez-lui vite ! Je reviendrai prendre vos doléances dans une heure…

Sur le tréteau opposé au crieur public, un couple de paysans éperdus de bonheur et n'osant y croire commence à rêver sur sa vie future…

NESTINE. – Quel bon roi ! quel bon roi ! Gaspard ! Quel bon roi !

MARIE. – Gaspard ! Nestine ! Vous avez entendu ?

TOUS (*s'embrassant*). – Quel bon roi !

NESTINE. – Mais alors la gabelle ?…

GASPARD. – Terminé !

NESTINE. – Le champart ?…

GASPARD. – Terminé !

MARIE. – La taille, les aides…

GASPARD. – Terminé !

NESTINE. – Les maladies, la peste, la rage… la mort…

GASPARD. – Terminé !

NESTINE. – Les inondations…

MARIE. – La grêle…

NESTINE. – Et le gros ventre ?

TOUS. – C'est pour nous !

GASPARD. – L'savoir, les belles manières, l'instruction ?

TOUS. – C'est pour nous !

NESTINE. – Oh ! Marie, les belles manières, c'est pour toi !

GASPARD. – Les caresses, les doux plaisirs…

MARIE. – C'est pas le moment !

NESTINE (*à Gaspard qui la caresse*). – Gaspard, c'est pas l'moment !

Repère

1. Où la scène se passe-t-elle ?
2. Quels sont les personnages de cette scène ? Quel personnage a un rôle particulier ?
3. Qu'est-ce qu'un cahier de doléances ?
4. Que lit-on dans la première didascalie ?
5. Quelles sont les tournures et les expressions que l'auteur emploie pour montrer que ce sont des gens du peuple qui parlent ?

Réfléchis

1. Pourquoi Nestine dit-elle de Louis XVI que c'est un bon roi ?
2. De quels malheurs les gens du peuple sont-ils victimes ?
3. Qu'est-ce qui nous montre qu'ils sont prêts à tout pour écrire leurs souhaits ?
4. Quels problèmes rencontrent-ils ?
5. En quoi la dernière réplique est-elle importante ?

GASPARD. – Faut l'dire !

MARIE. – Nestine, dis-y-leur !

NESTINE. – J'leur z'y dis ? Eh bien, j'vous l'dis : tout c'qui est bon c'est pour nous et toute la merde c'est pour eux !

MARIE. – Faut l'écrire !

GASPARD. – Prends du papier !

NESTINE. – Du papier, j'en ai point ! Enfin, Gaspard, l'papier c'est un lusque ! J'peux prendre un carré d'not'drap.

GASPARD. – Not'drap !

MARIE. – Et dans quoi qu'on t'enterrera ?

NESTINE. – On va pas lésiner pour un drap, maintenant ! J'commence par gabelle !

MARIE. – Oh, oui ! écris « gabelle » au roi.

NESTINE. – Il me faut une plume… *(Ils courent après une poule imaginaire et en ramènent une plume.)* J'écris « gabelle », avec quoi je marque ?

GASPARD. – Avec queq'chose de noir.

NESTINE. – J'ai pas d'noir !

TOUS *(au public)*. – Vous avez queq'chose de noir, de blanc, de rouge ?

NESTINE. – Gaspard ! queq'chose de rouge. Ben y faut du sang !

GASPARD. – Tiens, coupe-moi !

NESTINE. – Ah ça dame non ! j'te couperai pas pour la gabelle !

GASPARD. – Coupe-moi j'te dis !

NESTINE. – Non ! j'te couperai pas !

MARIE. – Ben ! coup'le puisqu'il te le dit !

NESTINE. – Coupe-le, coupe-le, coupe-toi, toi ! *(Gaspard se coupe, Nestine l'embrasse, trempe sa plume dans le sang et s'apprête à écrire.)* J'écris « gabelle » au roi ! *(Hésitations.)* Comment qu'on fait un gueu ?

GASPARD. – Écris « gabelle » !

NESTINE. – Ben écris toi ! J'sais même pas faire un gueu !

TOUS. – Comment qu'on fait un gueu ? comment qu'on fait un gueu ? Gabelle ! Gabelle !

LE CRIEUR. – Si vous n'avez rien écrit, on ne pourra rien changer !

Ariane MNOUCHKINE, *1789*, Théâtre du Soleil.

L'affiche du film, *1789*, réalisé par Ariane Mnouchkine.

Lecture expressive

1. Entraînez-vous à dire ce texte pour en faire ressortir le rythme rapide.
2. Exercez-vous à dire les tournures populaires (évitez cependant la caricature paysanne).
3. Adoptez des tons variés : ils peuvent aller du léger au dramatique.

Mise en scène

1. Quels sont les mouvements des personnages à l'intérieur de la scène ? À quel moment le crieur réapparaît-il ?
2. Faites sentir la joie des personnages au début de la scène, puis l'affolement, et enfin la crainte de ne pas parvenir à écrire.
3. Repérez à quel moment les personnages s'adressent au public.

Le Serment du Jeu de paume

D'après Jacques Louis David, *Le Serment du Jeu de paume* (20 juin 1789), 65 x 88,5 cm, musée Carnavalet, Paris.

2 1 3

Le château de Versailles comportait une salle de sport réservée au roi et à la Cour : on y jouait au jeu de paume, un jeu de raquette, ancêtre du tennis. Le 20 juin 1789, la salle du Jeu de paume fut le cadre d'un événement important qui marqua le début de la Révolution française : le serment du Jeu de paume.

En mai, Louis XVI avait convoqué à Versailles les États généraux pour réaliser des réformes. Mais les députés se trouvèrent en désaccord avec le roi qui voulait imposer le vote par ordre et non par tête comme le souhaitaient les représentants du tiers état, les plus nombreux.

Les députés devaient siéger dans une grande salle de l'hôtel des Menus Plaisirs, mais ne purent y avoir accès sans la présence de la noblesse et du clergé. Les députés du tiers état, qui représentaient le peuple, cherchèrent un lieu où se réunir entre eux.

Ils tinrent séance dans la salle du Jeu de paume où ils jurèrent de ne pas se séparer avant d'avoir donné une Constitution à la France.
L'événement a été représenté par le peintre David en une esquisse célèbre, exposée dans les salles de la Révolution du musée d'Histoire de France à Paris, au musée Carnavalet.

Repères de lecture

1 Le titre du tableau : il indique quel événement important le peintre a voulu immortaliser dans cette grande toile. La journée du 20 juin est importante : les députés, rassemblés, prêtent serment. La réunion se tient contre la volonté du roi. Elle marque la fin de la monarchie absolue.

2 Le peintre : Jacques Louis David (1748-1825) est un peintre renommé. Il a vécu cette période et a participé aux événements révolutionnaires (il a été élu député à la Convention). Il fut ensuite peintre de Napoléon Ier.

3 Des indications : chaque fois que l'on présente la reproduction d'une peinture, on indique le nom du peintre, le titre de l'œuvre, ses dimensions et le nom du musée où elle se trouve.

4 Le décor : la salle du Jeu de paume représentée n'est pas celle de Versailles. Le peintre a transformé le cadre réel et ne représente pas la réalité. La scène est recomposée pour faire passer des idées. Les rideaux qui volent, en haut vers les fenêtres, symbolisent le vent de liberté qui balaye la société d'Ancien Régime.

5 Le personnage central : la plupart des regards et des mains tendues convergent vers le personnage central. Il s'agit du député Bailly (député de Paris) qui préside l'Assemblée. Il ne s'adresse pas à ses compagnons, mais à tous ceux qui regardent le tableau. Les spectateurs participent ainsi à l'émotion, ils sont pris à témoin : ces hommes étaient en train de prendre des décisions graves et risquaient leur vie. Bailly lève la main pour prêter serment ; debout sur une table, il donne lecture de la résolution de l'Assemblée.

6 Les membres du clergé : les trois personnages sont les représentants de la religion en France. Devant la table, deux clercs catholiques : en noir, l'abbé Grégoire, en blanc, Dom Gerle et le pasteur protestant Rabaut Saint-Étienne. Ces trois personnages se tiennent par la main, l'épaule, et se rapprochent, évoquant ainsi la tolérance et la réconciliation.

7 Un journaliste : il prend des notes afin de relater l'événement. Il s'appelle de Barrère.

8 Un vieux philosophe : à gauche de l'œuvre, il est soutenu par un homme du peuple.

9 La lumière : le soleil entre par les fenêtres et éclaire la partie centrale. Elle forme, avec les bras tendus des députés, une grande ligne ascendante qui traverse le tableau. Le fait que le personnage central baigne dans cette lumière est symbolique.

10 Les mouvements : les personnages représentés (même ceux de la foule à l'arrière-plan) lèvent la main pour prêter serment. Cela crée un mouvement convergeant vers le centre du tableau. Les quelques personnages qui ne font pas ce geste ont aussi des bras tendus : vers d'autres hommes ou vers le ciel. Lumière, vent et bras animent le tableau.

Repère

1. Quel est le titre du tableau ?
2. Quel est le nom du peintre ?
3. À quelle date historique cette toile fait-elle référence ?
4. Qui est le personnage qui occupe le centre de la toile ?
5. Qui sont les autres personnages ?
6. Quel moment précis le peintre a-t-il voulu représenter ?

Explique

1. Pourquoi les députés sont-ils réunis dans la salle du Jeu de paume ?
2. Pourquoi David n'a-t-il pas reproduit fidèlement le décor de la salle ?
3. Pourquoi Bailly tient-il un papier à la main ?
4. Pourquoi Bailly regarde-t-il devant lui ?
5. Pourquoi tous les bras sont-ils tendus ?
6. Qui sont les trois personnages debout au premier plan ? Que signifie leur réunion ?

102 La Révolution française

À la fin du XVIIIe siècle, la France connaît de graves difficultés : les finances royales sont en déficit. Des impôts, injustes, ne donnent pas les ressources nécessaires. De médiocres récoltes font monter le prix du pain. Hésitant entre des réformes indispensables et la volonté de la noblesse et du clergé de conserver leurs privilèges, la monarchie absolue s'effondre. De 1789 à 1799, la Révolution bouleverse la société française.

L'Assemblée nationale constituante

(9 juillet 1789-30 septembre 1791)

Le 5 mai 1789, les députés aux États généraux sont réunis à Versailles. Le roi ne propose aucune réforme. Déçus, les députés du tiers état se proclament *Assemblée nationale*, le 17 juin, et, par le *serment du Jeu de paume*, le 20 juin, ils jurent de donner une Constitution à la France. Rejoints par les députés de la noblesse et du clergé, ils forment une *Assemblée nationale constituante*. Mais Louis XVI renvoie son ministre Necker, favorable aux réformes. Les Parisiens, craignant la répression, créent une municipalité révolutionnaire et forment une *Garde nationale* pour assurer l'ordre. Cherchant des armes, la population parisienne prend la forteresse royale de la Bastille le 14 juillet. Cette révolte armée s'étend à la province, provoquant la «Grande Peur» (voir p. 104). Pour arrêter les troubles, l'Assemblée vote l'abolition de tous les privilèges et des droits féodaux dans la nuit du 4 août ; puis elle proclame la *Déclaration des droits de l'homme et du citoyen* le 26 août (voir p. 105). Pour trouver de l'argent, l'Assemblée décrète la nationalisation des biens du clergé et crée une monnaie de papier, l'*assignat*. La France est divisée en 83 départements qui remplacent les structures existantes. Elle élabore enfin une Constitution qui transforme la monarchie absolue en monarchie constitutionnelle.

L'Assemblée législative

(1er octobre 1791-20 septembre 1792)

Le 14 juillet 1790, à la fête de la Fédération, Louis X fait serment de maintenir la Constitution : la Révolutio semble terminée. Mais le roi n'est pas sincère. Il quitt Paris pour rejoindre les nobles émigrés* en Allemagn Reconnu et arrêté à *Varennes* (nuit du 21 au 22 ju 1791), Louis XVI perd définitivement la confiance d peuple français, au moment où l'on élit l'Assemblé législative.

Cette assemblée déclare la guerre à l'Autriche le 20 avr 1792, et la Prusse se joint au conflit. Autrichiens e Prussiens pénètrent en France en juillet ; le 11 juille on proclame «la Patrie en danger». Le 25 juillet, u manifeste signé par le duc de Brunswick menace l peuple de Paris d'une vengeance exemplaire s'il est port atteinte à la famille royale. Le roi et la reine apparaisser dès lors comme traîtres à la nation. Le 10 août, les Par siens et les *fédérés* attaquent les Tuileries. Après un

*** Vocabulaire**

constitution (n. f.) : ensemble des lois fondamentales qui déterminent la forme de gouvernement d'un pays.

coalition (n. f.) : entente entre puissances pour une action commune.

Terreur (n. f.) : régime politique fondé sur la peur, sur l'emploi de la violence et de mesures d'exception.

paroxysme (n. m.) : moment le plus extrême d'un événement, apogée.

▶ Pour en savoir plus, ouvre ton dictionnaire.

Repère

1. De quel genre d'ouvrage ce document est-il extrait ?
2. Comment ce document est-il organisé ?
3. Que représente le dessin central ? Où se trouve le commentaire qui l'accompagne ?
4. Quels sont les sous-titres ?
5. Sur combien d'années les événements se déroulent-ils ?

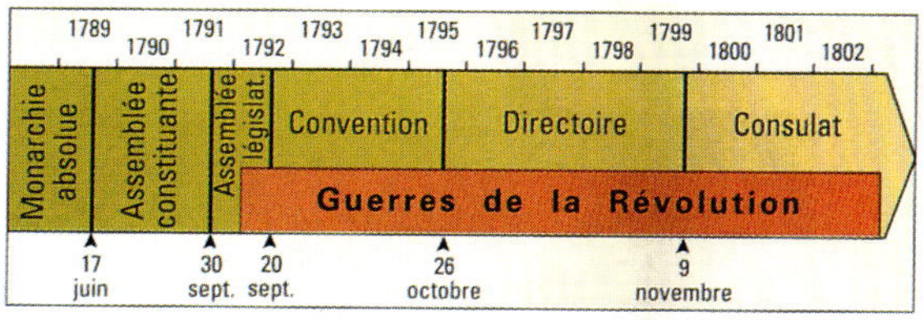

▼ **14 juillet 1789 :** insurrection parisienne et prise de la Bastille.

À la recherche de fusils et de canons, car elle craint une attaque des troupes royales, la foule parisienne arrive par la rue Saint-Antoine pour envahir la citadelle qui sert de prison royale. Dans quelques instants, la garnison tirera sur les assaillants, faisant une centaine de morts et des blessés. Malgré sa reddition après quatre heures de combats et de négociations, le gouverneur de Launay sera massacré avec trois officiers, trois soldats et le prévôt des marchands, Flesselles.

aille meurtrière, le roi et sa famille sont arrêtés puis orisonnés au *Temple*. Le 13 août, l'Assemblée décide ection d'une nouvelle assemblée chargée de modifier onstitution : la *Convention*.

. Convention girondine

(eptembre 1792-2 juin 1793)

1 septembre 1792, la République est proclamée. La *vention* — divisée entre les *Girondins* (modérés), *Montagnards* (extrémistes, soutenus par les sans-ttes de Paris) et un centre, le *Marais* (ou Plaine) — lamne à mort Louis XVI, qui sera exécuté le 21 jan- 1793. Le 20 septembre 1792, les Prussiens ont repoussés à *Valmy*, et les Autrichiens battus à *mapes*, le 6 novembre. Mais la coalition de tous les erains européens menace la France. La Convention de une levée de 300 000 hommes, le 24 février . Des révoltes antirépublicaines éclatent ; le peuple endée déclenche une véritable guerre. Les Monta-gnards, appuyés par la Plaine, luttent contre tous ceux qui menacent la République. Ils créent un *Tribunal révolutionnaire*, des *comités de surveillance* et un *Comité de salut public*. Ils limitent le prix du pain et imposent aux riches un emprunt forcé.

La Convention montagnarde

(2 juin 1793-27 juillet 1794)

Le 2 juin 1793, les députés girondins sont arrêtés. La Convention montagnarde instaure un régime dictatorial et, le 9 septembre, elle institue la *Terreur* contre «les ennemis de la Nation». Des milliers de suspects sont condamnés à mort par le Tribunal révolutionnaire, et leurs biens confisqués. La Terreur atteint son paroxysme en juin 1794 sous l'impulsion de Robespierre et de Saint-Just, qui ont éliminé tous leurs opposants. Les armées des coalisés reculent. En Belgique, Jourdan remporte une victoire décisive à *Fleurus*. Mais la misère des gens du peuple, le dégoût pour la Terreur, provoquent un complot : des députés, lassés de la dictature du Comité de salut public, renversent Robespierre et Saint-Just le 27 juillet 1794 (le 9 Thermidor).

La fin de la Révolution

(28 juillet 1794-9 novembre 1799)

Débarrassée de la Terreur, la France aspire au calme et revient à une politique bourgeoise et modérée. C'est l'époque de la Convention dite «thermidorienne». Il faut lutter contre la réaction royaliste et l'insurrection des *sans-culottes* parisiens. La Convention se sépare le 6 octobre 1795, après avoir élaboré la *Constitution de l'an III*, qui organise un régime nouveau, le *Directoire*.

Le pouvoir est exercé par cinq Directeurs, élus par deux Conseils formés de députés qui sont chargés de faire les lois. Mais rien n'est prévu pour résoudre les conflits entre les Directeurs et les Conseils. Aussi les coups d'État sont-ils nombreux. L'impuissance du régime est de plus en plus critiquée. Le peuple n'a aucun attachement pour lui, puisqu'il ne porte pas remède à sa misère, alors que des spéculateurs se constituent d'énormes fortunes. Un Directeur, Sieyès, songe à une réforme de la Constitution lorsque, le 9 octobre 1799, un général victorieux revient d'Égypte : Napoléon Bonaparte.

Master Junior, L'Encyclopédie passion, sous la direction de Bernard Jenner, Hachette Éducation.

6. Quelles sont les indications données dans la frise ?
7. À quoi correspondent les dates : 14 juillet 1789, 4 août 1789, 14 juillet 1790, 21 janvier 1793, 9 octobre 1799 ?

Explique

1. Quelle est l'origine de la crise de 1789 ?
2. De qui l'Assemblée nationale constituante est-elle composée ?
3. Qu'est-ce qu'un assignat ?
4. Pourquoi le roi perd-il la confiance du peuple français ?
5. Qu'est-ce que la Terreur ?
6. Qu'est-ce que le Directoire ?

Histoire

Trouve des renseignements sur la création des départements en France.

104

▲ **Journées du 5 et 6 octobre 1789**

Les événements de l'été 1789 sont favorables aux révolutionnaires. Mais beaucoup craignent encore que le roi ne réussisse à prendre sa revanche. Le 5 octobre, une foule de Parisiens, parmi lesquels les femmes sont majoritaires, part pour Versailles. Le lendemain, les manifestants reviennent, encadrant la famille royale arrachée à Versailles et maintenant installée au château des Tuileries. B.N., Paris.

Deux meneurs de la Révolution ►

À gauche, Mirabeau (1749-1791), le plus grand orateur du tiers état, qui a fait reculer l'autorité royale et convaincu ses collègues de transformer les états généraux en Assemblée constituante. (Boze, 1789. Musée du château de Versailles.) À droite, Robespierre, «l'incorruptible» (1758-1794). Appuyé sur le *club des Jacobins** et son réseau, il a dominé le *Comité de salut public* jusqu'à sa chute, le 9 thermidor. (École française du XVIIIe siècle. Musée Carnavalet.)

La Grande Peur

Pendant l'été 1789, les paysans français connaissent la disette : la récolte de 1788 a été mauvaise et celle de 1789 n'est pas encore faite. Comme toujours dans des moments de misère, des milliers de pauvres deviennent des mendiants qui errent sur les routes. L'exaspération provoque des émeutes. Les paysans attaquent des châteaux et des abbayes et brûlent les archives où sont enregistrés les droits féodaux. Après le 15 juillet, on craint la vengeance des privilégiés ; on raconte qu'ils utilisent des bandes de brigands pour ravager les campagnes : c'est la *Grande Peur*. Les paysans s'arment pour déjouer ce complot aristocratique, et les attaques contre les châteaux reprennent. Cette insurrection générale inquiète autant les bourgeois que les nobles. Les députés de la *Constituante* adoptent alors un remède radical : la *suppression des droits féodaux*, dans la nuit du 4 août 1789, qui ramène le calme dans les campagnes.

> ***«Il faut raccourcir les géants***
> ***et rendre les petits plus grands,***
> ***Tout à la même hauteur***
> ***Voilà le vrai bonheur.»***
>
> *Chanson révolutionnaire.*

*** Vocabulaire**

disette (n. f.) : manque de vivres, famine.

insurrection (n. f.) : soulèvement contre le pouvoir.

chouan (n. m.) : insurgé royaliste de l'ouest de la France qui faisait la guerre contre les partisans de la Révolution.

répression (n. f.) : action d'exercer des violences sur un groupe afin d'empêcher les désordres.

► Pour en savoir plus, ouvre ton dictionnaire.

Repère

1. Que représentent les différentes illustrations ?
2. Où la famille royale doit-elle s'installer en octobre 1789 ?
3. Quels sont les mots expliqués dans la rubrique « Lexique » ?
4. Quel est l'article 1 de la Déclaration des droits de l'homme ?

s Français sont-ils égaux ?

La Révolution française 105

…cle 1 de la Déclaration …roits de l'homme est …el : *« Les hommes naissent …meurent libres et égaux …oits. »* Mais les députés …nt adopté ce texte, le …ût 1789, rédigent une …titution qui définit deux …ories de Français : ceux …nt une certaine aisance …des *citoyens « actifs »* …on 4 millions d'hommes) …élisent les députés. Les …s, les pauvres, sont des *citoyens « passifs »* (environ 3 millions). On justifiait cette inégalité par le fait que les pauvres n'avaient pas d'instruction. D'une façon ou d'une autre, aucune Constitution n'a établi un authentique suffrage universel avant la IIe République, en 1848. Et encore... Seuls les hommes votaient. Il a fallu attendre 1944 pour voir les femmes participer aux élections en France.

…aparte au pont d'Arcole ▲

…novembre 1796, le jeune général en chef de l'armée d'Italie attaque …utrichiens avec des troupes deux fois moins nombreuses. Sous le feu …mi, les Français doivent franchir un pont ; ils reculent. Bonaparte …ce l'attaque en marchant à la tête de ses soldats, qui le suivent et …ncent les rangs autrichiens. Le Général Bonaparte entraînant ses …ts. Tableau de Gros, musée du Louvre.

…n calendrier nouveau …our des temps nouveaux

…octobre 1793, la Convention abandonne le *calendrier …égorien* (celui que nous utilisons encore aujourd'hui). Elle …remplace par un *calendrier républicain* : en effet, il …rend comme premier jour de l'année l'anniversaire du pre…ier jour de la République, le 22 septembre 1792. Et …on abandonne les anciens noms des jours et des mois : …s 30 jours qui s'écoulent du 22 juillet au 21 août forment, …ar exemple, le mois de *thermidor* (le mois de la « chaleur »). …agnée le 26 juin 1794, la victoire de Fleurus est datée du *messidor* (le mois des « moissons »), an II de la République. …e calendrier n'a jamais été vraiment adopté par les …ançais dans leur vie quotidienne. Napoléon l'a supprimé …compter du 1er janvier 1806.

Un sans-culotte parisien ►

Les gens de bien, nobles et bourgeois, portent la culotte, qui s'arrête au genou ; en dessous, des bas protègent la jambe. Le « sans-culotte » porte, lui, un pantalon, et ses pieds sont souvent nus dans ses chaussures : c'est un homme du peuple, simplement équipé d'armes blanches (pique et sabre court) et qui, avec quelques milliers de ses semblables, forme une sorte d'armée révolutionnaire qui appuie toujours les extrémistes. Marat a été l'homme politique le plus populaire auprès des sans-culottes. Dessin anonyme du XVIIIe siècle. Musée Carnavalet, Paris.

Chouans et vendéens : guerre et guérilla

En mars 1793, les paysans de l'Ouest s'insurgent contre la *Convention*. Ils défendent les prêtres catholiques que l'on persécute. D'autre part, ils refusent d'être mobilisés dans les armées républicaines. Au sud de la Loire, ils forment une *« armée catholique et royale »* de plus de 40 000 hommes ; c'est elle qui mène la *« guerre de Vendée »*, dont les champs de bataille vont de Cholet au Mans. Au nord de la Loire et en Bretagne, d'autres insurgés mènent une guerre de partisans. On l'a surnommée *« chouannerie »*, du nom de son premier chef, Jean Chouan. Contre *Chouans* et *Vendéens*, la Convention mobilise plusieurs armées qui écrasent les insurgés d'octobre à décembre 1793. Mais la répression dure jusqu'à la fin de 1794, provoquant la mort d'au moins 200 000 personnes. C'est Hoche qui ramène la paix en arrêtant les violences et en garantissant la liberté du culte catholique.

LEXIQUE

Émigré. Après le 14 juillet 1789, le comte d'Artois, frère de Louis XVI, part clandestinement pour l'étranger : il est le premier des émigrés. Généralement, il s'agit de nobles qui fuient la Révolution. Beaucoup prennent les armes contre la République. Leurs biens sont confisqués et ils sont punis de mort s'ils sont faits prisonniers. Beaucoup sont revenus en France quand Napoléon les a amnistiés. Les irréductibles sont rentrés après 1814.

Jacobins. C'est un club formé par des députés de l'Assemblée constituante, dont le siège était, à Paris, dans un ancien couvent de Dominicains, les *« Jacobins »*. Le club a créé 400 filiales en province, et ses membres, au temps de la Convention, ont été d'ardents révolutionnaires. Robespierre était le maître de cette société, dont les milliers de membres ont aidé le gouvernement montagnard.

Master Junior, L'Encyclopédie passion, sous la direction de Bernard Jenner, Hachette Éducation

5. Que désigne-t-on par les termes *citoyens actifs* et *citoyens passifs* ?
6. Depuis quand les femmes ont-elles le droit de vote ?

Explique

1. Qu'appelle-t-on la Grande Peur ?
2. Pourquoi un nouveau calendrier est-il établi ? Jusqu'à quand sera-t-il utilisé ?
3. Quel rôle Mirabeau a-t-il joué dans les événements ?
4. Les Français sont-ils égaux ?
5. Quel épisode le paragraphe concernant Bonaparte évoque-t-il ?
6. Qu'est-ce qu'un sans-culotte ?

Activité

Écoutez des chants révolutionnaires.

La Marseillaise

1er couplet

Allons enfants de la patrie,
Le jour de gloire est arrivé !
Contre nous de la tyrannie
L'étendard sanglant est levé ! *(bis)*
Entendez-vous dans les campagnes,
Mugir ces féroces soldats ?
Ils viennent jusque dans nos bras
Égorger nos fils, nos compagnes !

Rouget de l'Isle chante la Marseillaise chez le maire de Strasbourg, 1792.

Refrain

Aux armes, citoyens !
Formez vos bataillons !
Marchons ! Marchons !
Qu'un sang impur
Abreuve nos sillons !

*6e couplet**

Amour sacré de la patrie,
Conduis, soutiens nos bras vengeurs !
Liberté, Liberté chérie,
Combats avec tes défenseurs ! *(bis)*
Sous nos drapeaux, que la victoire
Accoure à tes mâles accents !
Que tes ennemis expirants
Voient ton triomphe et notre gloire !

Refrain

Aux armes, citoyens !
Formez vos bataillons !
Marchons ! Marchons !
Qu'un sang impur
Abreuve nos sillons !

7e couplet

Nous entrerons dans la carrière
Quand nos aînés n'y seront plus ;
Nous y trouverons leur poussière
Et la trace de leurs vertus. *(bis)*
Bien moins jaloux de leur survivre
Que de partager leur cercueil,
Nous aurons le sublime orgueil
De les venger ou de les suivre !

Claude Joseph ROUGET DE LISLE, *La Marseillaise.*

* Les 2e, 3e, 4e et 5e couplets sont inusités aujourd'hui ; un couplet supplémentaire a été supprimé par Servan, ministre de la Guerre.

Film publicitaire d'Évian, intitulé Le Ballet.

C'est la vie !

Qui sommes-nous ? D'où venons-nous ?... Une lettre et un miroir sont-ils les bons ingrédients pour répondre à de telles énigmes ?

Qui es-tu ?

Sophie vient de découvrir une lettre qui lui est adressée sans mention d'expéditeur : un bout de papier avec trois mots...*

Qui es-tu ?

Quelle question idiote ! comme si elle ne savait pas qu'elle était Sophie Amundsen ! Mais qui était cette Sophie en définitive ? Elle ne savait pas trop au juste. Et si elle s'était appelée autrement ? Anne Knutsen, par exemple. Aurait-elle été alors quelqu'un d'autre ? Elle se rappela tout à coup que Papa avait d'abord voulu l'appeler Synnøve. Sophie essaya de s'imaginer, tendant la main et se présentant sous le nom de Synnøve Amundsen, mais non, ça n'allait pas. C'était chaque fois une fille complètement différente qui surgissait. Elle descendit de son tabouret et alla à la salle de bains en tenant toujours l'étrange lettre à la main. Elle se plaça devant le miroir et se regarda droit dans les yeux.

– Je suis Sophie Amundsen, dit-elle.

La fille dans la glace ne répondit rien, même pas une grimace. Sophie avait beau faire, l'autre faisait exactement pareil. Sophie tenta bien de la prendre de court* en bougeant très vite, mais l'autre fut aussi rapide qu'elle.

– Qui es-tu ? demanda-t-elle.

Elle n'eut pas plus de réponse que tout à l'heure, mais une fraction* de seconde elle n'aurait su dire qui du miroir ou d'elle avait posé la question. Sophie appuya son index sur le nez qu'elle voyait dans la glace en disant :

– Tu es moi.

*** Vocabulaire**

expéditeur (n. m.) : personne qui envoie une lettre.

prendre de court (v.) : surprendre, devancer.

fraction (n. f.) : morceau, partie.

lin (n. m.) : plante cultivée pour les fibres textiles de sa tige.

laque (n. f.) : produit que l'on vaporise pour fixer les cheveux.

▶ Pour en savoir plus, ouvre ton dictionnaire.

Repère

1. De quel genre de texte s'agit-il ?
2. Qui en est l'auteur ? De quelle nationalité est-il ?
3. Qu'y a-t-il d'écrit dans la lettre ?
4. Où la scène se passe-t-elle ?
5. Quelles sont les différentes questions que Sophie se pose ?

N'obtenant toujours pas de réponse, elle retourna la phrase :

– Je suis toi.

Sophie Amundsen n'avait pas toujours accepté son image. On lui répétait souvent qu'elle avait de beaux yeux en amande, sans doute pour ne pas faire remarquer que son nez était trop petit et sa bouche un peu trop grande. Ses oreilles étaient en outre beaucoup trop rapprochées de ses yeux. Mais le pire, c'était ses cheveux raides comme des baguettes de tambour et impossibles à coiffer. Son père lui passait parfois la main dans les cheveux en l'appelant sa « fille aux cheveux de lin* », faisant allusion à un morceau de musique de Claude Debussy. C'était facile à dire pour lui qui n'était pas condamné toute sa vie à ces longs cheveux qui tombaient tout droit. Aucune laque* ni aucun gel ne tenaient sur la chevelure de Sophie. Elle se trouvait une si drôle de tête qu'elle s'était parfois demandé si elle n'était pas née avec un défaut physique. En tout cas, sa mère lui avait dit que sa naissance avait été difficile. Mais notre naissance conditionnait-elle notre apparence pour toujours ?

N'était-il pas étrange qu'elle ne sût pas qui elle était ? Et n'était-ce pas injuste de ne pas pouvoir choisir son aspect extérieur ? Ça vous tombait dessus comme ça. On pouvait peut-être choisir ses amis, mais on ne s'était pas choisi soi-même. Elle n'avait même pas choisi d'être un être humain.

Qu'est-ce que c'était, une personne ?

Jostein GAARDER, *Le Monde de Sophie*,
traduit et adapté du norvégien par
Hélène HERVIEU et Martine LAFFON, Seuil.

Petite biographie
Jostein GAARDER

Professeur de philosophie et écrivain norvégien. Paru en 1991 en Norvège, puis traduit dans plus de vingt langues, *Le Monde de Sophie* a connu un grand succès.

Explique

1. Pourquoi Sophie trouve-t-elle d'abord la question de l'expéditeur idiote ?
2. Pourquoi se regarde-t-elle dans la glace ?
3. A-t-elle du mal à accepter son image ? Pourquoi ?
4. Pourquoi la lettre la perturbe-t-elle ?

Explore

1. Recherche dans le texte les expressions utilisées par l'auteur pour décrire Sophie.
2. Relève les sentiments qu'éprouve Sophie.

Production d'écrit

Rédige un court texte qui serait ta réponse à la question : « Qui es-tu ? »

Éducation civique

Menez un débat sur le thème : « nous sommes tous semblables, et tous différents ».

*Lequel d'entre nous n'a-t-il jamais revendiqué :
« Je ne suis plus un bébé ! » ?*

Vous ne me comprenez pas

Grandir, c'est passionnant ! Vous le savez bien, vous qui êtes en pleine croissance. Vous qui brûlez quelque 3 000 calories* par jour. Passer de l'état d'enfance à celui d'adulte demande une sacrée énergie ! En vous, tout se transforme : votre corps, votre tête, votre regard, vos idées.

Comme le disait Françoise Dolto, une grande psychanalyste*, vous êtes en pleine mue. Votre première peau, celle de l'enfance, est devenue trop étroite, trop rigide, elle craque. Laissant ici et là votre corps à nu et votre cœur à vif. Il vous faut un peu de temps pour confectionner votre nouvelle carapace, celle qui vous protégera tout au long de votre vie d'adulte. En attendant, quel chantier !

Hier, mais c'était quand hier, déjà ? C'était avant. Avant vos onze-douze ans ou vos douze-treize ans. Tout dépend de votre rythme ! Hier, donc, c'était simple. Vous étiez encore petit et vos parents étaient les plus grands, les plus beaux, les plus forts. C'est à peine caricatural*. Jamais vous n'auriez vu le monde autrement que vos parents. Leurs goûts étaient les vôtres, leurs choix devenaient vos choix, leur chemin traçait votre route. C'était l'enfance ! Une période où l'on prend inévitablement son père ou sa mère pour modèle. Aux yeux de l'enfant, les parents sont une image de ce qu'il pourra être plus tard. Comme si, en les regardant, il se sentait tiré vers l'avant, pressé de prendre place dans la société, sans imaginer qu'il existe d'autres façons d'être, de penser et d'agir.

*** Vocabulaire**

calorie (n. f.) : unité qui traduit la valeur énergétique des aliments.

psychanalyste (n. m. ou f.) : spécialiste qui soigne certains troubles psychiques (qui concernent l'esprit, la pensée).

caricatural (adj.) : exagéré.

pudique (adj.) : qui n'aime pas montrer son corps.

blues (n. m., mot américain) : mélancolie, cafard.

▶ Pour en savoir plus, ouvre ton dictionnaire.

Repère

1. Quel est le genre particulier de ce texte ?
2. Qui est l'auteur de ce texte ?
3. Quel est le pronom qui revient sans cesse ?
4. Quel est le titre du livre ?
5. De quelle psychanalyste célèbre l'auteur parle-t-il ?

Explique

1. Pourquoi l'auteur emploie-t-il le terme de « mue » ?

Aujourd'hui, tout est différent. Vos parents l'avouent : ils ne vous reconnaissent plus. Enfin presque ! Et c'est vrai, vous n'êtes plus tout à fait le même. Fille, votre futur corps de femme s'annonce. Vous avez peut-être un peu de mal à l'adopter : trop gros ici, trop mince là, et ces cheveux, et ces points noirs… Garçon, vous guettez l'ombre de la moustache et, si vous étiez moins pudique*, vous iriez demander au médecin si la taille de votre sexe est normale…

Très attentifs et un peu amusés, vos parents vous observent. Malgré eux, ils pensent : « Déjà ! » Malgré eux encore, ils s'inquiètent. Malgré eux, ils s'emportent parfois et sont malheureux d'autres fois. Vos « tu ne peux pas comprendre ! » leur vont droit au cœur. Eux qui vous comprenaient si bien avant ! Vos silences inexpliqués les énervent. Vos joies les réjouissent ou les intriguent. Vos coups de blues* les attristent ou les agacent. Bien sûr qu'ils savaient qu'un jour ou l'autre vous quitteriez l'enfance ! Mais ça arrive toujours trop tôt pour les parents. Ou trop fort… ou pas assez… Normal ! Mettez-vous à leur place ! Pendant des années, ils ont été votre soleil, le centre de votre vie. Ils se sont sentis importants parce que vous leur donniez de l'importance. Grâce à vous, leur enfant, ils vivaient mille et un soucis, mille et une joies. Vous apprendre à marcher, à parler, vous protéger, vous faire découvrir la campagne, répondre à toutes vos questions : au fil des années, ils ont investi leur rôle de parents. Tellement investi ! Et patatras ! Quelques centimètres et quelques mois plus tard, ils doivent vous regarder d'un autre œil, accepter d'être surpris, désarçonnés, sans plus vous serrer sur leurs genoux. Sauf si vous le demandez, bien sûr ! Et au moment où ils s'y attendent le moins, en plus !

Odile Amblard, *On n'est plus des bébés*, coll. « Oxygène »,
La Martinière Jeunesse.

Petite biographie
Odile Amblard

Journaliste, elle écrit des revues destinées à la jeunesse (*Okapi*) et a réalisé des émissions documentaires pour la télévision.

2. Comment la période de l'enfance est-elle décrite ?
3. Pourquoi les parents ne reconnaissent-ils plus leur enfant ?
4. Pourquoi sont-ils inquiets ?

Explore

1. Quel âge ont les filles et les garçons auxquels s'adresse ce texte ?
2. Relève les phrases exclamatives. À ton avis, pourquoi y en a-t-il autant ?

Sciences

Documente-toi sur la croissance. Note précisément les différentes étapes depuis la naissance jusqu'à l'âge adulte.

Arts plastiques

Recherche des œuvres d'art dont le thème représente les différents âges de la vie (enfance, adolescence, âge adulte, vieillesse).

Comment une simple petite orange espagnole peut-elle faire basculer la destinée d'un milliardaire anglais ?

Destins croisés

Un jour d'hiver, un bateau achemine des oranges dans le port de Southampton, tandis qu'à Londres, un homme s'apprête à prendre son train.

Whitbourne serra fermement son colis contre lui et joua des coudes pour se frayer un passage* vers l'autre bout du quai, où il y avait moins de voyageurs. Il leva les yeux vers le tableau lumineux : le prochain train était le sien. Soulagé, il tapa des pieds pour se réchauffer. Ses pensées le ramenaient sans cesse à son paquet. Comme il détestait Londres, toute cette foule, ce bruit, cette circulation ! Il aurait bien envoyé quelqu'un à sa place mais, avec un article si précieux, Whitbourne avait estimé qu'il devait se rendre en personne à la vente aux enchères*. Il sourit en baissant les yeux vers sa trouvaille, heureux d'avoir fourni cet effort.

Dans l'entrepôt du grossiste*, le container fut ouvert et les caisses acheminées vers de plus petits camions. Celui qui transportait l'orange se dirigea vers le nord pour livrer la marchandise à temps avant l'ouverture des magasins. À cinq heures du matin, un marchand de fruits et légumes acheta l'orange ainsi que d'autres produits dont il avait besoin. À huit heures trente, lorsqu'il ouvrit sa boutique, les fruits et légumes étaient étiquetés et mis en vente à l'étalage. La première cliente, une jeune femme qui avait récemment commencé un travail de secrétaire dans le centre-ville, choisit huit oranges bien dodues. Après tout, ce n'était pas un jour comme un autre : c'était son anniversaire. [...] Après le travail, la jeune secrétaire fut invitée par ses collègues à prendre un verre pour fêter son anniversaire. Elle allait rarement dans les pubs* mais elle était nouvelle dans la société et ne voulait pas

*** Vocabulaire**

frayer un passage (v.) : rendre praticable un chemin.
vente aux enchères (n. f.) : vente au plus offrant.
grossiste (n. m.) : marchand en gros, intermédiaire entre le producteur et le détaillant.
pub (n. m., mot anglais) : café où on sert des boissons alcoolisées.
osciller (v.) : être animé d'un mouvement de va-et-vient qui menace l'équilibre.

▶ Pour en savoir plus, ouvre ton dictionnaire.

Repère

1. Quel est le genre de ce texte ?
2. Qui sont les personnages ?
3. Quels sont les passages où l'on évoque les sentiments de Whitbourne ?
4. Quels sont ceux qui relatent le parcours de l'orange ?
5. Que fête la jeune femme ?

paraître désagréable. Le sac de fruits l'accompagna. Elle se promit de ne rester qu'un moment. Toujours est-il qu'une heure et trois verres de mousseux plus tard, elle était encore au pub.

Elle n'était pas habituée à boire autant d'alcool. Sa tête tournait. Quand elle réalisa qu'il était temps de partir, elle faillit laisser ses oranges. Lorsqu'elle prit le chemin de la station de métro, elle ne tenait plus très bien sur ses jambes.

Les rails de la voie ferrée firent entendre un son aigu suivi d'un grondement lointain. Une bouffée d'air jaillit de la bouche du tunnel. Le train arrivait enfin. Whitbourne s'avança vers la ligne blanche qui marquait le bord du quai. Ses pieds couvraient à moitié les mots « Attention à la marche » peints en jaune pâle sur le béton. La pression du vent se fit plus forte dans le tunnel et le bruit sourd s'amplifia. Il y eut un mouvement général vers l'avant. Dans la foule, la secrétaire, encore troublée par le vin, fut bousculée par des voyageurs. Le sac en papier se déchira et les fruits s'éparpillèrent. Whitbourne n'y prêta pas attention : les lumières du train qui approchait perçaient le tunnel sombre. Le rugissement de la locomotive retentissait de plus en plus fort à mesure qu'elle entrait dans la gare. Un souffle d'air souleva son chapeau qu'il maintint sur son crâne avec sa main libre. Sept oranges furent dispersées dans toutes les directions. La huitième roula vers Silvester Whitbourne. Une petite voix s'adressa aux passagers mais fut noyée dans le fracas du train. Whitbourne étreignit son précieux bagage. L'orange arriva au moment précis où il s'avança encore un peu plus près du bord. Son pied glissa dessus. Il perdit l'équilibre et s'efforça de ne pas lâcher son colis. Surtout ne pas lâcher le colis ! Pendant une demi-seconde, Silvester Whitbourne oscilla* sur le bord du quai. Puis il dégringola sur les rails. Le conducteur freina de toutes ses forces mais le train allait trop vite. Ce fut fini en un instant. Des cris d'effroi retentirent. Certains hurlèrent. D'autres détournèrent les yeux. Blanche comme un linge, la secrétaire plaqua sa main sur sa bouche grande ouverte. L'orange était intacte.

Stan Nicholls, *Arrêt sur image*,
traduction de Shaïne Cassim, Hachette Jeunesse.

Petite biographie

Stan Nicholls

Après avoir exercé divers métiers liés au livre (bibliothécaire, rédacteur en chef de revues spécialisées dans la littérature et le cinéma fantastique, libraire), il a fait une carrière de journaliste-critique littéraire dans de grands quotidiens britanniques. Passionné de science-fiction, de fantastique et de policier, il a publié plusieurs romans pour la jeunesse.

Explique

1. En quoi le titre est-il justifié ?
2. Quelle est la préoccupation de M. Whitbourne ?
3. Pourquoi la jeune femme ne tient-elle plus très bien sur ses jambes ?
4. Qu'arrive-t-il quand elle est bousculée ?
5. Comment l'auteur a-t-il choisi de décrire le drame ?

Explore

1. Quels sont les termes qui nous font comprendre que l'homme est mort ?
2. Quelles sont les expressions qui indiquent le temps qui passe ?

Lecture

Observe la couverture d'un roman policier. Comment te donne-t-on envie de le lire ?

Petite biographie

Roger VITRAC

1899 - 1952

Poète dramatique français. Il publia des poèmes et des pièces de théâtre qui ont un caractère mystérieux, poétique et fantastique. *Victor ou les Enfants au pouvoir* fut joué en 1928.

C'est miraculeux

Au beau milieu d'une réunion mondaine, survient une inconnue d'une grande beauté, en robe du soir, Ida.

IDA MORTEMART. – Tu ne me reconnais pas ?

ÉMILIE. – Non.

IDA. – Regarde-moi.

ÉMILIE. – Vous êtes ici chez madame Paumelle.

IDA. – Moi je m'appelle Ida. N'es-tu plus Émilie ?

ÉMILIE. – J'ai connu trois Ida dans ma vie. La première...

IDA. – Moi, je suis la dernière, sans doute. Je m'appelle Ida Mortemart.

ÉMILIE. – Ida Mortemart !

IDA. – J'avais sept ans...

ÉMILIE. – J'en avais...

IDA. – Tu en avais treize.

ÉMILIE. – Assieds-toi. Excuse-nous... Je ne pouvais pas deviner. Comment t'aurais-je reconnue ?

IDA. – Moi, je t'ai reconnue tout de suite.

ÉMILIE. – Il y a si longtemps. Assieds-toi. Oh, pardon ! Que je fasse les présentations*. Le général Étienne Lonségur, madame Magneau, sa petite-fille Esther, mon mari, monsieur Paumelle, et mon fils Victor. Assieds-toi.

Ida s'assied. Un grand silence.

IDA. – C'est étrange, n'est-ce pas, de se rencontrer ainsi.

ÉMILIE. – Comment « de se rencontrer » ? Mais tu viens chez moi, il est à peu près naturel que tu m'y trouves.

IDA. – Je ne venais pas chez toi.

ÉMILIE. – Quoi ?

IDA. – Non, j'allais chez madame Paumelle.

ÉMILIE. – Eh bien, ne suis-je pas madame Paumelle ?

*** Vocabulaire**

faire les présentations (n. f.) : action de présenter une personne à une autre, de l'introduire quelque part.

distraction (n. f.) : inattention, étourderie.

fruitier (n. m.) : marchand qui vendait autrefois des fruits, mais aussi parfois des légumes et des laitages.

stratagème (n. m.) : ruse habile.

▶ Pour en savoir plus, ouvre ton dictionnaire.

Repère

1. Qui est l'auteur de la pièce ?
2. Quel est le titre donné à cette scène ? Quelle réplique reprend-il ?
3. Qui est Ida Mortemart ?
4. Quelle phrase est un clin d'œil au public ?

Réfléchis

1. Les deux femmes se connaissaient-elles avant la rencontre de ce soir-là ?

IDA. – Non. Ou plutôt si, puisque tu viens de me l'apprendre. Mais tu n'es pas celle que j'allais voir.

Tous se regardent inquiets.

ÉMILIE. – Tu veux dire que tu croyais trouver la petite fille que tu as connue. Enfin, tu ne me savais pas mariée.

IDA. – Non. Je l'ignorais. Mais ce n'est pas toi que je voulais voir. Madame Paumelle est mon amie de dix ans. Elle a épousé monsieur Paumelle il y a quelques années. Ils habitaient autrefois boulevard Pasteur, ils habitent maintenant rue Lagarde.

CHARLES. – Mais, madame, vous êtes bien ici rue Lagarde.

IDA. – Vous allez comprendre. Je savais, puisqu'ils me l'avaient écrit, qu'ils habitaient en effet rue Lagarde. Mais j'ai brûlé leur lettre par distraction*. Ne me souvenant plus du numéro, j'ai demandé au premier fruitier* venu, et il m'a indiqué ta maison. Je te rencontre toi, Émilie, mon amie d'il y a plus de vingt ans, au lieu de madame Paumelle, mon amie intime d'aujourd'hui.

ÉMILIE. – C'est extraordinaire. Il y a donc deux mesdames Paumelle dans la même rue.

IDA. – Oui, et qui s'ignorent, et qui habitent peut-être face à face.

GÉNÉRAL. – C'est inouï !

CHARLES. – Eh bien, madame, si un auteur dramatique s'était servi de ce stratagème* pour vous faire apparaître ici, et à ce moment, on eût crié à l'invraisemblance.

IDA. – On aurait eu raison. Ce n'est pourtant que la simple vérité.

ÉMILIE. – À quel fruitier as-tu demandé le renseignement ?

IDA. – À celui du coin de la rue de l'Arbalète et la rue Lagarde.

ÉMILIE. – C'est un comble. Nous ne nous servons chez lui que depuis trois jours.

THÉRÈSE. – C'est miraculeux.

Une scène de *Victor ou les Enfants au pouvoir*, mis en scène par Ph. Adrien.

Roger VITRAC, *Victor ou les Enfants au pouvoir*, Gallimard.

2. Y a-t-il vraiment deux Madame Paumelle ?
3. Quels sont les hasards successifs qui ont rendu possible la rencontre des deux femmes ?

Lecture expressive

1. Toute la scène se déroule dans un climat mystérieux. Trouvez le ton juste pour le faire sentir au public. Pour cela, préparez-vous à jouer en lisant plusieurs fois le texte silencieusement.
2. Dans la lecture à haute voix, préservez une certaine lenteur (mystère, étonnement).

Mise en scène

- Les personnages sont assis (c'est une réception), sauf Ida qui arrive. La moitié de la scène est un dialogue entre les deux jeunes femmes ; les autres acteurs les écoutent. Réfléchissez à leurs attitudes.
- Les dernières répliques renforcent le mystère : faites-le sentir dans vos gestes et attitudes.

Un homme célèbre : Jules Verne

1

LA VIE DE L'AUTEUR

Jules Verne

2 **PETITE CHRONOLOGIE**

3 **1828 (8 février)** : Naissance de Jules Verne à Nantes. Il aura un frère, Paul et trois sœurs, Anna, Mathilde et Marie.

1847 : Il s'inscrit à la Faculté de droit de Paris, obtient une licence mais choisit une carrière littéraire.

1858 : Il épouse à Paris Honorine Morel, une jeune veuve qui a deux filles.

4 **1861 :** Naissance de Michel, son seul enfant, qui lui causera de nombreux soucis.

1862 : Jules Verne rencontre l'éditeur Jules Hetzel ; début d'une collaboration de quarante ans.

5

6

1863 : Publication de « Cinq semaines en ballon ».

1865 : « De la Terre à la Lune ».
« Les enfants du Capitaine Grant ».

1869 : Installation de la famille Verne à Amiens.

1870 : « Vingt mille lieues sous les mers ».

1873 : « Le tour du monde en 80 jours » est publié en feuilletons dans le journal « Le Temps ». Succès international.
Des directeurs de compagnies maritimes proposent à Jules Verne des fortunes si Phileas Fogg pouvait gagner son pari grâce à l'un de leurs vaisseaux !

1874 : « L'île mystérieuse ».

1876 : « Michel Strogoff ».

1877 : Jules verne achète le "Saint Michel III".

1897 : Mort de son frère Paul.

1905 (24 mars) : Mort de Jules Verne à Amiens.

7

Le décor de la station de métro parisien Arts et Métiers a été inspiré par le monde des romans de Jules Verne.

De Jules Verne vous pouvez lire

8 **« Voyage au centre de la Terre »**
Le professeur Lidenbrock et son neveu Axel tentent d'atteindre le centre de la terre, en empruntant la cheminée d'un volcan éteint en Islande.
Hachette - Les intégrales Jules Verne

« Vingt mille lieues sous les mers »
Le savant Pierre Aronnax et son domestique Conseil sillonnent, pendant dix mois, le fond des mers à bord du Nautilus, sous-marin commandé par l'étrange capitaine Nemo qui a engagé une guerre implacable contre le reste de l'humanité...
9 Gallimard - Folio junior
Edition spéciale - 2 tomes

Une biographie : « Jules Verne, le rêve du progrès »
de Jean-Paul Dekiss
(Découvertes/Gallimard)

Au cinéma

10 **« Vingt mille lieues sous les mers »** de Richard Fleisher (1954) avec James Mason et Kirk Douglas

« Le tour du monde en 80 jours » de Michael Anderson (1956) avec David Niven et Jean-Pierre Cassel

À visiter

11 **Musée Jules Verne**
3, rue de l'Ermitage,
44000 Nantes.
Tél. 40 69 72 52.

Station métro Arts et Métiers à Paris.

Repères de lecture

1 Le nom de l'écrivain : le nom de la personne concernée est écrit en gros en haut de la page.

2 La petite chronologie : elle commence par les dates. La vie du personnage célèbre est retracée depuis sa naissance jusqu'à sa mort. Les faits marquants de sa vie et de son œuvre sont présentés dans l'ordre chronologique.

3 La date de naissance : le jour, le lieu, l'année sont mentionnés. On présente également la fratrie (les frères et les sœurs).

4 Une date importante : la biographie donne quelques renseignements sur la vie privée de l'écrivain.

5 Une œuvre : les titres des livres écrits par Jules Verne sont donnés entre guillemets.

6 Une caricature : elle représente un portrait de Jules Verne et évoque l'une de ses œuvres : *Le Tour du Monde en 80 jours.*

7 Une photographie : elle montre un décor d'aujourd'hui, celui d'une station de métro inspirée des œuvres de l'écrivain.

8 La présentation d'une œuvre : le titre du livre est suivi d'une brève présentation de l'histoire.

9 Le nom de l'éditeur et la collection.

10 Les films : ils ont été réalisés à partir des romans.

11 Le nom du musée : il est accompagné de ses coordonnées (adresse et téléphone).

Repère

1. De quel écrivain célèbre présente-t-on la biographie ?
2. Quel terme indique que les événements sont présentés dans l'ordre ?
3. En quelle année Jules Verne est-il né ?
4. Comment s'appelle son premier livre publié ?
5. Quel roman a été publié sous la forme de feuilletons ?

Explique

1. Quelles sortes de renseignements cette fiche contient-elle ?
2. Pourquoi Jules Verne est-il célèbre ?
3. Pour quelle raison et grâce à qui Jules Verne aurait-il pu faire fortune ?
4. Pourquoi le musée Jules-Verne se trouve-t-il à Nantes ?
5. Pourquoi explique-t-on le contenu de quelques romans dans la colonne de droite ?

Croissance et développement

LA PLUPART DES ÊTRES VIVANTS grandissent avec l'âge, non pas par grossissement de leurs cellules, mais par leur multiplication. Arrivée à une taille donnée, une cellule fait une copie d'elle-même. Ces deux nouvelles cellules peuvent se diviser à leur tour. C'est la division cellulaire, ou mitose. Quelques êtres vivants, comme les plantes, croissent grâce à des mitoses toute leur vie. Mais chez la plupart des animaux, dont l'homme, les cellules se divisent plus lentement chez l'adulte.

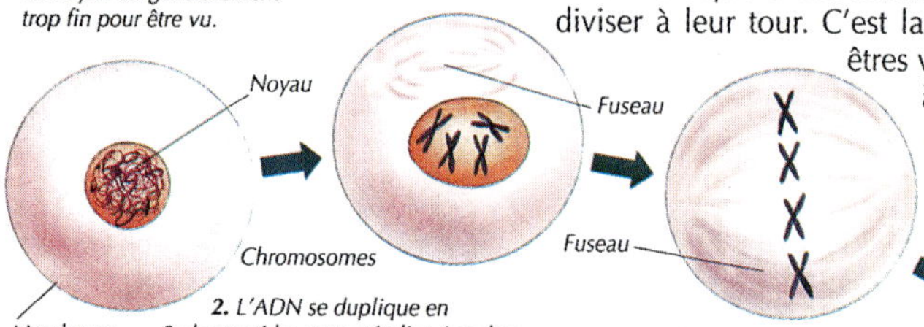

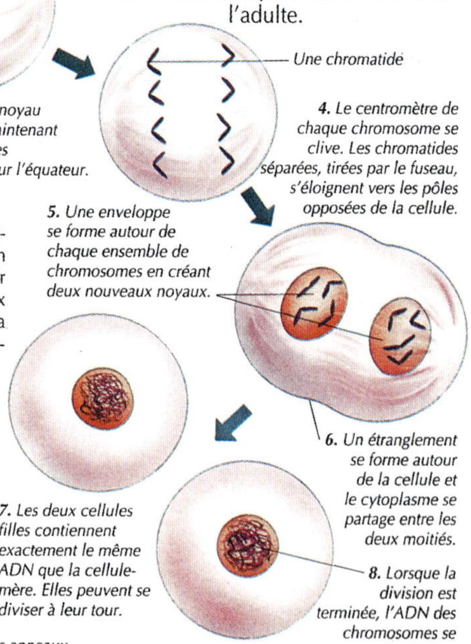

Observer la division

En observant une racine d'oignon au microscope, on constate que chaque cellule est entourée par une paroi cellosique. Les chromosomes sont visibles dans les cellules en division, et diffus dans le noyau des autres cellules. Les cellules végétales et animales se divisent de façon très similaire, mais les premières ont à reconstruire une paroi.

Division cellulaire

Avant de se diviser une cellule doit dupliquer ses chromosomes (structures en bâtonnets contenant l'ADN) afin de fournir deux lots identiques de chromosomes aux deux nouvelles cellules formées. C'est la mitose. Ce type de division cellulaire permet la croissance. Une autre forme de division, appelée méiose, a lieu avant la reproduction sexuelle. Elle ne forme pas des cellules identiques.

Croissance des arbres

Un arbre grandit par l'allongement de ses branches et celui de ses racines grâce à la division des cellules situées à leurs extrémités. Son tronc, comme ses branches, s'épaissit avec la division des cellules du cambium, situé juste sous l'écorce.

Les anneaux de croissance traduisent une forte croissance au printemps, une croissance plus lente pendant l'été et une croissance nulle pendant l'hiver.

Les branches les plus basses disparaissent pour laisser un tronc nu, qui s'épaissit, mais ne s'allonge pas.

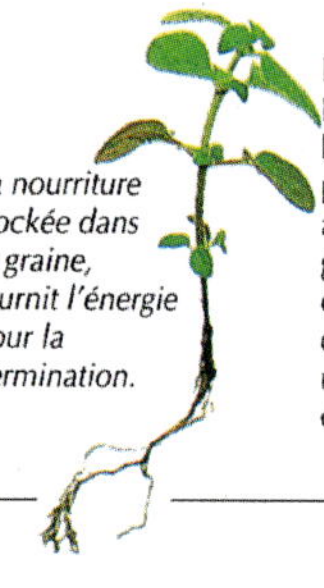

La nourriture stockée dans la graine, fournit l'énergie pour la germination.

Plantules

La croissance nécessite beaucoup d'énergie. Une plantule grandit vite car elle a un tissu de réserve dans la graine, l'endosperme. Les cotylédons comportent aussi des réserves, et s'ouvrent rapidement pour commencer la photosynthèse.

CYCLE CELLULAIRE

De nombreuses cellules du corps se divisent suivant un rythme établi. Une cellule de l'intérieur de la joue par exemple, se divise une fois en 24 heures. Toutes les cellules ne se divisent pas aussi rapidement. Chez certaines, la division est parfois « suspendue » pendant une longue phase. Chez les cellules nerveuses, la division s'arrête dès leur formation, le bébé étant encore dans l'utérus.

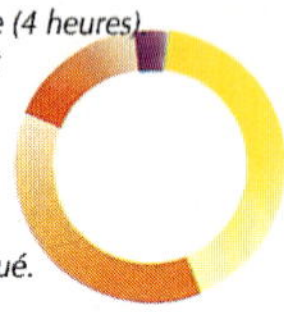

Cycle de division d'une cellule de l'intérieur de la joue.

362

*** Vocabulaire**

cellule (n. f.) : élément d'un organisme vivant délimité par une membrane et qui contient un noyau.

chromosome (n. m.) : élément du noyau de la cellule en forme de bâtonnet. Il est porteur des molécules de l'hérédité.

métamorphose (n. f.) : changement d'une forme en une autre.

▶ Pour en savoir plus, ouvre ton dictionnaire.

Repère

1. Quel est le thème abordé dans le texte introductif ?
2. Quels sont les titres des encadrés ?
3. Que montre le schéma de la page 362 ?
4. Quelle image montre-t-on au microscope ?
5. Comment a-t-on représenté le développement humain ?

Grandir

Les cellules du corps ne se divisent pas toutes à la même vitesse. Lorsqu'on grandit, de nombreuses cellules, particulièrement celles des bras et des jambes, se divisent plus vite que celles de la tête. Le corps change donc lentement de forme. C'est le développement. La croissance et le développement sont contrôlés par des hormones (messagers chimiques transportés par le sang dans différentes parties du corps). Quelques unes de ces hormones font que l'on connaît une poussée de croissance vers 12/13 ans, et que l'on cesse de grandir vers 21 ans.

Développement humain

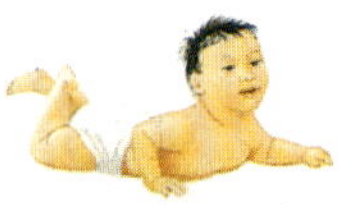

Un nouveau né a une très grosse tête et des jambes et des bras courts.

À 2 ans, jambes et bras ont grandi. Les jambes sont maintenant suffisamment fortes pour marcher.

Vers l'âge de 5 ans, les muscles des bras et des jambes sont beaucoup plus forts. On peut marcher et courir.

À 10 ans, un enfant a de longs membres et a appris comment faire des mouvements précis tels qu'écrire ou attraper une balle.

À l'âge de 13 ans, de nombreux changements s'opèrent dans le corps. Il se prépare à la forme adulte.

La plupart des jeunes de 20 ans, ont déjà terminé leur croissance. La tête est maintenant une petite partie du corps.

Vanesse blanche

À l'intérieur de la chrysalide, la plupart des cellules de la chenille se nécrosent. Des cellules nouvelles vont former le futur papillon.

Une chenille a des mâchoires puissantes, mais un papillon a une trompe et ne peut que boire ses aliments.

De la chenille au papillon

En changeant de forme, le même animal peut utiliser différents modes de nutrition et de déplacement. Une chenille mange des feuilles et passe tout son temps sur les plantes. Le papillon adulte se nourrit de nectar et peut voler loin, à la recherche de nouvelles plantes, où la femelle pondra ses œufs.

Une punaise des bois dans ses phases de métamorphose incomplète (la deuxième, la cinquième et celle de l'adulte).

Métamorphose incomplète

À l'éclosion, une punaise des bois n'a ni ailes, ni organes reproducteurs. Elle grandit en muant. Son corps change légèrement à chaque mue, qui est une métamorphose incomplète. Les cafards et les sauterelles se développent aussi de cette façon.

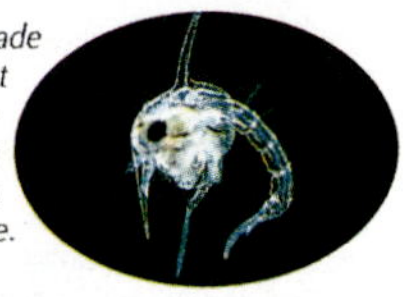

Une larve de crabe, au stade zoé, a une longue queue et une épine dorsale incurvée. Elles bat des pattes pour rester en surface.

Une larve au stade mégalope a des pattes bien développées, est dépourvue d'épine dorsale et a une queue courte. Elle vit sur les fonds marins.

Un crabe adulte a une queue courte, repliée sous le corps, des pattes robustes, mais n'est pas un bon nageur. Celui-ci est un crabe côtier (Carcinus maenas).

Métamorphose complète

Un crabe change complètement de forme pendant sa croissance. Sa vie commence comme une petite larve de type zoé, flottant dans les eaux superficielles de la mer. Après avoir muée plusieurs fois, la larve se transforme en une larve de type mégalope, qui peut marcher et nager. Celle-ci mue et devient un jeune crabe.

RÉGÉNÉRATION

Si on se coupe, les cellules de la peau commencent à se diviser jusqu'à ce que la coupure soit cicatrisée. C'est la régénération. Nous pouvons régénérer la peau et les os, mais certains animaux peuvent régénérer des parties entières de leur corps, pattes et queues incluses.

L'étoile de mer peut regénérer un nouveau bras si elle en perd un.

Voir aussi

Master Sciences, Hachette Éducation.

Explique

1. Pourquoi la plantule grandit-elle vite ?
2. Comment un arbre grandit-il ?
3. À quel âge l'homme connaît-il une forte poussée de croissance ?
4. Comment appelle-t-on le cycle de croissance du crabe ?
5. Que montre-t-on dans l'encadré « Cycle cellulaire » ?

Sciences

Recherche des informations sur la croissance : courbes de croissance, indications notées dans le carnet de santé d'un bébé.

LE MONDE VIVANT

Qu'est-ce que la vie ?

LES ÊTRES VIVANTS ont des formes et des tailles différentes, depuis les arbres plus hauts qu'un immeuble de vingt étages jusqu'aux bactéries qui ne sont visibles qu'au microscope. Les plantes ont une vie fixée alors que plusieurs animaux parcourent des distances importantes dans les airs, sur terre ou en mer. Néanmoins, toutes les formes de vie ont en commun des caractéristiques essentielles. Toutes absorbent des matières premières, nourriture élaborée ou élémentaire, pour produire de l'énergie et toutes rejettent des déchets à l'issue de ce processus. L'énergie produite leur permet de croître, de se reproduire et de répondre à leur environnement.

La vie des plantes
Bien que fixes, les plantes sont aussi vivantes que nous. Un chêne utilise l'énergie de la lumière du Soleil pour grandir et se reproduire. Dépourvus d'organe sensoriel spécial, les arbres peuvent cependant détecter la lumière et y répondre en s'orientant vers elle.

Les réactions chimiques de la souris lui permettent de bouger et de maintenir sa température.

Les souriceaux utilisent l'énergie et les nutriments issus des aliments pour grandir.

Une souris femelle utilise l'énergie et les éléments nutritifs (matières premières) des aliments pour synthétiser le lait nécessaire à ses petits.

Quand elle respire, une souris prend de l'oxygène et rejette du dioxyde de carbone.

La forme d'un robot est fixe – il ne peut se développer sans l'aide de l'homme.

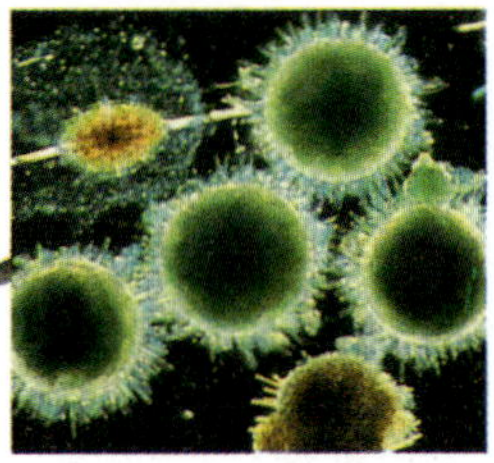

La vie du plancton
La plupart des formes de vie sont beaucoup plus petites que nous. Les minuscules organismes composant le plancton dérivent avec les courants de haute mer. L'ensemble pèse des millions de tonnes.

Les caractéristiques de la vie

La tâche quotidienne la plus importante de ces souris est de trouver de quoi se nourrir. Grâce à leurs sens, elles traquent tout ce qui peut se manger et évitent les dangers. La souris se procure de l'énergie en dégradant sa nourriture à l'aide d'oxygène. Les aliments sont aussi utilisés pour construire de nouvelles parties de son corps. Six semaines après sa naissance, une souris est prête à se reproduire.

Cette coquille est celle d'un mollusque marin, le nautile. À mesure que celui-ci grandit, sa coquille s'accroît par des secrétions de calcaire, qui cristallisent.

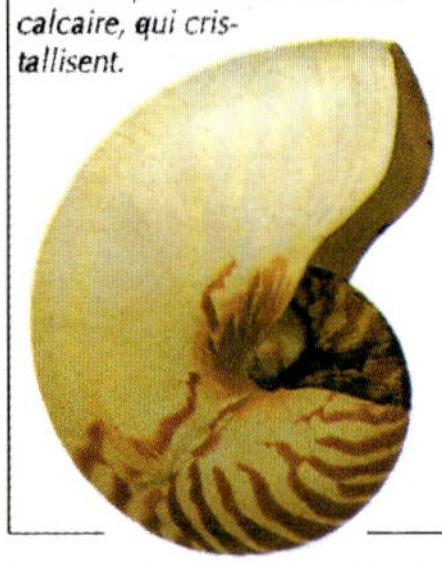

DU CHAOS À L'ORDRE

Un jouet à ressort perd peu à peu son énergie si vous ne le remontez pas. Il peut se rouiller et se casser. C'est une caractéristique des objets non vivants. Les êtres vivants incorporent de l'énergie et l'utilisent pour construire des structures telles qu'une cellule ou une coquille. Ce pouvoir de créer l'ordre à partir de la matière désorganisée n'appartient qu'aux êtres vivants. Ils perdent ce pouvoir avec la mort.

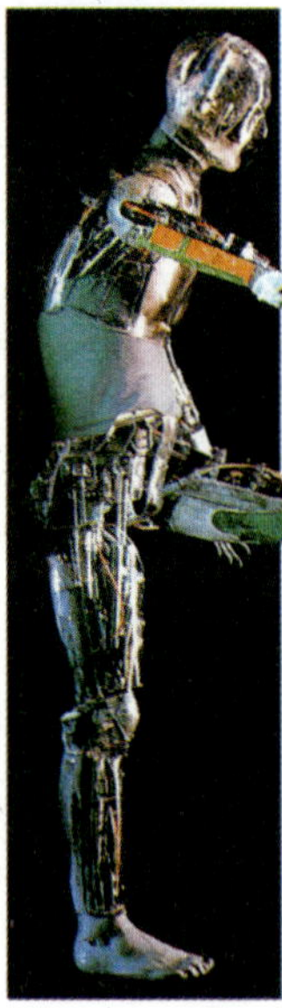

Les machines sans vie
Les robots ne sont en réalité que des machines, compliquées, mais sans vie. Le robot doit utiliser de l'énergie pour bouger. Pour se procurer cette énergie, il dépend de l'homme. De plus, il ne peut ni grandir, ni se reproduire. Sans un entretien régulier, il pourrait même tomber en panne ou encore se briser.

Voir aussi

Photosynthèse, 340
Nutrition, 342
Respiration cellulaire, 346
Environnement interne, 350
Croissance et développement, 362
Reproduction asexuée, 366
Reproduction sexuée, 367

306

*** Vocabulaire**

bactérie (n. f.) : organisme vivant formé d'une seule cellule.

nutriment (n. m.) : substance alimentaire.

photosynthèse (n. f.) : processus par lequel toute plante verte fabrique de la matière vivante à partir d'eau et de sels minéraux, en présence de lumière.

protéine (n. f.) : matière entrant dans la composition des êtres vivants.

▶ Pour en savoir plus, ouvre ton dictionnaire.

Repère

1. Quelles sont les deux grandes parties de ce document ?
2. De quel ouvrage provient-il ?
3. Sous quel titre général ce document figure-t-il ?
4. Que représentent les différentes illustrations ?
5. À quels mots la rubrique « Voir aussi » renvoie-t-elle ?
6. Que représentent les schémas ?

Les débuts de la vie

NOTRE PLANÈTE tourne depuis quelques 4,5 milliards d'années. Au début, bombardée par des météorites et déchirée par des explosions volcaniques, elle était beaucoup trop chaude et dangereuse pour abriter la vie. Puis la Terre s'est refroidie, et sa surface est devenue calme. La vapeur d'eau, provenant des incessantes éruptions, forma des nuages et la pluie tomba. La vie apparut dans cette eau il y a plus de 3,5 milliards d'années. La plupart des scientifiques pensent que la vie est apparue et s'est développée au cours de millions d'années au hasard de réactions chimiques entre composés simples.

Les formes de vie les plus anciennes

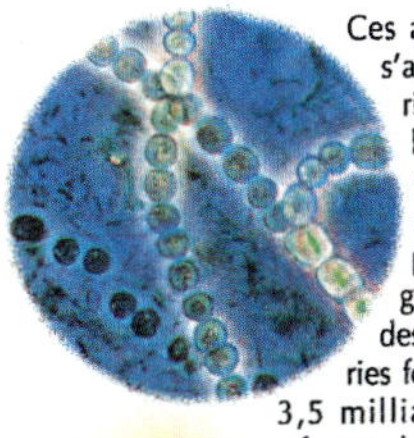

Ces algues bleues simples s'appellent cyanobactéries. Elles vivent normalement dans les eaux de surface et fabriquent leur nourriture par photosynthèse. Des géologues ont trouvé des tapis de cyanobactéries fossilisées qui datent de 3,5 milliards d'années. Cette forme de vie doit être une des premières sur Terre.

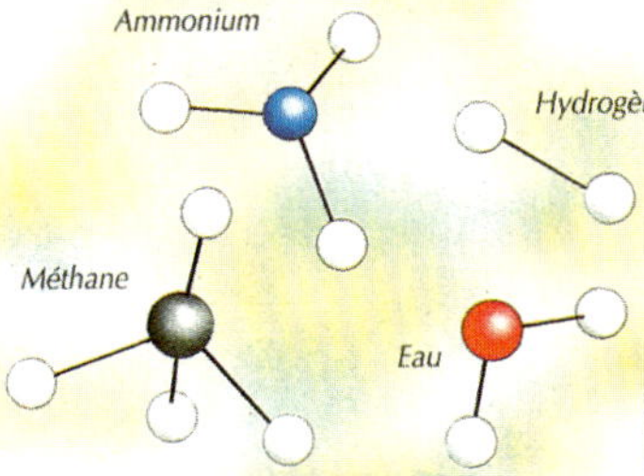

De l'eau, du méthane, de l'ammonium et de l'hydrogène ont été enfermés dans un récipient.

L'énergie libérée par une étincelle électrique a fait réagir entre elles toutes les substances chimiques qui se trouvaient dans le récipient.

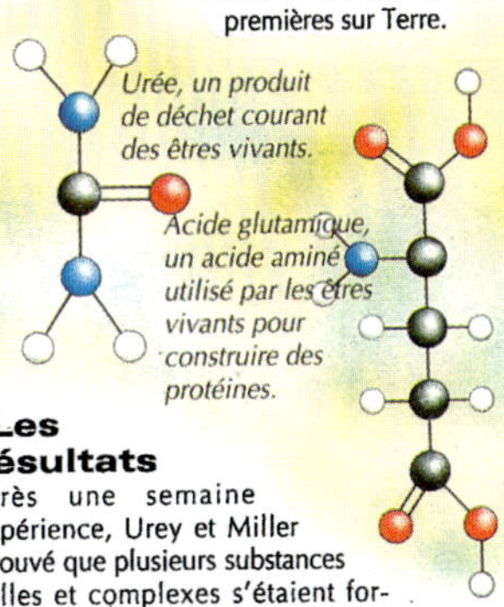

Urée, un produit de déchet courant des êtres vivants.

Acide glutamique, un acide aminé utilisé par les êtres vivants pour construire des protéines.

Les ingrédients bruts

L'océan et l'atmosphère primitifs contenaient des substances chimiques simples telles que l'eau, le méthane, l'ammonium et l'hydrogène. Lors de leur célèbre expérience, Urey and Miller ont mis un mélange de ces substances dans un récipient afin d'observer les réactions possibles entre ces corps.

Les résultats

Après une semaine d'expérience, Urey et Miller ont trouvé que plusieurs substances nouvelles et complexes s'étaient formées, dont des acides aminés, modules de base des protéines, autour desquelles la vie se construit.

LA VIE ISSUE DE LA VIE

On pensait autrefois que les asticots se développaient à partir de viande pourrie. Les expériences des scientifiques italien Lazzaro Spallanzani (1729-1799) et français Louis Pasteur (1822-1895) ont montré que les êtres vivants sont toujours formés par reproduction, et qu'ils ne peuvent apparaître à partir de substance inerte.

En déposant ses œufs sur la viande, cette « mouche à viande » femelle (Calliphora vomitoria) assure un abondant apport de nourriture à ses larves.

Le berceau de la vie

Imaginez la Terre à ses débuts, couverte d'océans contenant des substances chimiques simples, qui ont pu réagir entre elles grâce à l'énergie solaire et aux éclairs. Quelques-unes de ces réactions ont créé des molécules aptes à s'autocopier, et des membranes (couches) qui les ont protégées de leur environnement. En 1953, les chimistes américains Harold Urey et Stanley Miller ont trouvé que des substances complexes pouvaient se construire à partir d'éléments simples.

Une vie extra-terrestre ?

Si la vie a surgi sur Terre au hasard des réactions chimiques, cela est aussi possible ailleurs dans l'univers. La vie sur Terre est fondée sur les composés carbonés, tels que les acides aminés. Les scientifiques ont en trouvé des traces dans des météorites. Les astronomes ont aussi détecté des composés carbonés simples dans les poussières de l'espace.

Ce météorite ferreux est tombé de l'espace il y a environ 20 000 ans.

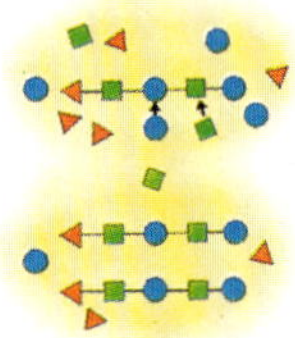

La substance chimique originaire en attire d'autres, et réagit avec elles. Après plusieurs réactions, une copie de la substance chimique initiale s'est formée.

Reproduction chimique

La vie a probablement commencé d'une façon simple. Une substance chimique peut entrer par hasard dans des séries de réactions qui donnent comme résultat une copie d'elle même. Cette copie, à travers les mêmes réactions, peut alors se reproduire.

Voir aussi

Le carbone, 40
L'hydrogène, 47
La Terre, 209
Cellules, 338
Photosynthèse, 340
Génétique, 364

Master Sciences, Hachette Éducation.

Explique

1. Qu'est-ce qui caractérise un être vivant ?
2. Pourquoi montre-t-on un robot dans ce document ?
3. Pourquoi le mot *énergie* est-il aussi souvent utilisé ?
4. Comment notre planète s'est-elle formée ?
5. Quelle question se pose-t-on à propos de la vie extraterrestre ?
6. Quelles sont les formes de vie les plus anciennes ?

Sciences

Fais des recherches documentaires sur les animaux qui se métamorphosent : les batraciens, les mollusques, les insectes.

CHANSON

Pas par le plafond,
Pas par le plancher,
Petit enfant sage,
Tu ne partiras.

Pas brisant les murs
Ou les traversant,
Pas par la croisée,
Tu ne partiras.

Par la porte close,
Par la porte ouverte,
Petit enfant sage,
Tu ne partiras.

Ni brûlant le ciel,
Ni tâtant la route,
Ni moquant la lande,
Tu ne partiras.

Ce n'est qu'en passant,
À travers tes jours,
C'est à travers toi
Que tu partiras.

GUILLEVIC, *Sphère*, Gallimard.

Histoire de Folfanfifre

...

Folfanfifre aimait l'arc-en-ciel
aimait aussi les hirondelles
Il aimait les feux d'artifice
Sans doute aussi le vieux bourgogne
l'argent l'or et le pain d'épice
Mais il n'aimait pas la besogne

Folfanfifre aurait voulu toujours dormir
Pour gagner son pain il se privait de dormir
Il est bien avancé à cette heure
maintenant qu'il est au cercueil
Mais peut-être dort-il à cette heure
Peut-être même ne dort-il que d'un œil ?

Folfanfifre qui n'apprit rien
Savait tout ne sachant rien
Nous non plus ne savons pas grand-chose
Si l'on nous aime et si nous aimons
Si c'est au rosier que fleurit la rose
Si plus que Folfanfifre nous existons

Folfanfifre ne se posait pas de questions
Et ne répondait jamais aux questions
Tout compte fait je puis le dire
Je crois bien qu'il avait raison
Moi j'ai raison de rire
Et vous de pleurer sans raison.

Robert DESNOS, *Destinée arbitraire*, Gallimard.

Plus tard...

moi je serai infirmière
moi je serai militaire
moi je serai boulangère
moi je serai fonctionnaire
moi je serai fromagère
moi je serai parlementaire
moi je serai ouvrière
moi je serai diamantaire
et ***toi***, et ***toi***
tu seras quoi
toi qui te terres
seul dans ton coin
l'air en colère ?
quand je serai grand
je préfère
passer ma vie à ***ne rien faire*** !

Jean-Pierre BALPE, *Promenade en poésie*, Magnard.

Vélo sur neige.

Vive le sport !

Qui n'a jamais rêvé de révéler son pays au monde entier ?

Nous sommes tous nés un 12 juillet

Avant le match de la finale de la Coupe du monde de football 1998, les équipes chantent les hymnes nationaux.

Didier Deschamps, inamovible récupérateur, capitaine éprouvé, est soutenu à droite par Christian Karembeu et à gauche par Emmanuel Petit. Son armada se veut forte sur ses points forts. Et, physiquement, elle a du génie. Les duettistes Youri Djorkaeff et Zinedine Zidane sont chargés d'alimenter en munitions Stéphane Guivarc'h ou d'exploiter eux-mêmes les situations favorables.

La tenaille est opérationnelle. Les percussions de Cafu et Roberto Carlos sont enrayées par les duos Lizarazu-Petit et Thuram-Karembeu. Dunga est privé de moyens d'expression par le pressing* de Djorkaeff et Zidane. Les Français paraissent plus forts, plus grands, invincibles. Ils règlent le tempo de la finale. Leur dispositif fonctionne parfaitement. Le Brésil est asphyxié, débordé. Guivarc'h espère suivre l'exemple de Patrick Kluivert, auteur d'un but lors de la demi-finale Brésil-Pays-Bas (1-1 après les prolongations, 4 tirs aux buts à 2). Il est alerté par Djorkaeff, esquisse* un retourné. L'avant-centre français, bousculé par Junior Baiano, n'est pas davantage réaliste au sortir d'une combinaison Djorkaeff-Zidane, plus brésiliens que les hommes de Rio (5e minute de jeu). Après une reprise de l'épaule de Djorkaeff sur un coup franc de Zidane, il est clair que le quadruple champion du monde n'a rien d'un monstre sur les coups de pied arrêtés défensifs.

Au bout de vingt minutes apathiques*, le Brésil donne l'illusion de redevenir tel qu'en sa réputation, parfois maître des espaces. Les réactions sud-américaines sont toutefois trop sporadiques* pour déboussoler la forteresse française.

Fabien Barthez ne tremble pas sur un centre de Roberto Carlos, un tir de Ronaldo et une tête de Rivaldo. De toute façon, Barthez ne tremble jamais. Taffarel a raison de s'inquiéter quand Emmanuel Petit frappe un corner concédé par Roberto Carlos. Il enroule le ballon de l'intérieur du pied gauche. Zidane s'élève haut et surtout fort. Leonardo, qui ne vit que pour cette soirée depuis qu'il a été mis au ban de l'édition précédente, en 1994, semble d'un coup terriblement frêle. Il perd le duel aérien, laminé par la puissance et l'envol de Zidane, dont les jambes fouettent l'air et paraissent se poser à un mètre du sol. La reprise de la tête du Français, poings serrés, embusqué au premier poteau comme indiqué sur la feuille de route glissée par Aimé Jacquet, assomme Taffarel. Ronaldo, venu défendre, est inerte, bras ballants. 1-0 après vingt-sept minutes de jeu et tout est déjà fini. La France possède trois dimensions de plus que son rival d'un soir. Elle est programmée pour vaincre.

Barthez se précipite au-devant de Ronaldo pour le mettre en échec. Lebœuf intercepte un ballon perdu par Lizarazu (36e minute) et convoité par les attaquants au maillot jaune pâle. Petit tente sa chance, puis Guivarc'h, lancé par Lilian Thuram. Taffarel s'interpose. Djorkaeff exploite à plein le corner, côté gauche. Zidane, renversant, propulse Dunga vers la retraite internationale, en coupant la trajectoire au premier poteau, à sept mètres du but. Sa détente est brutale, son extension féline*. Derrière lui, Lebœuf et Thuram sont admiratifs. Le ballon file entre les jambes de Roberto Carlos, alors que Taffarel est tétanisé : 2-0 (45e minute). Décidément, Zidane a bien retenu les consignes. Deschamps : « Je savais que le Brésil ne pouvait pas revenir, face à une équipe comme la nôtre. » À la mi-temps, la France est donc couronnée, même si, dans son vestiaire, celui dévolu aux « visiteurs », la tension est palpable et que le ton monte entre certains.

*** Vocabulaire**

pressing (n. m., mot anglais) : action de faire pression par une attaque massive et continue.
esquisser (v.) : commencer.
apathique (adj.) : qui ne réagit pas, sans énergie.
sporadique (adj.) : qui se produit de façon irrégulière.
féline (adj.) : qui a la souplesse et la grâce d'un chat.
goleador : le premier à marquer un but.
dévisser (v.) : faire une chute.

▶ Pour en savoir plus, ouvre ton dictionnaire.

Repère

1. Quel est le titre de ce texte ? À quelle date fait-il référence ?
2. Trouve les différentes parties du texte.
3. Quels sont les noms des joueurs cités ?
4. Que désignent les nombres entre parenthèses ?
5. Qui a inscrit le premier but du match ?
6. Qui a inscrit le millième but français depuis l'organisation de la Coupe du monde ?

Joie de l'équipe de France après la victoire.

Le public, lui, chavire. Les acteurs avaient exigé l'abandon des costards-cravates et l'avènement du maillot bleu. Leurs épouses ou compagnes donnent l'exemple, à l'instar de Michel Platini.

Voilà Denilson. Il va s'avérer le meilleur Sud-Américain de la soirée. Ses compatriotes s'appuient sur sa vitesse d'exécution et sur la gestion française du match, puisque Deschamps et les siens reculent. Ronaldo mitraille de près, excentré dans les six mètres. Barthez aimante le ballon en s'asseyant presque sur lui, sous les yeux d'Emmanuel Petit (57e minute). Rivaldo élève son niveau de jeu, Desailly anéantit une tentative de Bebeto, sur sa ligne (61e minute).

La riposte du Brésil a-t-elle vécu ? Il est impuissant face à la solidité et la supériorité françaises. Guivarc'h a la possibilité d'officialiser le triomphe. Il perd un nouveau duel contre Taffarel en ne cadrant pas son tir (64e minute). Il sort, Dugarry entre (66e minute), Desailly sort (68e minute), personne n'entre. Il vient d'être expulsé par l'arbitre, M. Belqola, pour un tacle à retardement sur Cafu, alors qu'il avait déjà été averti. Petit se rapproche de Lebœuf, Vieira prend la succession de Djorkaeff sur le terrain (76e minute) et celle de Petit au milieu. La réorganisation est indispensable et inutile, dans la mesure où l'orgueil brésilien s'est essoufflé, malgré un éclair de Denilson (70e minute). Edmundo a succédé à Cesar Sampaio, censé surveiller Zidane tout au long du match.

Christophe Dugarry, premier goleador* français du Mondial, en sera-t-il le dernier ? Inscrira-t-il le millième but français, au terme d'une épopée entamée quatre-vingt-quatorze ans plus tôt, le 1er mai 1904, devant la Belgique (3-3) ? Non, car il dévisse* (83e minute). Alors que Barthez se fait suppléer par sa barre transversale (88e minute), Duga part en contre, décale Vieira, lequel glisse à Petit. Le Canonnier résiste à l'envahisseur Cafu et marque d'un tir croisé à ras de terre du pied gauche (90e minute). Le millième sera attribué à tout un pays.

Peut-être fait-il nuit, mais le soleil brille encore à 22 h 55.

La France est championne du monde.

Vanessa Caffin et Gilles Verdez, *Les Années Jacquet*, Solar.

Explique

1. De quel événement le texte rend-il compte ?
2. Pourquoi les auteurs écrivent-ils : « nous sommes tous nés un 12 juillet » ?
3. Pourquoi, dans le public, les gens portent-ils des maillots bleus ?
4. Pourquoi Desailly n'est-il pas remplacé ?
5. Pourquoi le texte dit-il que « le soleil brille encore à 22 h 55 » ?

Explore

1. Relève les termes propres au football.
2. Relève les images employées pour décrire les techniques de jeu des footballeurs.
3. Quelles sont toutes les expressions qui rendent hommage à l'équipe de France ?

Production d'écrits

À ton tour, rédige un compte rendu d'un événement sportif auquel tu as assisté ou participé.

Le sport nous apprend à connaître nos limites.

Deux stars du roc sur l'Annapurna

Catherine Destivelle est championne du monde d'escalade. Elle n'a pas peur d'attaquer, seule, les faces nord les plus difficiles des Alpes – entre autres l'Eiger, la montagne « mangeuse d'hommes » (45 morts) – ; on connaît moins son compagnon Érik Decamp, guide de haute montagne et himalayiste réputé. En octobre 1994, tous deux ont tenté une première ascension sur l'Annapurna, sommet mythique du Népal. Voici leur récit.*

Tout a commencé par une photo. Un jour, dans une boutique de Katmandou, capitale du Népal, je suis tombée sur une photo de la face sud de l'Annapurna. Tout de suite, j'ai vu ce pilier, à gauche sur la photo. Pour moi, c'était le chemin le plus attirant. Il devait y avoir une voie* ! Renseignement pris, il n'y en avait pas…

Annapurna. Quel nom magnifique ! Tous les alpinistes ont en mémoire la fabuleuse aventure des Français qui l'ont gravi pour la première fois, en 1950. Le premier 8 000 mètres ! Petite, ça me paraissait inaccessible*. Et puis, de sommet en sommet, progressivement, je me suis dit : pourquoi pas moi, pourquoi pas nous ? Pour nous échauffer et nous acclimater à l'altitude, nous avons décidé d'escalader le Xixabangma, un autre « 8 000 » situé au Tibet.

Des alpinistes sur la face sud de l'Annapurna à 6 200 m d'altitude.

XIXABANGMA : *31 août 1994.*
Après une semaine de marche d'approche, nous établissons notre camp de base à 5 200 mètres. Quelques jours plus tard, nous poussons jusqu'à 5 800 mètres, au pied de la face. Nous y installons le camp 1, une simple petite tente. Retour au camp de base, où nous restons deux-trois jours. Les alpinistes procèdent

toujours ainsi, pour s'acclimater à l'altitude. Il ne faut pas croire qu'ils montent d'un coup au sommet. Sinon, ils risquent de mourir d'un œdème* pulmonaire.

Le 12 septembre, nous reprenons l'ascension. La paroi est verticale, enneigée. Nous l'escaladons côte à côte, sans assurance, un piolet* dans chaque main et des crampons aux pieds. C'est très physique, mais nous avançons vite.

À 7 200 mètres, en pleine paroi, nous établissons notre camp 2 : une petite grotte que nous creusons dans la neige. En fait, un affreux trou à rats que nous mettons trois heures à construire ! Pour plus de sécurité, nous nous assurons à la paroi, avec des broches à glace. C'est toujours dans ce genre de circonstances que les accidents arrivent. Quand on grimpe, on est très concentré. A priori, on ne risque pas de tomber ; sauf chute de pierres ou avalanche. Mais quand on a une autre activité, qu'on casse la croûte par exemple, les nerfs ont tendance à se relâcher…

La grotte achevée, nous redescendons au camp 1, un peu inquiets, car le temps commence à tourner. La descente est éprouvante, à reculons, pendant cinq heures dans une neige pourrie qui colle aux crampons.

18 septembre : le ciel est clair, la neige brille des premiers reflets du froid. À dix-neuf heures, nous partons en direction de la grotte. La nuit, il fait plus froid, on risque moins l'avalanche. Cette fois-ci, nous montons l'un derrière l'autre. À tour de rôle, l'un de nous passe devant, pour choisir le meilleur chemin. L'autre suit derrière et porte le petit sac commun (5 kg). La neige est cassante, on s'enfonce, on a trop chaud… Au petit jour, nous parvenons enfin à la grotte. Fatigués, mais heureux d'être en sécurité.

La nuit suivante, Érik se réveille en sursaut. Il se sent tout bizarre. Il tente d'allumer une bougie, en vain. Manque d'oxygène caractérisé. Pendant notre sommeil, une coulée de neige est passée sur la grotte, obstruant l'entrée. Dehors, le vent souffle, les avalanches grondent. Bonjour l'ambiance ! Qu'est-ce qui nous a pris d'aller nous jeter dans ce piège ! Vite, nous dégageons l'entrée pour respirer.

20 septembre, six heures du matin. Les étoiles brillent au-dessus de nos têtes, la qualité de l'air a changé : c'est maintenant ou

Un porteur en Himalaya.

*** Vocabulaire**

himalayiste (n. f. ou m.) : spécialiste de l'Himalaya, la plus haute chaîne de montagnes du monde.
voie (n. f.) : chemin, passage.
inaccessible (adj.) : impossible à atteindre.
œdème (n. m.) : gonflement anormal des tissus.
piolet (n. m.) : bâton d'alpiniste muni d'un petit fer de pioche utilisé pour les courses de neige et de glace.
anesthésié (adj.) : endormi, rendu insensible.

▶ Pour en savoir plus, ouvre ton dictionnaire.

Repère

1. Quel est le jeu de mots utilisé dans le titre ?
2. Quelles sont les indications de dates et de lieux figurant dans ce journal ?
3. Dans quelle revue a-t-il été publié ?
4. Qui fait le récit de cette aventure ?
5. Quelles sont les indications d'altitude mentionnées dans ce journal ?
6. Par quelle phrase le texte se termine-t-il ?

jamais ! Nous commençons notre lente ascension : la neige est profonde, le soleil brûlant… Mais à quelques dizaines de mètres du sommet, une plaque de neige se détache, quasiment sous nos pieds ! Érik et moi, nous nous regardons. C'est de la folie furieuse de continuer. D'un commun accord, nous décidons de renoncer. À 7 950 mètres, ça n'a rien de déshonorant !

ANNAPURNA : Dix jours plus tard, nous voici au pied de l'Annapurna. Surprise : nous nous attendions à trouver la neige. En fait, nous découvrons un tas de cailloux, raides et prêts à se détacher. Une expédition coréenne est en train d'escalader la face sud. Nous avons hâte qu'ils s'en aillent. Ils sont trop nombreux, une vingtaine de personnes, leur camp de base est très sale, ils n'ont construit ni poubelle, ni W.C. en un mois… Assez rapidement, nous établissons le camp 1, puis le camp 2.

Catherine Destivelle.
Falaise de Buoux (France).

À 7 300 mètres, nous dressons notre camp 3 sur un nid d'aigle, en pleine paroi. À cette altitude, le corps et les pensées sont anesthésiés*. Le moindre geste demande un effort surhumain, on manque d'appétit, le sommeil n'est plus réparateur. Tout paraît vain, irréel. Comme un brouillard qui endort. Nous redescendons au camp de base nous reposer. Commence alors une attente interminable : il neige tous les jours. Je broie du noir, Érik me remonte le moral, et vice-versa.

Le 9 novembre, le vent tourne à l'est. Le moral remonte en flèche. À trois reprises, nous essayons de rejoindre le camp 2. C'est de la folie pure ! Dans les couloirs, il faut courir pour ne pas se faire prendre dans les coulées de neige… Je tremble pour Érik, qui tremble pour moi ! ***Le 13 novembre***, la mort dans l'âme, nous renonçons. Définitivement. Nous nous sentons frustrés, tristes, en colère contre la météo. Mais heureux d'être vivants.

Catherine Destivelle et Érik Decamp, « Deux stars du roc sur l'Annapurna »,
propos recueillis par Anne Lanchon, *Je bouquine*, n° 143, janvier 1996.

Explique

1. Pourquoi les alpinistes ont-ils envie de faire cette ascension ?
2. Que font-ils pour s'échauffer ?
3. Pourquoi ne montent-ils pas au sommet en une étape ?
4. À quels moments risquent-ils de perdre leur concentration ?
5. Pourquoi renoncent-ils à leur ascension ?

Explore

1. Relève les éléments du paysage évoqués dans ce récit.
2. Décris les sentiments successifs des alpinistes.

Géographie Fais une recherche sur l'Himalaya et présente le résultat de tes découvertes à ta classe.

Lecture
Lis des récits d'ascension (Frison Roche, Herzog…).

Self-défense

UN. – Vous savez, vous ne me faites pas peur.

DEUX. – Moi ? Pourquoi me dites-vous ça ?

UN. – Parce qu'hier soir, je suis allé à une séance de judo.

DEUX. – Bon ! je veux bien. Mais avant ? Quoi ? Je vous faisais peur ?

UN. – Vous me faisiez un peu peur, oui. Comme tout le monde. Je suis d'un naturel craintif. Il n'y a que les tout jeunes enfants qui ne m'ont jamais fait peur. Et encore ! il y en a, des gamins de trois-quatre ans, sitôt qu'ils ont, ne serait-ce qu'une punaise dans la main, ils vous prennent de ces airs méchants ! Moi, ils me mettent mal à l'aise. Enfin, ils me mettaient mal à l'aise, parce que maintenant, c'est fini.

DEUX. – Vous n'avez plus peur de rien.

UN. – Faut pas exagérer. Je crois que je n'arriverai jamais à me débarrasser complètement d'une certaine crainte que j'éprouve devant les animaux de grande taille. Je sais que, par exemple, si demain je me trouve nez à nez dans la rue avec une girafe, je me sauverai. Même un type qui connaîtrait son judo sur le bout du doigt, mettez-le en face d'une girafe : il ne saurait pas quoi lui faire. On est pris de court*, devant ces bêtes-là. Mais un homme, ça ! même beaucoup plus grand que moi, donnez-moi n'importe quel passant pris au hasard, je me sens capable de le passer par la fenêtre sans qu'il ait le temps de s'en apercevoir.

DEUX. – Simplement parce qu'hier soir vous avez assisté à une séance de judo.

UN. – Non. Ça n'aurait pas suffi, vous savez : on a beau bien regarder comment ils font… Non, mais ce matin, je suis allé dans un cours et j'ai pris une leçon. Et puis tout à l'heure, j'en ai pris une autre. Alors, je commence à m'y connaître un peu.

DEUX. – C'est difficile ?

UN. – Faut des qualités. Vous voulez que je vous montre une prise* ?

DEUX. – Je veux bien, oui.

UN. – Bon. Eh bien mettez-vous en face de moi.

DEUX. – Ça fait pas mal, non ?

Petite biographie

Roland DUBILLARD

Né en 1923

Acteur et auteur dramatique. Il a monté des numéros de cabaret et créé des sketches pour la radio. Ses pièces reposent sur de curieux dialogues pleins d'humour, d'imagination et de fantaisie.

*** Vocabulaire**

prendre quelqu'un de court (v.) : le prendre à l'improviste sans lui laisser de temps pour agir.

prise (n. f.) : manière de saisir l'adversaire dans une lutte au corps à corps.

parer (v.) : se protéger d'une attaque, d'un coup.

en moins de deux : en quelques instants.

▶ Pour en savoir plus, ouvre ton dictionnaire.

Repère

1. Comment les personnages sont-ils désignés ?
2. De quel sport est-il question ?
3. Combien de leçons Un a-t-il prises ?
4. Quelle démonstration veut-il faire ?
5. Cette démonstration réussit-elle ? Pourquoi ?
6. Quelle est la dernière réplique ?

UN. – Pensez-vous ! c'est une question de souplesse. Vous allez me donner un grand coup de poing dans le ventre.

DEUX. – Moi ?

UN. – Oui. Alors regardez bien comment je vais parer* le coup. Remarquez, vous n'en aurez peut-être pas le temps, parce que vous allez vous retrouver par terre en moins de deux*.

DEUX. – Oh, je n'aime pas ça.

UN. – Vous n'allez pas me dire que vous avez peur, non ? Allez-y, un grand coup de poing dans le ventre.

DEUX. – Vous y êtes ?

UN. – Allez-y.

DEUX. – Un, deux et…

UN. – Ouille !

DEUX. – Je vous ai fait mal ?

UN. – Un peu, oui !… Oh la brute !

DEUX. – Je suis désolé. Je croyais que vous alliez parer le coup.

UN. – Vous en avez de bonnes ! J'ai pas eu le temps.

DEUX. – Si vous me l'aviez dit, j'aurais tapé moins fort.

UN. – Non. Mais vous auriez pu prévenir.

DEUX. – J'ai dit : un, deux et trois.

UN. – Non, vous n'avez pas dit trois.

DEUX. – C'est vrai. J'aurais dû.

UN. – Le judo, vous comprenez, c'est un sport, ce n'est pas de la boucherie.

DEUX. – Je sais bien. Il faudrait que j'apprenne.

UN. – Ah, oui. C'est un conseil que je vous donne. Apprenez le judo, mon vieux.

DEUX. – Avec tout ça, je n'ai pas vu votre prise.

UN. – Ça ne fait rien. Je vais vous en montrer une autre.

DEUX. – Vous croyez ?

Roland DUBILLARD, *Les Nouveaux Diablogues*, Gallimard.

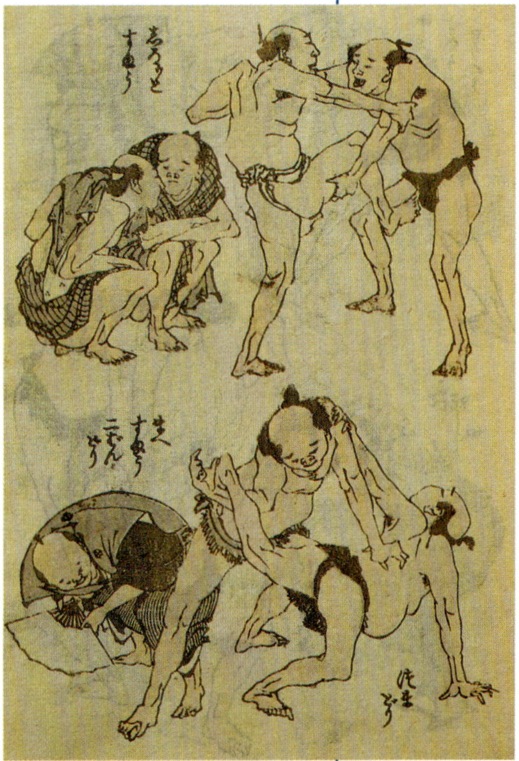

Exercices au gymnase (Dessin japonais).

Réfléchis

1. Pourquoi Un apprend-il le judo ?
2. Que signifie le terme *self-défense* ?
3. Quelle connaissance du judo Un a-t-il ?
4. Quel est le but de ce sketch ?

Lecture expressive

1. Lisez attentivement le texte et définissez une attitude et un caractère à chaque personnage. (Attention : la situation est comique, mais les acteurs par eux-mêmes ne le sont pas.)
2. Mettez en valeur la longue tirade du début (la crainte de Un) et la dernière réplique.

Mise en scène

Les deux personnages sont debout ; l'attitude de Deux sera calme, posée et figée. Un s'agite autour de lui. Faites ressortir les différentes parties : la rencontre, la présentation de la situation, la démonstration, les « résultats » de cette démonstration.

Statistiques sur la pratique des sports

Petit recensement des sportifs

Combien pèsent les fédérations en termes de licenciés ? Quelles sont celles qui ont progressé ? Qui est le sportif type ? Réponses.

■ C'est chez les hommes qu'on trouve le taux de pratique le plus élevé (72,3 %, contre 64 % chez les femmes). Les 14-17 ans sont les plus sportifs (à 86,9 %, de 60 à 70 % dans les autres classes d'âge). Artisans et commerçants (à 80,5 %) et cadres supérieurs (à 79,4 %) sont les plus sportifs. Derrière, les ouvriers devancent (62,8 %) retraités (59,3 %) et employés (58,8 %), les agriculteurs ferment la marche (50 %).

Le top 30 des fédérations

(Nombre de licenciés hors fédérations scolaires et universitaires, multisports ou affinitaires)

■ Deux poids lourds, le football et le tennis, écrasent ce classement. Si le foot progresse, le tennis, lui, s'effrite (-25 % depuis 1987), mais pas autant que le ski (plus d'un million de licenciés à la fin des années 80), qui passe de la troisième à la dixième place du classement. En 10 ans, escrime, badminton et aviron ont passé la barre des 50 000 licenciés.

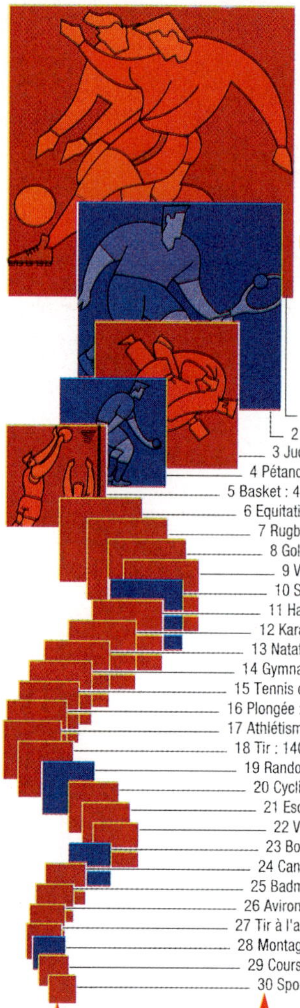

Le Top 10 des progressions

(Progression entre 1987 et 1998 des 30 premières fédérations)

■ Grand gagnant depuis 1987, le badminton explose sans faire de bruit, grâce à son enracinement parmi les sports scolaires et universitaires. Même explication pour l'escrime. Le golf, en hausse sur 10 ans, a freiné sa progression. A noter, au delà du Top 30 : les disciplines « importées » telles que le base-ball ou le football américain ne décollent pas en nombre de licenciés.

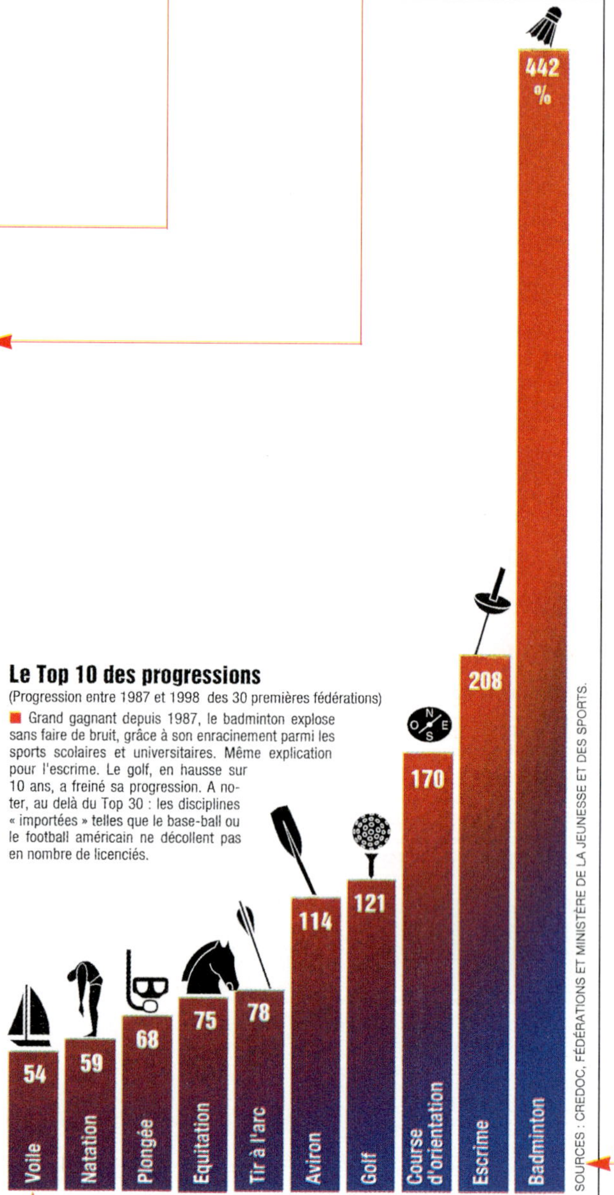

L'ÉQUIPE MAGAZINE/N° 882/20 MARS 1999 **63**

Repères de lecture

1 Le titre : il présente le sujet abordé. Ici, le document porte sur le nombre de sportifs licenciés (les adhérents des associations sportives) dans les différents sports.

2 Des questions : elles justifient la nécessité du recensement (compter les licenciés).

3 Un texte introductif.

4 Un pourcentage : il indique une proportion et permet de comparer différentes catégories de pratiquants de sport : hommes/femmes, adolescents/autres tranches d'âge, catégories sociales (professions).

5 Un classement : celui des trente fédérations ayant le plus grand nombre de licenciés.

6 Un commentaire : il donne quelques informations sur l'évolution dans les différents sports.

7 Une représentation schématique : les carrés comportent une taille et deux couleurs différentes. La taille rend compte de l'importance, la couleur indique si un sport régresse (moins de licenciés) ou progresse (plus de licenciés).

8 Le rang : il indique à quelle place le sport pratiqué se situe.

9 Le nom du sport.

10 Le nombre exact de licenciés.

11 Un histogramme : c'est un schéma en bâtons. Il permet, ici, de montrer et de comparer le niveau de progression des sports représentés. La meilleure progression est celle du badminton qui a progressé de 442 % entre 1987 et 1998. L'augmentation est présentée en pourcentages : 100 % de progression signifie 2 fois plus (s'il y avait 100 sportifs, il y en a maintenant 200), 50 % veut dire la moitié (s'il y avait 100 sportifs, il y en a maintenant 150).

12 La source du document : il a été établi avec les chiffres donnés par les différentes fédérations et le ministère de la Jeunesse et des Sports.

13 Le magazine : cet article provient d'un hebdomadaire ; on indique son nom, son numéro et sa date de parution.

Repère

1. Quels sont les titres et les sous-titres de ce document ?
2. De quel magazine provient-il ?
3. Quelles sont les couleurs employées ? À quoi servent-elles ?
4. Quels sont les sports représentés dans l'histogramme ?
5. Quels sont les sports qui comptent plus d'un million de licenciés ?
6. Quels sont les six sports qui ont régressé entre 1987 et 1998 ?
7. Quel sport comporte 50 000 licenciés ?

Explique

1. Que compare-t-on dans ce document ?
2. À quoi l'histogramme sert-il ?
3. Que signifie le titre *Top 30* ?
4. Quelle est la tranche d'âge la plus sportive ?
5. Pourquoi dit-on du football et du tennis qu'ils sont « deux poids lourds » ?
6. Quel sport est passé de la troisième à la dixième place ? À ton avis, pourquoi ?
7. À qui ce document s'adresse-t-il ? Pourquoi est-il intéressant et utile ?

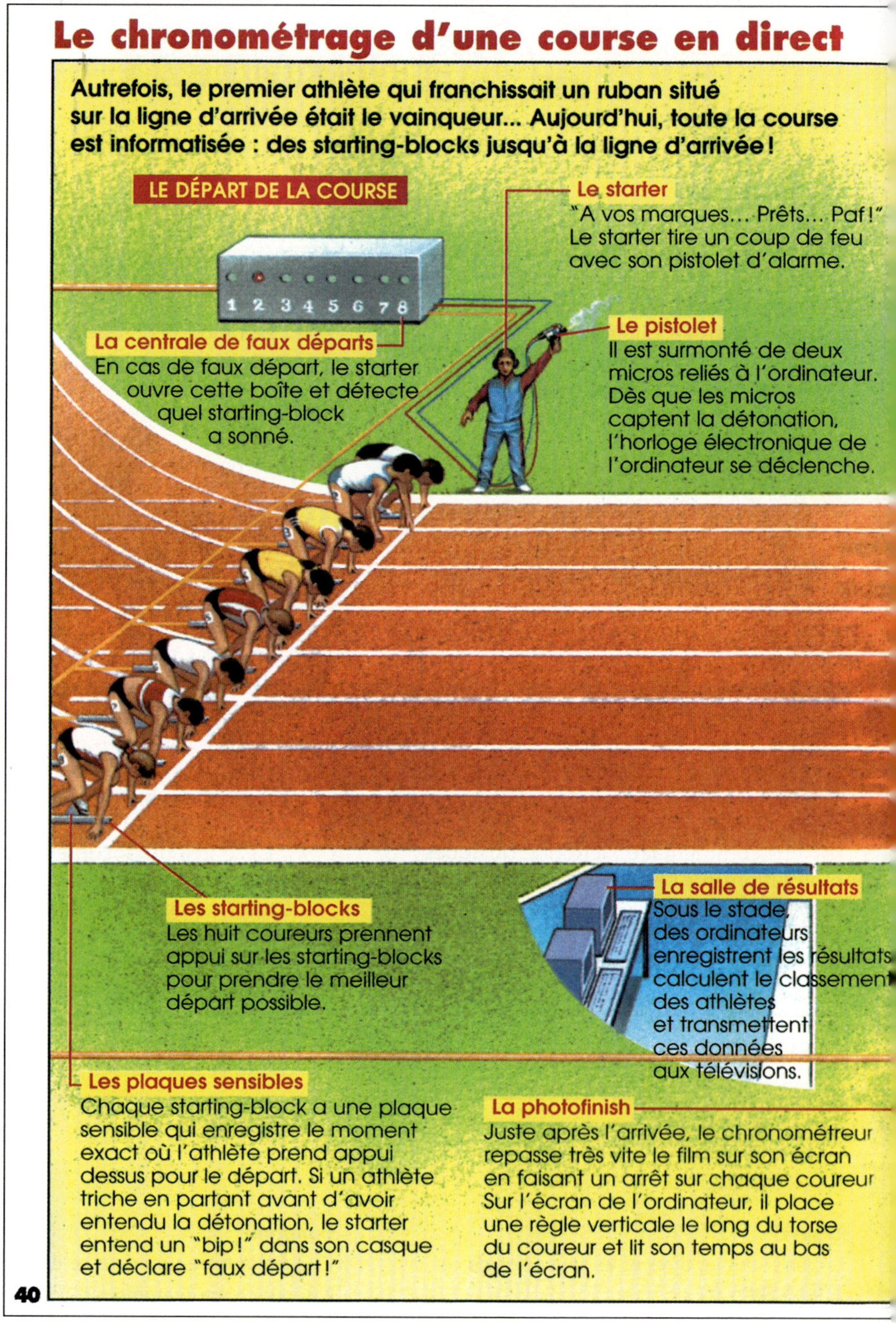

Le chronométrage d'une course en direct

Autrefois, le premier athlète qui franchissait un ruban situé sur la ligne d'arrivée était le vainqueur... Aujourd'hui, toute la course est informatisée : des starting-blocks jusqu'à la ligne d'arrivée !

LE DÉPART DE LA COURSE

Le starter
"A vos marques... Prêts... Paf !" Le starter tire un coup de feu avec son pistolet d'alarme.

La centrale de faux départs
En cas de faux départ, le starter ouvre cette boîte et détecte quel starting-block a sonné.

Le pistolet
Il est surmonté de deux micros reliés à l'ordinateur. Dès que les micros captent la détonation, l'horloge électronique de l'ordinateur se déclenche.

Les starting-blocks
Les huit coureurs prennent appui sur les starting-blocks pour prendre le meilleur départ possible.

La salle de résultats
Sous le stade, des ordinateurs enregistrent les résultats calculent le classement des athlètes et transmettent ces données aux télévisions.

Les plaques sensibles
Chaque starting-block a une plaque sensible qui enregistre le moment exact où l'athlète prend appui dessus pour le départ. Si un athlète triche en partant avant d'avoir entendu la détonation, le starter entend un "bip !" dans son casque et déclare "faux départ !"

La photofinish
Juste après l'arrivée, le chronométreur repasse très vite le film sur son écran en faisant un arrêt sur chaque coureur Sur l'écran de l'ordinateur, il place une règle verticale le long du torse du coureur et lit son temps au bas de l'écran.

40

*** Vocabulaire**

chronométrage (n. m.) : mesure du temps accompli par un athlète lors d'une épreuve sportive.

starting-block (n. m., mot anglais) : cale-pieds facilitant le départ des coureurs.

informatisé (adj.) : traité à l'aide de programmes (logiciels) mis en œuvre sur ordinateur.

cellule photoélectrique : instrument de mesure de l'intensité d'un rayon lumineux.

▶ Pour en savoir plus, ouvre ton dictionnaire.

Repère

1. Quels sont les titres de ce document ?
2. Dans quelle revue est-il paru ?
3. Que représente le dessin central ?
4. Que voit-on sur la page de gauche ? sur celle de droite ?
5. Quel genre d'informations le texte introductif donne-t-il ?
6. Comment les informations sont-elles présentées ?

Images Doc, n° 103, juillet 1997, Bayard Presse Jeune.

Explique

1. Comment sait-on quel coureur a fait un faux départ ?
2. Que fait le starter en cas de faux départ ?
3. Qu'a de particulier son pistolet ?
4. Que permet l'utilisation de l'ordinateur dans une course de vitesse ?
5. Quels sont les autres objets techniques utilisés pour connaître le résultat de la course ?
6. Pourquoi l'illustration est-elle un dessin et non une photographie ?

Activité

Procurez-vous des chronomètres et mesurez le temps d'une chanson, d'une course (comparez ce temps avec vos propres estimations de durée).

Mon cahier d'expériences

FACILE

Durée : 1 heure

Un mini-championnat d'athlétisme

Tu es en vacances avec des copains. Voici quelques idées pour organiser un mini-championnat d'athlétisme sur la plage.

Pour cette compétition, il te faut :

- deux juges
- trois à six athlètes
- un mètre de bricoleur
- un râteau
- un piquet de tente
- un chronomètre
- un carnet et un crayon

La course de 60 mètres

1 Le départ des champions

"A vos marques !" Les concurrents ont un genou à terre, les mains posées derrière la ligne de départ.
"Prêts !" La jambe posée à terre se tend. Les épaules arrivent à la verticale des mains.
"Partez !" Les coureurs bondissent.

Le starter

Le «starter» vérifie qu'aucun coureur ne franchit la ligne avant son signal. Un départ se fait en trois temps : *«A vos marques, prêts, partez»*. En cas de faux départ, le starter en redonne un nouveau.
Si un coureur effectue deux faux départs, il est éliminé.

2 La course des champions

Pour courir le plus vite possible, les concurrents doivent garder les bras fléchis, bien dans l'axe de leur corps.
Il est très important de passer la ligne d'arrivée en pleine vitesse. N'arrêtez pas votre course sur la ligne d'arrivée. Vous aurez ainsi un meilleur temps !

Le chronométreur

Situé sur la ligne d'arrivée, le chronométreur déclenche son chronomètre dès qu'il voit les bras du starter à la verticale. Il arrête son chrono quand le premier franchit la ligne d'arrivée. Il ne regarde pas son chronomètre mais les concurrents, car il doit aussi déterminer qui est 2e et 3e.

42

*** Vocabulaire**

championnat (n. m.) : épreuve sportive officielle à la fin de laquelle le vainqueur obtient un titre.

starter (n. m., mot anglais) : personne qui donne le départ d'une course.

zone de réception : partie de bac de sable où le corps se reçoit au sol après le saut.

pied d'appel : pied sur lequel le sauteur s'appuie pour donner l'impulsion nécessaire au saut.

▶ Pour en savoir plus, ouvre ton dictionnaire.

Repère

1. À quoi voit-on que ce document est la suite du précédent ?
2. Quels sont les « ingrédients » nécessaires à la réalisation de cette compétition ?
3. Combien d'épreuves sportives propose-t-on ?
4. Quels sont les deux sous-titres de chaque activité ?
5. Quelle est la durée de ce mini-championnat ?
6. Que montrent les schémas ?

Le saut en longueur

1 La course d'élan du champion

Le sauteur court une quinzaine de mètres sur la piste d'élan. Sur la ligne de saut, il s'élance d'un bond le plus loin possible dans la zone de réception. Attention ! Le pied d'appel ne doit jamais mordre sur la zone interdite. Sinon, le juge annulera le saut.

La préparation du juge

Le juge délimite la zone de saut en suivant ce schéma.

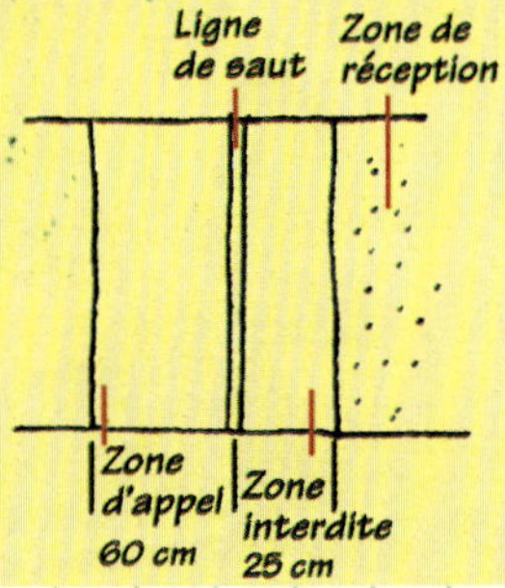

2 Le saut du champion

Le sauteur pousse sur sa jambe d'appel. Il lance l'autre jambe le plus haut et le plus loin possible, comme s'il voulait monter d'un seul coup plusieurs marches d'escalier. Le sauteur décolle. Il ramène ensuite sa jambe d'appel à l'horizontale et atterrit à pieds joints dans la zone de réception.

La mesure du juge

Le sauteur a terminé son saut. Le juge plante le piquet de tente sur la trace de talon la plus proche de la ligne de saut. Si un sauteur retombe en arrière sur ses fesses ou sur ses mains, le juge mesure le saut à partir de ces traces. Entre chaque saut, le juge ratisse la zone de réception.

Pour savoir quel est ton pied d'appel...

Saute à cloche-pied, d'abord avec le pied droit, puis avec le pied gauche. Le pied qui te permet de sauter le plus haut est ton pied d'appel.

43

Images Doc, n° 103, juillet 1997, Bayard Presse Jeune.

7. Quel genre d'informations trouve-t-on dans les encadrés jaunes ?

Explique

1. Comment a-t-on présenté les conseils donnés pour l'organisation de cette activité ? Pourquoi a-t-on choisi cette manière ?
2. Pourquoi ce mini-championnat figure-t-il sous la rubrique « Mon cahier d'expériences » ?
3. Comment le starter lance-t-il la course ?
4. Quand le chronométreur déclenche-t-il son chronomètre ?
5. Comment faut-il effectuer le saut ?
6. Comment peut-on connaître son pied d'appel ?

E.P.S.

Organisez un mini-championnat. Notez dans un tableau les résultats de chacun d'entre vous.

Le ski

Un garçon glissant sur ses skis,
Disait : « Ah ! le ski, c'est exquis,
Je me demande bien ce qui
Est plus commode que le ski. »

Comme il filait à toute allure,
Un rocher se dressa soudain.
Ce fut la fin de l'aventure.
Il s'écria, plein de dédain :

« Vraiment, je ne suis pas conquis,
je n'ai bu ni vin, ni whisky
et cependant, je perds mes skis.
Non, le ski, ce n'est pas exquis. »

Lorsqu'une chose nous dérange,
Notre avis change.

Pierre GAMARRA, *Le Mandarin et la Mandarine*.

L'hippopotame

Pour plaire à sa femme
Qui le trouvait **gros**,
Un hippopotame
A fait du judo.

Pour plaire à sa femme
Qui le trouvait **laid**,
Un hippopotame
Fit du karaté.

Quand l'hippopotame
Se vit **mince** et **beau**,
Il dit à sa femme
Qu'elle pesait trop

Et qu'elle avait l'air,
À côté de lui,
D'une montgolfière
En papier verni.

Pour plaire à sa femme
Et avoir la paix,
Notre hippopotame
Redevint plus **laid**.

Il mangea sans faim
Tant de soupe aux herbes
Que sa femme enfin
Le trouva **superbe**.

Pierre CORAN, *Jaffabules*, Hachette Jeunesse.

Les sauteurs de haies

Ils abordent la haie à toute allure,
Ils la franchissent dans la foulée.
Elle n'est pas sautée mais annulée :
Elle s'est trouvée dans l'enfourchure...

Il n'y a pas de temps d'arrêt.
On fait trois pas entre les haies.

Droite est la jambe pour attaquer.
Le corps effleure le bois à peine.
L'autre jambe se laisse emporter.
Nonchalante elle a effacé
Sous elle la hauteur vaine.

Henry de MONTHERLANT,
Les Olympiques.

La Rocket, une des premières locomotives à vapeur.

Inventeurs et inventions

Qui est donc l'inventeur du phonographe ? Cros ou Edison ?
L'opinion d'Alphonse Allais est tranchée…

L'inventeur inventé

Je me trouvais, la semaine dernière, sur le *François Ier*, bateau qui fait le service entre Honfleur et Le Havre. Non loin de moi, un monsieur, officier de la Légion d'honneur*, pérorait et gesticulait dans un groupe de messieurs bien mis et de dames élégantes.

Un éclat de voix, de temps en temps, indiquait un débordement d'enthousiasme.

– Cet homme-là, clamait-il, le gouvernement aurait dû le recevoir comme le Messie ! On aurait dû lui dresser des arcs de triomphe. Et alors qu'on a fait au shah de Perse des fêtes sans précédent, on le reçoit, lui, comme un simple citoyen… C'est une honte pour la France !

L'officier de la Légion d'honneur parlait d'Edison. Je m'approchai, et, quand le monsieur eut consenti à se taire, je demandai poliment :

– Pardon, monsieur, mais qu'est-ce qu'il a donc fait de si extraordinaire, cet Edison ?

– Comment ! ce qu'il a fait d'extraordinaire ? Mais mille inventions plus glorieuses les unes que les autres !

– Entre autres ?

– Le phonographe, qui est un des instruments les plus merveilleux de l'époque.

– Le phonographe est en effet un merveilleux instrument, et il est bien fâcheux pour Edison que ce ne soit pas lui qui l'ait inventé.

– Qui l'a donc inventé ?

– Charles Cros, un grand savant français, un grand poète, mort il y a un an. C'est lui le seul inventeur du phonographe, et je peux en parler savamment : j'y étais… Et puis, qu'est-ce qu'il a encore inventé votre Edison ?

– Le téléphone.
– Oh ! ça non ! C'est Graham Bell… Et puis ?
– L'incandescence* électrique.
– Pas plus que le téléphone. Edison a inventé un système de lampes incandescentes ni meilleur, ni pire que beaucoup d'autres… Et puis ?
– Alors Edison est un imbécile, d'après vous ?
– Loin de là, mais d'après moi et d'après bien des gens mieux informés que vous et moi, Edison est un admirable truqueur, très adroit, très ingénieux, à l'affût des idées nouvelles, faisant travailler toute une ruche d'ingénieurs, et utilisant habilement les essais de chacun. À ces métiers-là, on gagne beaucoup de millions, mais on ne mérite aucun arc de triomphe. D'ailleurs, la légende d'Edison, sortant chaque jour une invention de son cerveau fumant, a fait son temps en Amérique, et les belles tartines qui remplissent les journaux de Paris depuis un mois ne passeraient dans le plus petit canard de New York qu'à raison de tant de dollars la ligne.
On était arrivé au Havre. L'officier de la Légion d'honneur me quitta, très vexé. Depuis, l'idée m'est venue de rendre, dans la mesure de mes forces, à la mémoire du pauvre Cros un peu de la gloire que lui a volée Edison. La besogne est d'ailleurs facile : il n'y a qu'à citer des faits et des dates.

En 1876, quand je fis la connaissance de Cros, il avait déjà l'idée d'un instrument destiné à enregistrer les vibrations du son au moyen de traces et à reproduire le son au moyen de ces traces. Le 30 avril 1877, il déposa, à l'Académie des sciences, un pli cacheté qui fut lu, sur sa demande, à la séance du 3 décembre 1877 et qu'on peut trouver dans les comptes rendus de l'Académie des sciences (chez Gauthier-Villars). Dans cette note, Cros propose d'enregistrer, au moyen d'un stylet, les vibrations d'un tympan* sur une surface plane noircie

*** Vocabulaire**

Légion d'honneur (n. f.) : distinction française attribuée en récompense de services militaires ou civils.
incandescence (n. f.) : état d'un corps rendu lumineux par une chaleur intense.
tympan (n. m.) : membrane.
brevet (n. m.) : certificat délivré par l'Institut national de la propriété industrielle pour protéger une invention.
élucider (v.) : rendre clair, découvrir.

▶ Pour en savoir plus, ouvre ton dictionnaire.

Repère

1. Qui est le narrateur ?
2. Avec qui parle-t-il ?
3. Où la scène se passe-t-elle ? À quelle époque ?
4. Quels sont les deux inventeurs qui ont élaboré le phonographe ?
5. Quelles sont les différentes inventions citées dans le texte ?

à la flamme et suivant une spirale (ou sur un cylindre, suivant une hélice). On photographie les traces et on les transforme en gravure en creux. La pointe du stylet solidaire du tympan plonge dans ce sillon ondulé, qu'on fait progresser suivant une vitesse convenable, et reproduit les vibrations originelles. […]

Or, ce n'est que le 19 décembre 1877, dans un brevet* pris à Paris qu'Edison proposa quelques procédés pour enregistrer les vibrations du son. Dans ce brevet, très long et très confus, il est surtout question des constatations des phénomènes électriques [produits] par le son (fait n'ayant rien à voir avec le phonographe, qui est un instrument purement mécanique). Le 15 janvier 1878, Edison prend un certificat d'addition à son brevet et décrit son phonographe tel qu'il existe actuellement. Dans ce brevet, Edison propose, comme préférable à l'enregistrement sur cylindre, celui suivant une spirale plane, procédé indiqué par Cros dans un pli cacheté du 30 avril.

Edison est donc en retard sur Charles Cros de huit mois et demi. A-t-il eu connaissance des travaux de notre ami, ou n'y a-t-il là qu'une simple coïncidence ? C'est une question qu'il serait bien facile d'élucider*, mais qui n'est pas de notre ressort.

Alphonse Allais, *Le Chat noir*, 14 septembre 1889.

Petite biographie

Alphonse Allais

1855 - 1905

Écrivain humoristique français. Il fit des études sur la photographie en couleurs avec Charles Cros. Il a fondé le célèbre cabaret du *Chat noir* où il se produisit lui-même. Il écrivit de très nombreuses chroniques intitulées *La Vie drôle*.

Explique

1. Quel est le motif de l'indignation de l'officier ?
2. Pourquoi Alphonse Allais intervient-il dans la conversation ? Que conteste-t-il ?
3. Pourquoi défend-il Charles Cros ?
4. Pourquoi donne-t-on dans ce texte des dates précises ?
5. Comment le procédé d'enregistrement mis au point par Cros fonctionne-t-il ?

Explore

1. Trouve les termes que l'auteur emploie pour parler d'Edison.
2. Quel problème soulève la question posée à la fin du texte ?
3. Qui sont Charles Cros et Thomas Edison ? Cherche leur article dans un dictionnaire.

Technologie Cite des instruments utilisés pour restituer le son. Comment fonctionnent-ils ?

Voyager dans le temps est-ce possible ? Est-ce sérieux ?
Ne serait-ce pas plutôt une supercherie ?

La machine à explorer le temps

« **Eh bien ?** dit le Psychologue.

– Ce petit objet n'est qu'une maquette, dit l'Explorateur du Temps en posant ses coudes sur la table et joignant ses mains au-dessus de l'appareil. C'est le projet que j'ai fait d'une machine pour voyager à travers le Temps. Vous remarquerez qu'elle a l'air singulièrement louche*, et que cette barre scintillante* a un aspect bizarre, en quelque sorte irréel – il indiqua la barre avec son doigt. Voici encore ici un petit levier blanc, et là en voilà un autre. »

Le Docteur se leva et examina curieusement la chose.

« C'est admirablement construit, dit-il.

– J'ai mis deux ans à la faire », répondit l'Explorateur du Temps. Puis, lorsque nous eûmes tous imité le Docteur, il continua :

« Il vous faut maintenant comprendre nettement que ce levier, si on appuie dessus, envoie la machine glisser dans le futur, et que cet autre renverse le mouvement. Cette selle représente le siège de l'Explorateur du Temps. Tout à l'heure je presserai le levier, et la machine partira. Elle s'évanouira, passera dans les temps futurs et ne reparaîtra plus. Regardez-la bien. Examinez aussi la table et rendez-vous compte qu'il n'y a ici aucune supercherie*. Je n'ai pas envie de perdre ce modèle pour m'entendre ensuite traiter de charlatan*. »

Il y eut un silence d'une minute peut-être. Le Psychologue fut sur le point de me parler, mais il se ravisa. Alors l'Explorateur du Temps avança son doigt vers le levier.

« Non, dit-il tout à coup. Donnez-moi votre main. »

Et se tournant vers le Psychologue, il lui prit la main et lui dit d'étendre l'index. De sorte que ce fut le Psychologue qui, lui-même, mit en route pour son interminable voyage le modèle de la Machine du Temps. Nous vîmes tous le levier s'abaisser. Je suis absolument sûr qu'il n'y eut aucune supercherie. On entendit un petit sifflement et la flamme de la lampe fila. Une des bougies de la cheminée s'éteignit et la petite machine tout à coup oscilla, tourna sur elle-même, devint indistincte, apparut comme un fantôme pendant une seconde peut-être, comme un tourbillon de cuivre scintillant faiblement, puis elle disparut… Sur la table, il ne restait plus que la lampe. Pendant un moment chacun resta silencieux. Puis Filby jura. Le Psychologue revint de sa stupeur, et tout à coup regarda sous la table. L'Explorateur du Temps éclata de rire gaiement.

« Eh bien ? » dit-il du même ton que le Psychologue. Puis, se levant, il alla vers le pot à tabac sur la cheminée et commença à bourrer sa pipe en nous tournant le dos.

Nous nous regardions tous avec étonnement.

« Dites donc, est-ce que tout cela est sérieux ? dit le Docteur. Croyez-vous sérieusement que cette machine est en train de voyager dans le Temps ?

– Certainement », dit notre ami, en se baissant vers la cheminée pour enflammer une allumette. Puis il se retourna, en allumant sa pipe, pour regarder en face le Psychologue. Celui-ci, pour bien montrer qu'il n'était nullement troublé, prit un cigare et essaya de l'allumer, sans l'avoir coupé.

« Bien plus, j'ai ici, dit-il en indiquant le laboratoire, une grande machine presque terminée et quand elle sera complètement montée, j'ai l'intention de faire moi-même avec elle un petit voyage.

*** Vocabulaire**

louche (adj.) : bizarre, étrange.
scintillant (adj.) : qui brille avec beaucoup d'éclat.
supercherie (n. f.) : tromperie calculée, fraude.
charlatan (n. m.) : personne qui exploite la crédulité des autres, imposteur.
plausible (adj.) : qui semble vraisemblable.
nickel (n. m.) : métal brillant.
tors, torse (adj.) : qui est tordu(e).

▶ Pour en savoir plus, ouvre ton dictionnaire.

Repère

1. Quel est le genre de ce roman ?
2. Qui en est l'auteur ?
3. Comment l'inventeur est-il désigné dans le texte ?
4. Qui sont les autres personnages ? Pourquoi sont-ils réunis ?
5. Quelles sont les deux machines évoquées dans le texte ?
6. Dans quelle pièce se trouve la machine ?

– Vous prétendez que votre machine voyage dans l'avenir ? demanda Filby.

– Dans les temps à venir ou dans les temps passés ; ma foi, je ne sais pas bien lesquels. » [...]

Nous restâmes assis, les yeux fixés sur la table vide, jusqu'à ce que notre ami nous eût demandé ce que nous pensions de tout cela.

« Ça me semble assez plausible*, ce soir, dit le Docteur ; mais attendons jusqu'à demain, attendons le bon sens matinal.

– Voulez-vous voir la machine elle-même ? » demanda notre ami.

En disant cela, il prit une lampe et nous entraîna au long du corridor, exposé aux courants d'air, qui menait à son laboratoire. Je me rappelle très vivement la lumière tremblotante, la silhouette de sa grosse tête étrange, la danse des ombres, notre défilé à sa suite, tous ahuris mais incrédules ; et comment aussi nous aperçûmes dans le laboratoire une machine beaucoup plus grande que le petit mécanisme que nous avions vu disparaître sous nos yeux. Elle comprenait des parties de nickel*, d'ivoire ; d'autres avaient été limées ou sciées dans le cristal de roche. L'ensemble était à peu près complet, sauf des barres de cristal torses* qui restaient inachevées sur un établi, à côté de quelques esquisses et plans ; et j'en pris une pour mieux l'examiner : elle semblait être de quartz.

« Voyons ! dit le Docteur, parlez-vous tout à fait sérieusement ? ou bien n'est-ce qu'une supercherie, comme ce fantôme que vous nous avez fait voir à Noël ?

– J'espère bien, dit notre ami en élevant la lampe, explorer le Temps sur cette machine. Est-ce clair ? Je n'ai jamais été si sérieux de ma vie. »

H. G. WELLS, *La Machine à explorer le temps*,
traduction de Henry D. DAVRAY, Mercure de France.

Petite biographie
H. G. WELLS

1866 - 1946

Écrivain anglais, Wells fit des études scientifiques. Enseignant, puis journaliste, il publia des nouvelles d'anticipation, puis des romans : *La Machine à explorer le temps*, *L'Île du docteur Moreau*, *L'Homme invisible*.
Son œuvre a profondément marqué et influencé les auteurs contemporains de science-fiction.

Explique

1. Pourquoi l'Explorateur du Temps montre-t-il d'abord la maquette ?
2. Comment la machine fonctionne-t-elle ?
3. À quel moment et pourquoi la machine disparaît-elle ?
4. Quelle est la réaction des invités ?
5. Pourquoi le Docteur parle-t-il de supercherie ?

Explore

1. Quels sont les mots qui décrivent la machine ?
2. Quels sont les verbes au futur ? Qu'évoquent-ils ?

Travail manuel – Technologie

Réalise la maquette d'un objet insolite, d'une machine extraordinaire.

Petite biographie

Raymond Devos

Comédien et auteur français né en 1922, connu pour ses sketches et ses monologues. Il jongle en virtuose avec les mots et les expressions de la langue courante. Drôle, souvent absurde, imaginatif, Devos a construit un univers tendre et poétique où il fait figure de clown moderne.

Le progrès c'est formidable

Je monte dans un avion supersonique*… double réacteur !… Uuouh !… (*Il imite le sifflement des réacteurs.*) Le pilote me dit :

– Attention, on décolle !

– Tiens ! mes oreilles aussi !

Il me dit :

– C'est normal !

Arrivés à deux mille mètres, il me dit :

– Éteins ta cigarette !

– Je n'ai pas de cigarette !

– Tu ne fumes pas ?

– Non !

– Alors, c'est l'avion !

Effectivement… une fumée !… Alors là, il me dit :

– Ça, ce n'est pas normal !

Je jette un coup d'œil sur le côté ; je lui dis :

– Dis donc, il y a le feu à ton réacteur. Alors c'est normal, il n'y a pas de fumée sans feu !

Tout à coup… j'entends… Bang !… je lui dis :

– Tiens ! On a franchi le mur du son ?

– Non ! C'est le réacteur qui vient de sauter.

– Ah ! Le progrès c'est formidable ! Un réacteur saute, on ne s'en aperçoit pas !

Bang ! Bang !…

– Double bang ! Alors là, on a franchi le mur du son ?

– Non ! C'est l'autre réacteur qui vient de sauter.

– Ah ! ah ! (*riant jaune**)… le progrès c'est formidable !… Les réacteurs sautent… on continue… on irait même plus vite que tout à l'heure !…

– C'est aussi qu'on descend !

– Le progrès c'est…

– Tu n'as pas peur ?

– Oh ! Maintenant, je suis baptisé !

– Alors fais ta prière, et fais-la courte, parce qu'on sera arrivés en bas

*** Vocabulaire**

supersonique (adj.) : qui va plus vite que la vitesse du son.

rire jaune (v.) : rire de façon forcée pour cacher son malaise ou son inquiétude.

éjecter (v.) : projeter au-dehors avec une certaine force.

sauver les meubles (v. fam.) : sauver ce qui permet de survivre.

▶ Pour en savoir plus, ouvre ton dictionnaire.

Repère

1. De quel genre de texte s'agit-il ?
2. Qui en est l'auteur ?
3. Pourquoi y a-t-il de nombreux tirets ?

Réfléchis

1. Quel est le but de ce sketch ?
2. En quoi le titre est-il ironique ?
3. Quelles sont les grandes parties de ce sketch ?

avant que tu l'aies finie !
– Le progrès tout de même ! Ça va plus vite qu'une prière !
On sera en bas avant d'avoir fini sa prière ?
– Non, on sera là-haut !
– Ah ! Le progrès c'est…
Tout à coup il me dit :
– Saute !
– Comment ?
– Saute !
– Où ?
– À terre !
– Comment ! Je peux sauter… d'ici ?
– Oui !
– Et toi ?
– Je saute aussi !
– Et l'avion ?
– Il saute aussi !
– Tout le monde saute alors !… Le progrès c'est…
– D'ailleurs, on n'a plus le temps de sauter… je vais éjecter* les sièges.
Il a appuyé sur un bouton. J'ai été projeté avec mon fauteuil dans l'espace… *(uitte)* lui dans son fauteuil ! Je lui dis :
– Qu'est-ce que tu fais ?
– Je sauve les meubles*.
Alors, dans un fauteuil… assis, au grand air, avec un parasol qui s'est ouvert au-dessus de moi… lui la même chose… je lui dis :
– Ça, au bord de la mer, ce serait idéal !
– On y arrive !
Effectivement… Plouf !… Plouf !… double Plouf !… Dans l'eau jusque-là ! Pas besoin de nager… la ceinture de sauvetage qui s'est gonflée d'elle-même !… On s'est laissé emporter par les flots… Deux jours plus tard, on s'est retrouvés sur la Côte d'Azur… allongés sur la plage… sans connaissance ! Mon copain me dit :
– Qu'en penses-tu ?
– Ce n'est pas mal… mais si on avait pris le train, on serait venus deux jours plus tôt ! Alors le progrès… hein ?…

Raymond DEVOS, *Matière à rire*, Plon.

Raymond Devos aux « Estivales » de Carpentras, en 1998.

4. Combien de personnes peut-on employer pour jouer ce texte ?
5. Quels sont les jeux de mots sur lesquels repose la situation comique ?

Lecture expressive

1. Ce texte peut être un monologue : un même acteur joue seul la conversation. Adoptez une intonation et un rythme qui fassent comprendre qu'il y a deux personnes.
2. Ce texte peut être joué à deux : le pilote et le passager qui fait son baptême de l'air. Adaptez le texte en supprimant la lecture des « il me dit » et « je lui dis ».

Mise en scène

- Prenez à partie les spectateurs. C'est à eux que l'aventure est racontée ; faites-les réagir.
- Soyez actif : bougez, mimez, déplacez-vous.
- Employez et mettez en valeur les onomatopées.

Un fait divers

1

Deux randonneurs de St-Etienne sauvés grâce à leur téléphone mobile

2 **Les gendarmes du peloton de montagne ont été alertés samedi à 22 h 45 : deux randonneurs de Saint-Etienne-les-Remiremont en détresse venaient de donner l'alerte avec leur téléphone mobile. Ils on pu rentrer chez eux sains et saufs à 2 h 30.**

5 8 EPINAL.- L'adjudant Yves Cacheux du peloton de gendarmerie de montagne (PGM) basé à Xonrupt-Longemer a vécu une nuit mouvementé et très courte. Mais lui et ses hommes, associés aux gendarmes de Travexin ont la satisfaction du devoir accompli après avoir porté secours à deux randonneurs de Saint-Etienne-les-Remiremont.

6 *"Nous avons été alertés samedi à 22 h 45 par le centre opérationnel d'Epinal : un couple épuisé se trouvait dans le chalet de la Petite Chaume dans le secteur des Charbonniers au dessus de Saint-Maurice-sur-Moselle*, explique l'adjudant Cacheux, *c'était des randonneurs en raquettes partis à 13 h pour deux jours et surpris par la nuit et le froid, heureusement ils possédaient un téléphone mobile qui leur a permis d'alerter les secours par le 17"*.

Immédiatement les gendarmes attellent leur scooter des neiges à leur camionnette et se dirigent vers Saint-Maurice. Dans le même temps, leurs collègues de Travexin partent également sur la zone. A minuit ils arrivent au bout de la partie carrossable de la route. Ils partent alors en scooter en suivant la trace de leurs collègues de Travexin.

7 ***Impossible d'allumer un feu***

9 Les conditions sont difficiles et l'engin chargé en matériel doit être fréquemment déneigé à l'aide de pelles. Ils sont stoppés après 30 minutes par un important dénivelé. *"Il nous a fallu encore 45 minutes en raquettes avant d'atteindre le refuge, nous avions rejoint les hommes de Travexin et étions 7 en tout mobilisés"*, raconte l'adjudant Cacheux. A 1 h 15 du matin le refuge est atteint.

3

De droite à gauche : le mécanicien Branchereau , le pilote Bozon, le chef Yves Cacheux, tous adjudants et le gendarme Pierrat du PGM de Xonrupt-Longemer. 4

Les deux randonneurs sont fatigués et ils ont très froids. Durant 2 h ils ont tenté d'allumer un feu, mais ne disposant pas de papier sec leurs efforts sont restés vains.

Bien qu'habitués à la montagne, le couple de randonneurs s'était laissé surprendre et l'impossibilité d'allumer un feu dans le refuge l'a conduit à déclencher l'alerte, grâce à son téléphone mobile.

Après avoir été réconfortés, ils redescendent avec les sauveteurs, tous à raquettes. Les gendarmes les déposeront à leur véhicule garé sur un parking de Saint-Maurice à 2 h 30 du matin. *"J'ai fini mon compte-rendu à 3 h 30"*, explique l'adjudant.

Plusieurs leçons sont à retenir de cette mésaventure qui s'est fort heureusement bien terminée. La première, c'est que posséder un téléphone mobile quand on part en randonnée en montagne facilite le déclenchement des secours et peut permettre de sauver des vies. *"Si un blessé est victime d'une importante hémorragie par exemple, le médecin du SAMU peut donner des conseils qui le sauveront"*, explique l'adjudant Michel Frénot de Munster.

"Même nous on est joignable partout avec un portable alors qu'on est parfois limite avec nos radios, ajoute l'adjudant Yves Cacheux, *l'avantage pour les gens en détresse c'est qu'il y a toujours quelqu'un qui répond, 24 h/24, au 15, 18, 17 ou 112"*.

La seconde leçon est la mise en évidence de la capacité de mobilisation de moyens importants par les gendarmes. 10

La dernière enfin est que la montagne, même pour ceux qui la pratiquent depuis longtemps et qui pensent en connaître tous les pièges, reste un environnement dangereux qui au moindre changement important devient hostile à l'homme.

R.C. 11

La Liberté de l'Est, 15 février 1999.

13 12

Repères de lecture

1 Le titre : il nous apprend l'information principale (qui ? quoi ?). Il donne envie d'en savoir plus.

2 Le chapeau : il donne quelques informations sur les circonstances de l'événement (quand ?), il résume le sauvetage.

3 Une photographie : elle illustre l'article et occupe une place importante. Elle présente les sauveteurs qui posent devant leur hélicoptère avec, en arrière-plan, le bâtiment du peloton de la gendarmerie de montagne.

4 Une légende : la photographie est accompagnée de quelques renseignements (qui ?). L'abréviation PGM désigne le peloton de gendarmerie de montagne.

5 L'attaque : c'est le début de l'article. Il ménage le suspense, il donne envie d'aller plus loin.

6 Une retranscription de dialogue : le journaliste a recueilli le témoignage des différents acteurs de l'événement ; les éléments de l'interview sont transcrits en italique avec des guillemets.

7 Un intertitre : il aère l'article et relance la curiosité du lecteur.

8 Un verbe au passé : les événements décrits se sont passés dans la nuit du samedi 13 février. L'article commence au passé composé.

9 Un verbe au présent : pour faire revivre la scène au lecteur, le journaliste a choisi de décrire tout ce qui s'est passé en employant le présent. Le lecteur assiste, comme en direct, à toute la succession des actions.

10 La chute de l'article : la « morale » à tirer de l'événement : un portable peut sauver des vies humaines (cela renvoie au titre) ; et des conseils de prudence.

11 Les initiales du journaliste qui a écrit l'article.

12 La date du journal : ce fait divers est paru dans l'édition du lundi 15 février 1999. C'est donc un quotidien. Un hebdomadaire indiquera la semaine, un mensuel le mois de parution.

13 Le nom du journal.

Repère

1. Quel est le titre de l'article ?
2. De quelles personnes parle-t-on ?
3. Quand le sauvetage a-t-il eu lieu ?
4. Quelles sont les personnes dont on rapporte les paroles ?
5. Que représente la photographie ?
6. Que dit l'intertitre ? À quoi sert-il ?
7. Qu'appelle-t-on un chapeau dans un article de journal ? une chute ?
8. Quel est le rythme de parution du journal d'où est tiré cet article ?

Explique

1. Quel est le sujet de ce fait divers ?
2. Quelle invention récente joue un rôle important dans ce sauvetage ?
3. Pourquoi le compte rendu du sauvetage est-il rédigé au présent ?
4. Comment les sauveteurs sont-ils arrivés jusqu'aux randonneurs ?
5. Quelles sont les leçons à tirer de cette mésaventure ?
6. Quels sont les conseils donnés dans la chute de l'article ?

Mécaniques de tous les jours

1

«La maîtresse de maison, toujours coquettement vêtue, n'a que l'effort de mettre en marche et de **surveiller** les machines* placées sous ses ordres.» Cet idéal de vie quotidienne vient des Etats-Unis et correspond à un désir de **propreté** et de **confort** qui naît au 19e siècle. Les inventions destinées à **alléger** les tâches ménagères et à les rendre plus agréables foisonnent alors et donnent naissance à une foule de petits **serviteurs mécaniques**. Machines à laver, aspirateurs, machines à coudre ou à écrire prennent place dans les foyers et deviennent rapidement indispensables.

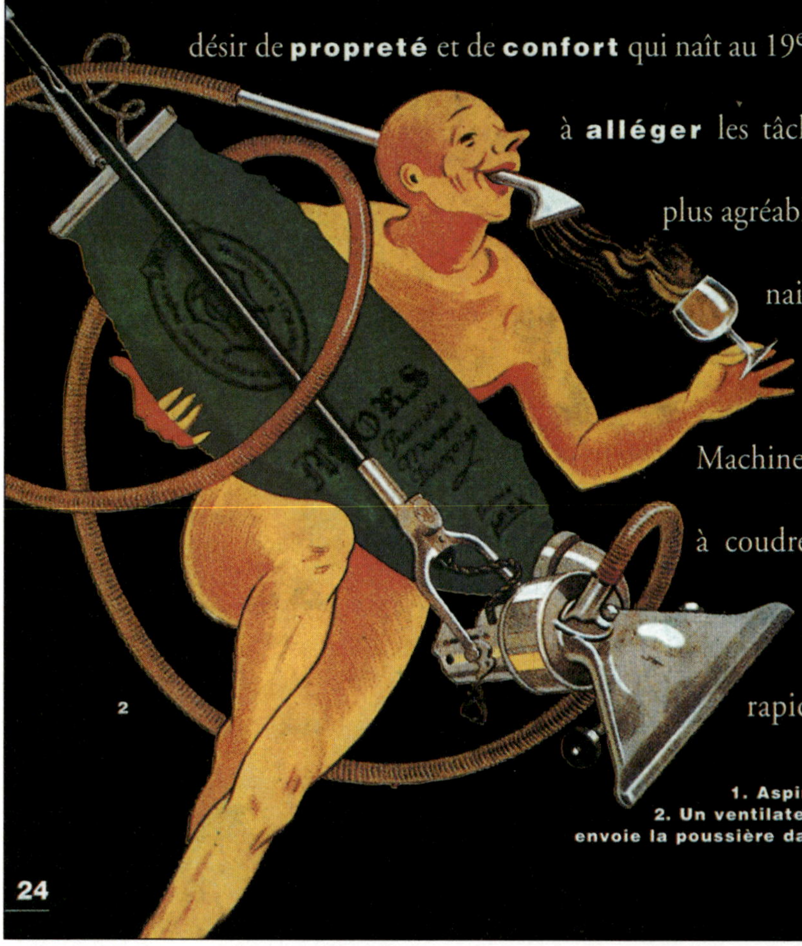

2

1. Aspirateur mécanique à soufflets (fin du 19e
2. Un ventilateur mis en marche par un moteur électric
envoie la poussière dans le sac de cet aspirateur des années 3

24

* **Vocabulaire**

foisonner (v.) : se multiplier, devenir abondant.
confection (n. f.) : fabrication en série de pièces d'habillement.
fastidieux (adj.) : fatigant, ennuyeux.

▶ Pour en savoir plus, ouvre ton dictionnaire.

Repère

1. Quel est le titre du livre d'où ce document est extrait ?
2. Pourquoi le texte commence-t-il par des guillemets ?
3. Quelles sortes d'illustrations voit-on ?
4. Quels sont les objets représentés dans ce document ?
5. Quelles sont les inventions qui figurent dans ce document ?

1

Machines à laver avec cuve en bois (1), avec cuve en métal (2) (fin du 19e siècle)

La reine des salons
Apparue vers 1870, la machine à laver est l'appareil le plus demandé dans les salons d'arts ménagers.

2

Les machines à laver fonctionnent toutes sur le même principe : un cylindre qui tourne agite le linge dans un bac.

3. Lave linge (1950). Depuis 1920, un moteur électrique* équipe les machines à laver.

Danger, machines !
En 1829, le tailleur Thimonnier invente une machine à coudre et à broder. Deux ans plus tard, il installe, à Paris, quatre-vingts machines dans un atelier de confection. Mais les autres tailleurs, redoutant cette nouvelle concurrence, détruisent son atelier.

Machine à coudre de Thimonnier (1830)

Machine à coudre Singer (1851)

De la main au pied
Les premières machines à coudre étaient actionnées par une manivelle.

En 1851, Singer les équipe d'un pédalier. Ce système a l'avantage de libérer les deux mains.

Lettres ou notes ?
Les travaux d'écriture sont souvent longs et fastidieux. Aussi, dès le 18e siècle, on tente de mécaniser l'écriture. Une de ces machines fonctionne en frappant avec les doigts des touches semblables à celles d'un piano. Ce système de clavier est toujours utilisé. Mais il faut attendre la machine de Sholes, produite en série par la firme Remington en 1873, pour obtenir une vraie machine à écrire.

Chaque touche du clavier met en jeu un levier terminé par un petit tampon métallique qui porte un signe en relief. Par l'intermédiaire d'un ruban encreur, le signe est reproduit sur le papier.

25

Des machines et des robots, « Les Racines du savoir – Sciences », Gallimard Jeunesse.

Explique

1. Que désigne l'expression « mécanique de tous les jours » ?
2. De quelle époque les inventions datent-elles ?
3. Quel est le but de ces inventions ?
4. Comment la machine à écrire fonctionne-t-elle ?
5. Pourquoi les tailleurs ont-ils détruit l'atelier de Thimonnier ?
6. Pourquoi la machine à laver le linge est-elle appelée « la reine des salons » ?
7. À quoi peut-on voir que certaines illustrations sont des publicités ?

Technologie et histoire

Trouve des objets ou des représentations d'objets que l'on utilisait autrefois. Comment ont-ils évolué ?

Robot mobile destiné à aller sur Mars

Au travail, les robots !

Sens artificiels du robot : caméra pour la vue (1), micro pour l'ouïe (2
puce* électronique pour le cerveau
moteur électrique pour les muscles
et câbles pour les veines (5) du ro

Le robot Magali cueille des oranges, TR-2000 peint des voitures tandis que Centaure 2B, téléguidé par un homme, inspecte une centrale nucléaire. **Mobiles** ou **fixés** au sol, ces **robots** font des tâches pénibles, répétitives ou dangereuses à la place des hommes. Ils agissent selon des **programmes** mis en mémoire sur **ordinateur**. Dès 1950, les premiers robots sont adaptés aux travaux des chaînes de montage. Puis, montés sur roues et dotés de **sens** artificiels, ils deviennent capables de voir, d'entendre et même de détecter des odeurs. Les robots de l'avenir seront-ils capables de s'adapter aux situations les plus imprévues ?

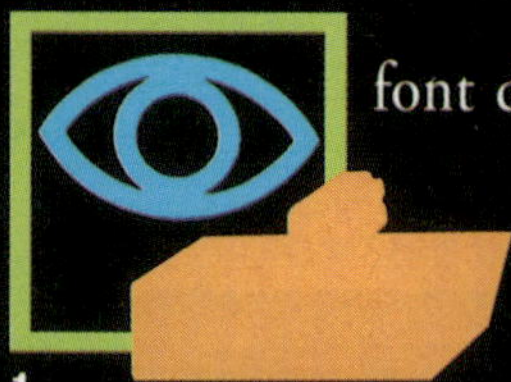

1

2

Les bras du robot Magali attrapent un fruit toutes les deux secondes. Ses déplacements sont guidés par des ultras

*** Vocabulaire**

ultrason (n. m.) : vibration de même nature que le son mais qu'une oreille humaine ne peut pas entendre.

puce (n. f.) : élément du circuit intégré.

moteur (n. m.) : appareil servant à mouvoir le robot.

usine (n. f.) : établissement industriel où, à l'aide de machines, on transforme des matières et/ou on fabrique des objets.

▶ Pour en savoir plus, ouvre ton dictionnaire.

Repère

1. À quoi repère-t-on que ce document provient du même livre que le précédent ?
2. Quel en est le titre général ?
3. Quels sont les sous-titres ?
4. Que montrent les différents dessins dans les encadrés numérotés ?
5. À quoi renvoient les numéros (1, 2, 3) de la légende placée sous le robot de la page 23 du document ?

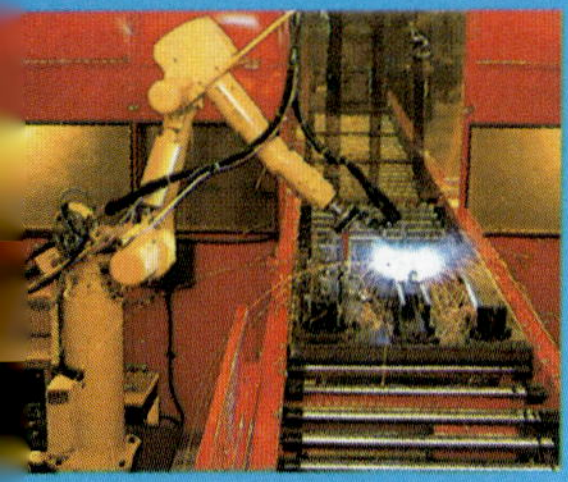

Intégré à une chaîne de production, ce robot manie un fer à souder.

Apprentissage
L'ordinateur relié au robot peut enregistrer les gestes que l'homme lui apprend ou mémoriser des informations tapées sur un clavier. Il traduit les ordres selon un code de chiffres 1 et 0, en fonction du passage ou non d'un courant électrique.
Ce programme commande chaque moteur* du robot.

Portrait robot
Ce robot industriel, fixé sur la chaîne de montage d'une usine, façonne et assemble les pièces qui défilent devant lui.

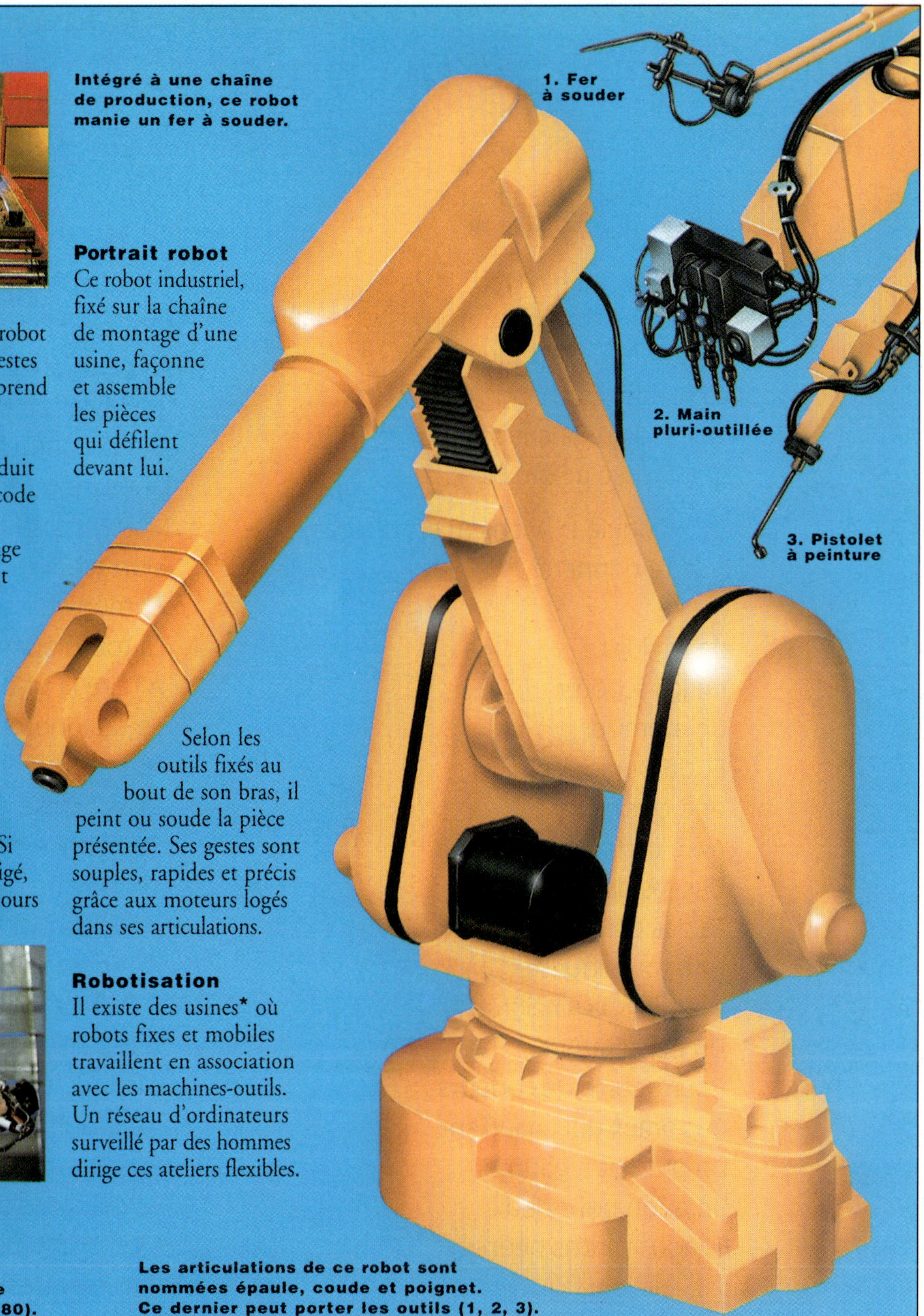

Applications
Un robot dont on peut changer le programme s'adapte à des tâches variées. Si son programme est figé, le robot effectue toujours le même travail.

Selon les outils fixés au bout de son bras, il peint ou soude la pièce présentée. Ses gestes sont souples, rapides et précis grâce aux moteurs logés dans ses articulations.

Robotisation
Il existe des usines* où robots fixes et mobiles travaillent en association avec les machines-outils. Un réseau d'ordinateurs surveillé par des hommes dirige ces ateliers flexibles.

ordinateur mémorise gestes que cet homme rend au robot (vers 1980).

Les articulations de ce robot sont nommées épaule, coude et poignet. Ce dernier peut porter les outils (1, 2, 3).

23

Des machines et des robots, « Les Racines du savoir – Sciences », Gallimard Jeunesse.

6. Sur quelle planète le robot mobile ira-t-il ?
7. Que fait le robot TR-2000 ?
8. De quand datent les premiers robots ?

Explique

1. Quelles tâches les robots peuvent-ils effectuer ?
2. À quels travaux les premiers robots sont-ils adaptés ?
3. Comment apprend-on à un robot ce qu'il doit faire ?
4. Qu'appelle-t-on la robotisation ?
5. Comment les sens artificiels du robot fonctionnent-ils ?

Géographie

Trouve des renseignements sur l'activité industrielle de ta région : usines, produits fabriqués, matières premières utilisées...

Complainte du progrès

Autrefois pour faire sa cour
On parlait d'amour
Pour mieux prouver son ardeur
On offrait son cœur
Aujourd'hui, c'est plus pareil
Ça change, ça change
Pour séduire le cher ange
On lui glisse à l'oreille

Ah... Gudule !...Viens m'embrasser...
Et je te donnerai

Un frigidaire
Un joli scooter
Un atomizer
Et du Dunlopillo
Une cuisinière
Avec un four en verre
Des tas de couverts
Et des pell' à gâteaux
Une tourniquette
Pour fair' la vinaigrette
Un bel aérateur
Pour bouffer les odeurs
Des draps qui chauffent
Un pistolet à gaufres
Un avion pour deux
Et nous serons heureux

Autrefois s'il arrivait
Que l'on se querelle
L'air lugubre on s'en allait
En laissant la vaisselle
Aujourd'hui, que voulez-vous
La vie est si chère
On dit : rentre chez ta mère
Et l'on se garde tout

Ah.. Gudule... Excuse-toi...
ou je reprends tout ça.

Mon frigidaire
Mon armoire à cuillères
Mon évier en fer
Et mon poêl' à mazout
Mon cire-godasses
Mon repasse-limaces
Mon tabouret à glace
Et mon chasse-filou
La tourniquette
À faire la vinaigrette
Le ratatine-ordures
Et le coupe-friture
Et si la belle
Se montre encore rebelle
On la fiche dehors
Pour confier son sort
Au frigidaire
À l'efface-poussière
À la cuisinière
Au lit qu'est toujours fait
Au chauffe-savates
Au canon à patates
À l'éventre-tomates
À l'écorche-poulet
Mais très très vite
On reçoit la visite
D'une tendre petite
Qui vous offre son cœur
Alors on cède
Car il faut qu'on s'entraide

Et l'on vit comme ça
Jusqu'à la prochaine fois

Boris Vian, « Complainte du progrès » (1955), dans *Textes et Chansons*, Christian Bourgois.

Des fourmis (macrophotographie).

Terre, planète vivante

À quelle source la Terre puise-t-elle son effroyable beauté ?

Dans le cratère du volcan

Le Nyiragongo, volcan de la République démocratique du Congo (ex-Zaïre), en Afrique.

Maurice et Katia Krafft étaient volcanologues : ils allaient, aux quatre coins du monde, étudier les cratères du globe. Ils sont morts au mont Unzen, au Japon, le 3 juin 1991, lors d'une éruption volcanique. Cette fois-ci, Katia nous raconte son émotion à la découverte du volcan Nyiragongo, au Zaïre. Avec elle, plongez dans le chaudron du diable…

L'haleine du volcan est si chaude qu'il nous est impossible de rester debout au bord du gouffre. Le visage brûlé, nous reculons de quelques pas pour prendre une bouffée d'air un peu moins asphyxiant. Émerveillés, nous nous plaquons au sol, tout au bord, pour mieux contempler ce spectacle hallucinant. Le sol vibre et gronde sans cesse sous nos corps. Tout à coup, sans raison apparente, la masse de lave se met en mouvement du nord au sud. Des vagues amples la balaient, la labourent, engloutissant en quelques instants la peau grise dans le bain fondu écarlate qui sourd* de l'extrémité septentrionale du lac pour venir s'engouffrer en rugissant dans une caverne rouge sang proche de nous et bordée de crocs de pierre molle. Le phénomène a quelque chose d'implacable qui fait frémir. Nous sommes devant un réservoir de magma* à ciel ouvert violemment brassé par des courants souterrains et des montées gazeuses. Puis le calme revient et le lac se recouvre d'une peau de pachyderme souple et luisante ; un spectacle sans cesse renouvelé. […]

Déjà le soleil disparaît derrière l'enceinte du cratère. Les ombres coulent sur les parois dont les strates se fondent les unes dans les autres. Le panache de vapeur, délicatement rosi à son sommet par le couchant, se teinte d'orangé, puis s'embrase et s'éclaire de rouge somptueux. Spectacle fabuleux que cette tombée du jour où le cratère s'éclabousse du sang de la Terre, nous baignant dans une atmosphère pourpre.

Nos vêtements, nos mains, nos visages reflètent le feu ardent. Cognements sourds, halètements, mugissements de l'antre du diable se répètent et s'amplifient contre les hautes murailles. Nous sommes minuscules, insignifiants, à peine tolérés dans ce déploiement grandiose d'une nature toute-puissante.

Curiosité scientifique et soif de comprendre s'évanouissent à cette heure où, petits papillons de nuit attirés par le feu de la Terre, nous allons griller nos visages au bord du gouffre incandescent. Des heures durant, hypnotisés, nous suivons la houle du lac devenu or. Flux et reflux battent les parois dont des pans entiers s'effondrent, créant des raz de marée, bouleversant cette mer intérieure. [...]

Alors que Maurice, insatiable*, m'abreuve d'explications et que nous sommes toujours couchés sur la margelle du puits central du Nyiragongo, un phénomène exceptionnel nous fait tout à coup nous redresser. Le lac se vide par saccades, il s'engouffre en profondeur, son niveau baisse de dix mètres en quelques instants ! Nous attendons, anxieux. Que va-t-il se passer ? Aux deux bouts du lac, les grottes d'entrée et de sortie de la lave sont béantes. Peut-être un débordement s'annonce-t-il ? Peut-être vaudrait-il mieux fuir, regagner la falaise, car derrière nous, sur 200 mètres, pas une butte, pas un monticule où nous réfugier !

Pourtant nous restons rivés au bord du chaudron, la curiosité est plus forte que la peur… Longues sont les minutes qui s'écoulent. Au loin, les gueulards* se sont tus. Le panache de vapeurs rouges monte silencieusement. Le lac est terne, inerte, à peine zébré de lignes incandescentes. Le calme est si grand qu'un moment nous pensons même descendre dans le puits. Nous n'en avons pas le temps car soudain le lac remonte à toute allure. Il se recouvre de vagues qui déferlent les unes sur les autres, se ruent en tous sens et éclaboussent les parois.

De gros bouillons éclatent en fleurs pourpres aux calices d'or, exhalant leur parfum soufré.

Lac de lave dans le cratère du Nyiragongo.

*** Vocabulaire**

sourdre (v.) : jaillir, sortir de terre.
magma (n. m.) : liquide à haute température qui se forme à l'intérieur de la Terre par fusion des roches.
insatiable (adj.) : qui n'est pas rassasié ; avide.
gueulard (n. m.) : ouverture à la surface du magma.
aspérité (n. f.) : bosse qui rend une surface inégale.
kaléidoscope (n. m.) : succession rapide et changeante d'images fragmentées et multicolores.

▶ Pour en savoir plus, ouvre ton dictionnaire.

Repère

1. De quel genre de texte s'agit-il ?
2. Qui a écrit ce récit ?
3. De quel volcan les auteurs parlent-ils ?
4. De quel phénomène exceptionnel sont-ils témoins ?
5. Combien de temps restent-ils sur le site du volcan ?

Maurice et Katia Krafft
devant un volcan actif à Hawaï.

Puis, contre toute attente, en quelques secondes, la lave reprend son niveau habituel et se calme. Le cycle a duré moins d'une heure. Le spectacle est terminé, un rideau de nuages tombe et nous chasse.

Titubants, trébuchant sur chaque aspérité*, ivres de lumière, de gaz et de bruit, nous regagnons lentement notre camp. Un froid vif nous accueille. Près de la fournaise du Nyiragongo, nous avions oublié qu'il fait froid, très froid au sommet des montagnes d'Afrique. Trop las pour dîner, nous disparaissons dans nos duvets. Lorsque je ferme les yeux, je vois dériver des plaques sur le lac d'or. Un kaléidoscope* d'images fortes occupe mes rêves. Le sol vibre, tremble, tressaille sous la tente comme si nous dormions à même le cœur de la Terre. Souvent, au cours de cette première nuit, je me suis redressée en sursaut, réveillée par un grondement plus fort, et je me suis penchée dehors, hantée par les débordements toujours possibles, tendant l'oreille, attentive au moindre bruit suspect.

Sept jours durant, nous resterons prisonniers volontaires de ce monde. [...] Un très grand moment de notre vie de volcanologues. Malgré nos habits en lambeaux, rongés par les gaz qui nous intoxiquaient sournoisement, malgré la chaleur, le risque et l'inconfort, nous sommes là, heureux, étudiant le jour la structure du cratère, la pétrographie des roches, les variations de température du lac et des gueulards récompensés la nuit par un spectacle unique que la Terre ne donne que pour nous.

Quand enfin nous quittons notre paradis en enfer, dans le brouillard et dans le vent, le Nyiragongo nous comble une dernière fois ; le soleil se lève, énorme boule de feu, sur le piton déchiqueté du vieux Mikeno, puis le sommet blanc du Karisimbi s'éclaire lentement. À nos pieds, la lave bouillonne et gronde, nous assistons à la naissance du monde…

Maurice et Katia Krafft, dans *Volcans du monde*,
coll. « L'Odyssée », Flammarion.

Petite biographie

Maurice (1946 - 1991)
et Katia (1942 - 1991)
Krafft

Tous deux passionnés de géologie et de vulcanologie depuis leur plus jeune âge, ils marient leurs cœurs et leur passion pour les volcans en 1970. Surnommés « les démons de Vulcain », ils n'ont jamais cessé d'approcher au plus près les volcans en activité et de les photographier.

Ils sont morts lors de l'éruption du mont Unzen, au Japon, le 3 juin 1991.

Explique

1. Pourquoi Maurice et Katia Krafft s'intéressent-ils aux volcans ?
2. Pourquoi sont-ils émerveillés par ce qu'ils voient ?
3. Pourquoi emploient-ils l'expression « antre du diable » ?
4. Pourquoi, malgré leur anxiété, les vulcanologues restent-ils sur place ?
5. Quels sentiments éprouvent-ils ?

Explore

1. Trouve les termes qui servent à décrire l'aspect physique du volcan.
2. Recherche les expressions qui évoquent la fascination des deux vulcanologues.
3. À quel objet les différentes visions colorées et changeantes du volcan te font-elles penser ?

Sciences Recherche les raisons pour lesquelles la Terre bouge. Recherche les différents types d'éruption volcanique.

Imperceptibles ou brutales, paisibles ou violentes, créatrices ou destructives, telles sont les manifestations de la vie de la Terre…

Dans l'œil du cyclone

Un ouragan balaie l'île Maurice. Alexis, sa sœur Laure et sa mère se sont réfugiés dans leur maison.

Puis vient sur la vallée le bruit de l'ouragan, comme un troupeau qui court à travers les plantations et les broussailles, et j'entends aussi le bruit de la mer, terriblement proche. Nous restons figés sur la varangue* et je sens la nausée* dans ma gorge, parce que je comprends que l'ouragan n'est pas fini. Nous étions dans l'œil du cyclone, là où tout est calme et silencieux. Maintenant j'entends le vent qui vient de la mer, qui vient du sud, et de plus en plus fort le corps du grand animal furieux qui brise tout sur son passage.

Cette fois, il n'y a pas le mur de la pluie, c'est le vent qui vient seul. Je vois les arbres bouger au loin, les nuages avancent pareils à des fumées, longues traînées fuligineuses* marquées de taches violettes. C'est le ciel surtout qui effraie. Il se déplace à toute vitesse, s'ouvre, se referme, et j'ai l'impression de glisser en avant, de tomber.

« Vite ! Vite, mes enfants ! »
C'est Mam qui a parlé, enfin. Sa voix est rauque. Mais elle a réussi à rompre le charme, notre fascination horrifiée devant le ciel en train de se détruire. Elle nous tire, elle nous pousse à l'intérieur de la maison, dans la salle à manger aux volets fermés. Elle bloque la porte avec les crochets. La maison est pleine d'ombre. C'est comme l'intérieur d'un navire où nous écoutons le vent qui arrive. Malgré la chaleur lourde, je grelotte de froid, d'inquiétude. Mam s'en aperçoit. Elle va dans sa chambre chercher une couverture.

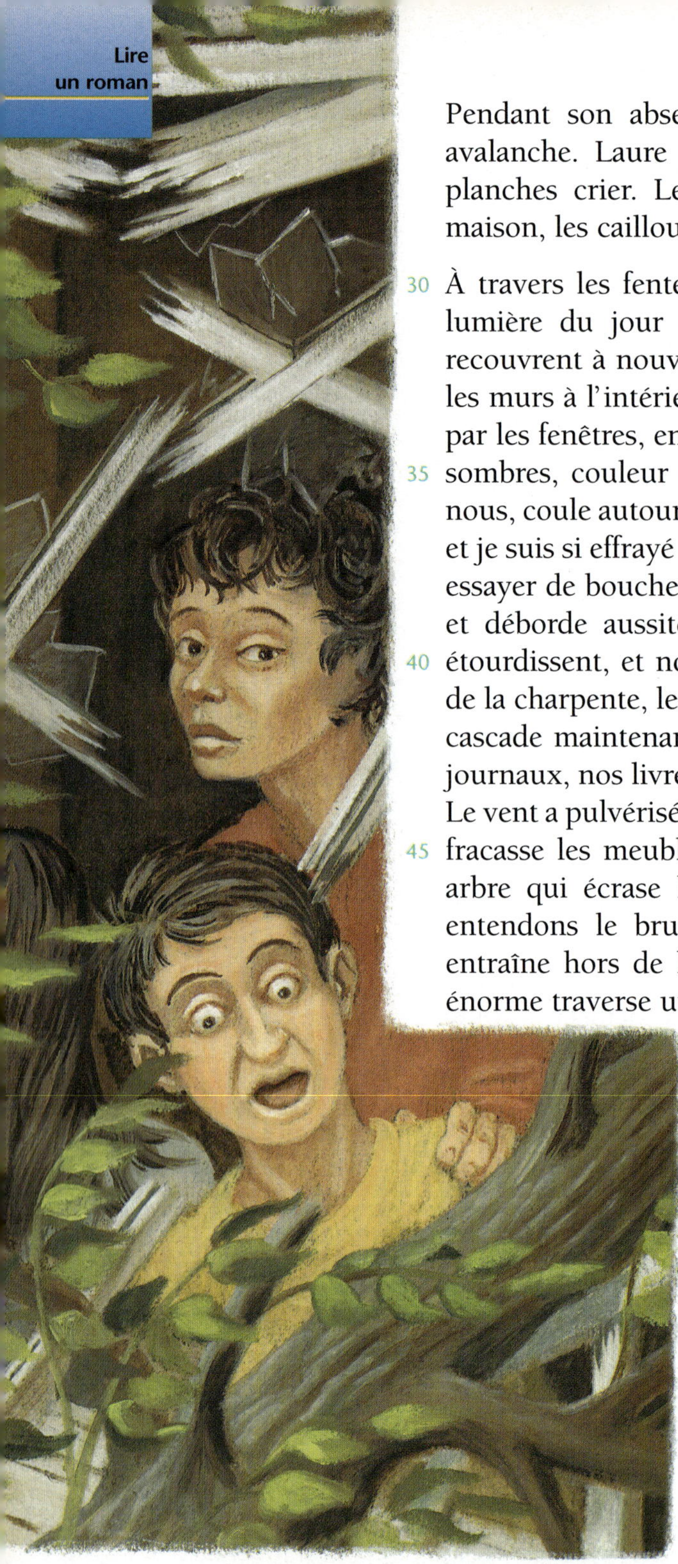

Pendant son absence, le vent frappe la maison comme une avalanche. Laure se serre contre moi, et nous entendons les planches crier. Les branches brisées heurtent les murs de la maison, les cailloux roulent contre les volets et la porte.

À travers les fentes des volets, nous voyons tout d'un coup la lumière du jour s'éteindre, et je comprends que les nuages recouvrent à nouveau la Terre. Puis l'eau tombe du ciel, fouette les murs à l'intérieur de la varangue. Elle se glisse sous la porte, par les fenêtres, envahit le plancher autour de nous en ruisseaux sombres, couleur de sang. Laure regarde l'eau qui avance vers nous, coule autour de la grande table et des chaises. Mam revient, et je suis si effrayé de son regard que je prends la couverture pour essayer de boucher l'espace sous la porte, mais l'eau s'imprègne et déborde aussitôt. Les hurlements du vent au-dehors nous étourdissent, et nous entendons aussi les craquements sinistres de la charpente, les détonations des bardeaux* arrachés. La pluie cascade maintenant dans les combles*, et je pense à nos vieux journaux, nos livres, tout ce que nous aimons qui va être détruit. Le vent a pulvérisé les lucarnes et traverse les combles en hurlant, fracasse les meubles. Dans un bruit de tonnerre, il arrache un arbre qui écrase la façade sud de la maison, l'éventre. Nous entendons le bruit de la varangue qui s'écroule. Mam nous entraîne hors de la salle à manger à l'instant où une branche énorme traverse une des fenêtres.

Le vent entre par la brèche comme un animal furieux et invisible, et pendant un instant, j'ai l'impression que le ciel est descendu sur la maison pour l'écraser. J'entends le fracas des meubles qui s'écroulent, des fenêtres qui se brisent. Mam nous entraîne je ne sais comment de l'autre côté de la maison. Nous nous réfugions dans le bureau de notre père, et nous restons là, blottis tous les trois contre le mur où il y a la carte de Rodrigues et le grand plan du ciel.

*** Vocabulaire**

varangue (n. f.) : sorte de véranda.
nausée (n. f.) : envie de vomir.
fuligineux (adj.) : qui a la couleur de la suie ; noirâtre.
bardeau (n. m.) : petite planche de bois qui remplace les tuiles du toit.
comble (n. m.) : partie d'un bâtiment destinée à supporter le toit.
ciller (v.) : fermer et rouvrir rapidement les yeux.

▶ Pour en savoir plus, ouvre ton dictionnaire.

Repère

1. De quel genre de texte s'agit-il ?
2. Qui en est l'auteur ?
3. Le narrateur est-il l'auteur ?
4. Où et quand la scène se passe-t-elle ?
5. Quelles sont les grandes parties du texte ?

Explique

1. Explique le titre du texte.

Les volets sont fermés, mais malgré cela le vent a brisé les vitres et l'eau de l'ouragan coule sur le parquet, sur le bureau, sur les livres et les papiers de notre père. Laure essaie maladroitement de ranger quelques papiers, puis elle se rassoit découragée. Dehors, à travers les fentes des volets, le ciel est si sombre qu'on croirait la nuit. Le vent file autour de la maison, tourbillonne contre la barrière des montagnes. Et sans arrêt, le fracas des arbres qui se brisent autour de nous.

« Prions », dit Mam. Elle cache son visage dans ses mains. Le visage de Laure est pâle. Elle regarde sans ciller* vers la fenêtre, et moi j'essaie de penser à l'archange Gabriel. C'est toujours à lui que je pense quand j'ai peur. Il est grand, enveloppé de lumière, armé d'une épée. Se peut-il qu'il nous ait condamnés, abandonnés à la fureur du ciel et de la mer ? La lumière ne cesse de décliner. Le bruit du vent est rauque, aigu, et je sens les murs de la maison qui tremblent. Des morceaux de bois se détachent de la varangue, les bardeaux sont arrachés du toit. Les branches tourbillonnent contre les fenêtres comme des herbes. Mam nous serre contre elle. Elle ne prie pas, elle non plus. Elle regarde avec des yeux fixes, effrayants, tandis que le rugissement du vent fait tressaillir notre cœur. Je ne pense à rien, je ne peux plus rien dire. Même si je voulais parler, le bruit est tel que Mam et Laure ne pourraient pas m'entendre. Un déchirement sans fin qui va jusqu'au fond de la terre, une vague qui lentement, inévitablement, sur nous déferle.

Cela dure longtemps, et nous tombons à travers le ciel déchiré, à travers la terre ouverte. J'entends la mer comme jamais je ne l'ai entendue jusqu'alors. Elle a franchi les barrières de corail et elle remonte l'estuaire des rivières, poussant devant elle les torrents qui débordent. J'entends la mer dans le vent, je ne peux plus bouger : tout est fini pour nous.

J.-M. G. Le Clézio,
Le Chercheur d'or, Gallimard.

Petite biographie

J.-M. G. Le Clézio

Romancier français, né en 1940. Sa famille, d'origine bretonne, a habité à l'île Maurice, dans l'océan Indien. Lui-même n'y a pas vécu, mais les récits que lui en ont faits ses parents ont peuplé son imagination d'enfant. Grand voyageur, auteur de récits et de nouvelles, apprécié pour son ton très personnel et la précision de ses descriptions, Le Clézio est reconnu comme l'un des écrivains actuels majeurs.

2. Comment l'ouragan est-il annoncé ?
3. Pourquoi les enfants restent-ils figés ?
4. Pourquoi la maison se retrouve-t-elle dans l'obscurité ?
5. Pourquoi le garçon invoque-t-il l'archange Gabriel ?

Explore

1. Relève les images qui décrivent l'ouragan.
2. Trouve dans le texte les sentiments éprouvés par Alexis.
3. Relève les couleurs évoquées dans les différentes descriptions.
4. Retrouve les mots qui évoquent des bruits.

Sciences

Recherche des renseignements sur les cyclones (par exemple sur *El Niño*, le cyclone qui a dévasté l'Amérique du Sud en 1998).

Petite biographie

Eugène Ionesco

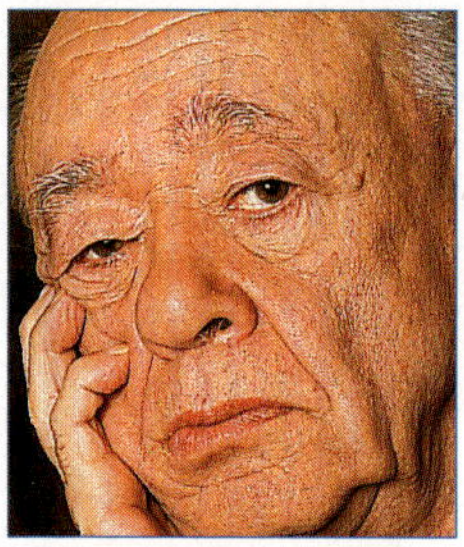

1909 - 1993

Écrivain français d'origine roumaine, essentiellement auteur de pièces de théâtre. Sa première pièce, *La Cantatrice chauve* (1950), marque son style ; le comique y naît de situations absurdes, de jeux de mots construits sur des clichés ou sur des phrases banales. L'humour souligne la difficulté de communiquer, et cède parfois le pas au désespoir. *La Leçon* (1951) et *Les Chaises* (1952) figurent également parmi ses œuvres majeures.

Est-ce qu'il y a le feu chez vous ?

M. MARTIN. – En somme*, nous ne savons toujours pas si, lorsqu'on sonne à la porte, il y a quelqu'un ou non !

Mme SMITH. – Jamais personne.

M. SMITH. – Toujours quelqu'un.

LE POMPIER. – Je vais vous mettre d'accord. Vous avez un peu raison tous les deux. Lorsqu'on sonne à la porte, des fois il y a quelqu'un, d'autres fois il n'y a personne.

M. MARTIN. – Ça me paraît logique.

Mme MARTIN. – Je le crois aussi.

LE POMPIER. – Les choses sont simples, en réalité. *(Aux époux Smith.)* Embrassez-vous.

Mme SMITH. – On s'est déjà embrassés tout à l'heure.

M. MARTIN. – Ils s'embrasseront demain. Ils ont tout le temps.

Mme SMITH. – Monsieur le Capitaine, puisque vous nous avez aidés à mettre tout cela au clair, mettez-vous à l'aise, enlevez votre casque et asseyez-vous un instant.

LE POMPIER. – Excusez-moi, mais je ne peux pas rester longtemps. Je veux bien enlever mon casque, mais je n'ai pas le temps de m'asseoir. *(Il s'assoit, sans enlever son casque.)* Je vous avoue que je suis venu chez vous pour tout à fait autre chose. Je suis en mission* de service.

Mme SMITH. – Et qu'est-ce qu'il y a pour votre service, Monsieur le Capitaine ?

LE POMPIER. – Je vais vous prier de vouloir bien excuser mon indiscrétion *(très embarrassé)* ; euh *(il montre du doigt les époux Martin)*… puis-je… devant eux...

Mme MARTIN. – Ne vous gênez pas.

M. MARTIN. – Nous sommes de vieux amis. Ils nous racontent tout.

M. SMITH. – Dites.

*** Vocabulaire**

en somme (loc. adv.) : finalement, en conclusion.

mission (n. f.) : charge donnée à quelqu'un d'accomplir une tâche importante.

confus (adj.) : embarrassé, désolé.

roussi (n. m.) : odeur de ce qui est brûlé.

prime (n. f.) : somme d'argent donnée à titre d'encouragement, d'aide ou de récompense.

▶ Pour en savoir plus, ouvre ton dictionnaire.

Repère

1. Quel est le titre de la pièce dont est extraite cette scène ?
2. Quels sont les personnages qui parlent dans cette scène ?
3. Où la scène se passe-t-elle ?
4. Quelle question le pompier a-t-il aidé à mettre au clair ?
5. Quelle didascalie contrarie ce que dit le pompier ?

LE POMPIER. – Eh bien, voilà. Est-ce qu'il y a le feu chez vous ?

Mme SMITH. – Pourquoi nous demandez-vous ça ?

LE POMPIER. – C'est parce que… excusez-moi, j'ai l'ordre d'éteindre tous les incendies dans la ville.

Mme MARTIN. – Tous ?

LE POMPIER. – Oui, tous.

Mme SMITH, *confuse**. – Je ne sais pas… je ne crois pas, voulez-vous que j'aille voir ?

M. SMITH, *reniflant*. – Il ne doit rien y avoir. Ça ne sent pas le roussi*.

LE POMPIER, *désolé*. – Rien du tout ? Vous n'auriez pas un petit feu de cheminée, quelque chose qui brûle dans le grenier ou dans la cave ? Un petit début d'incendie, au moins ?

Mme SMITH. – Écoutez, je ne veux pas vous faire de la peine mais je pense qu'il n'y a rien chez nous pour le moment. Je vous promets de vous avertir dès qu'il y aura quelque chose.

LE POMPIER. – N'y manquez pas, vous me rendriez service.

Mme SMITH. – C'est promis.

LE POMPIER, *aux époux Martin*. – Et chez vous, ça ne brûle pas non plus ?

Mme MARTIN. – Non, malheureusement.

M. MARTIN, *au pompier*. – Les affaires vont plutôt mal, en ce moment !

LE POMPIER. – Très mal. Il n'y a presque rien, quelques bricoles, une cheminée, une grange. Rien de sérieux. Ça ne rapporte pas. Et comme il n'y a pas de rendement, la prime* à la production est très maigre.

M. SMITH. – Rien ne va. C'est partout pareil. Le commerce, l'agriculture, cette année c'est comme pour le feu, ça ne marche pas.

Eugène IONESCO, *La Cantatrice chauve*, scène 8, coll. « Folio », Gallimard.

La Cantatrice chauve, mise en scène de Philippe Arlaud.

Réfléchis

1. Quel est le sujet de la discussion entre les époux Smith et Martin avant l'arrivée du pompier ?
2. Pourquoi la question du pompier « Est-ce qu'il y a le feu chez vous ? » est-elle absurde ?
3. L'auteur est fasciné par les fausses conversations que l'on trouve dans les manuels d'apprentissage d'une langue étrangère. Comment cela se sent-il dans cette scène ?

Lecture expressive

1. Faites en sorte que la conversation soit une suite de banalités, de propos logiques et normaux.
2. Faites ressortir le comique de la scène.

Mise en scène

1. Prévoyez les placements des personnages : les couples sont assis, le pompier arrive et s'assoit.
2. Adoptez un ton neutre au début de la scène, puis manifestez les divers embarras des personnages.

Une page internet

1 **La sismicité en France métropolitaine**

2

3

4

5

6

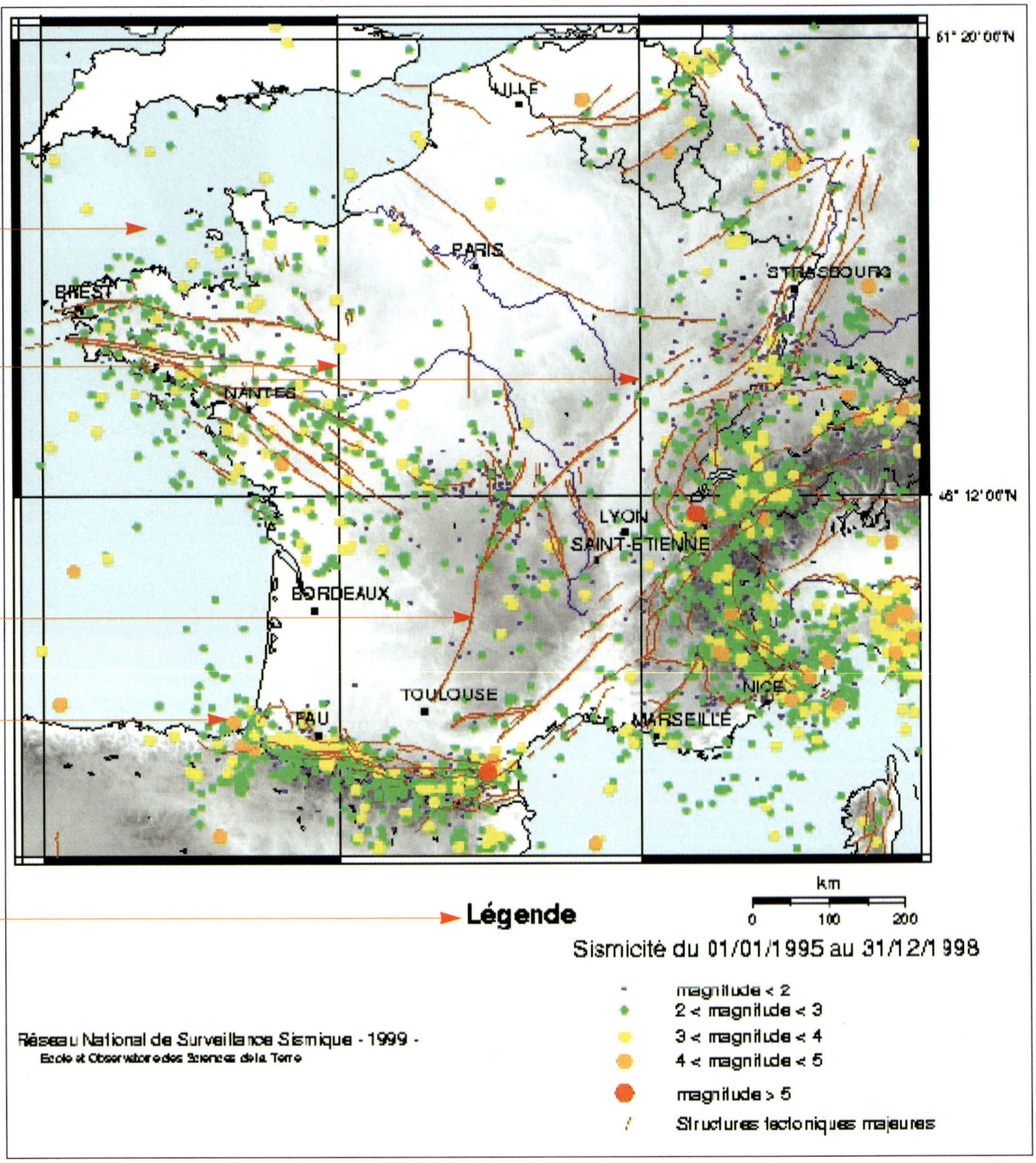

Sources : http://renass.u-strasbg.fr/ 7

Repères de lecture

1 Le titre : il indique le sujet traité : la sismicité (étude des séismes). Cette carte établit le bilan de toutes les secousses qui ont été enregistrées entre 1995 et 1998 en France métropolitaine. Les données ont été recueillies, stockées puis regroupées sur ce document.

2 Une carte : la carte représentée est celle de la France métropolitaine. Pour comprendre le thème traité par cette carte, il faut se reporter au titre et à la légende. Toute carte comporte toujours un titre et une légende.

3 Le quadrillage : la surveillance sismique se fait sur tout le territoire. Toute secousse qui se produit est localisée précisément. Le quadrillage qui accompagne la carte donne les coordonnées de longitude et de latitude. W signifie Ouest, E Est et N Nord. La distance est exprimée en degrés.

4 Les failles : les traits matérialisent les failles (ce sont des ruptures dans un ensemble rocheux). Ces failles sont le résultat de mouvements entre les plaques terrestres. La tectonique est le nom que l'on donne à ces phénomènes de mouvement.

5 La magnitude d'un séisme : c'est la mesure de l'énergie libérée par le séisme. La France métropolitaine est un pays à sismicité modérée (environ un vingtaine de séismes de magnitude supérieure à 3 par an). Les magnitudes sont données sur l'échelle de Richter (qui va de 1 à 9). Il faut savoir qu'un séisme de magnitude 6 est dix fois plus fort qu'un séisme de magnitude 5 et cent fois plus fort qu'un séisme de magnitude 4…
– de 0 à 3,5 : les séismes ne sont perceptibles que par des appareils spécifiques.
– de 3,5 à 5,4 : les séismes sont ressentis mais ne créent pas de dégats.
– De 5,5 à 6 : le séisme est perçu par les gens. Des maisons peuvent être endommagées.
– De 6,1 à 6,9 : les séismes peuvent être destructeurs dans une zone de 100 km.
– De 7 à 7,9 : tremblement de terre majeur. Il peut causer de sérieux dommages sur une large surface.
– Au-dessus de 8 : séisme dévastateur et catastrophique. Destruction quasi totale.

6 La légende : elle fournit les clés de la compréhension de la carte. Elle renseigne sur l'emploi des signes et des couleurs utilisées. Les différentes couleurs rendent compte de la magnitude (bleu pour la plus basse et rouge pour la plus élevée). Le nombre de points colorés indique le nombre de séismes (secousses).

7 L'origine du document : cette carte a été établie par un organisme officiel, le Réseau national de surveillance sismique (RéNass) qui possède un site Internet.

Repère

1. Quel est le titre de la carte ? Quel est le sujet traité par la carte ?
2. D'où ce document provient-il ?
3. À quoi les points de couleurs correspondent-ils ?
4. Jusqu'à quel nombre les mesures de magnitude vont-elles ?
5. Où se situent les secousses les plus fortes ?
6. Comment le quadrillage qui recouvre la carte est-il organisé ?

Explique

1. Comment a-t-on fait pour trouver cette carte ?
2. Comment la carte rend-elle compte de tous les séismes de ces quatre années ?
3. Pourquoi l'échelle de Richter (qui va jusqu'à 9) s'arrête-t-elle à 5 en France ?
4. Pourquoi et comment a-t-on dessiné les lignes de failles ?
5. À partir de quelle magnitude les dégâts sont-ils importants ?

154

Au centre de la Terre

Lorsque la Terre s'est formée, les matériaux qui la composaient se sont organisés en trois ensembles :

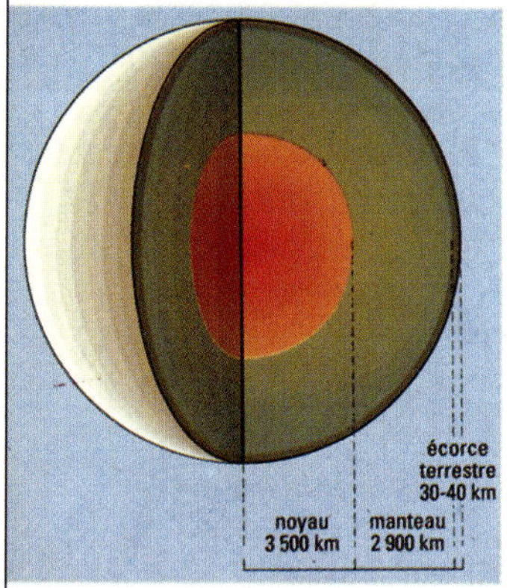

▲ La Terre en coupe

• ***Le noyau,*** au centre, très dense : surtout composé de fer et de nickel ; solide en son milieu, liquide en ses contours. Sa température varie entre 3 000 °C et 5 500 °C.

• ***Le manteau,*** moins dense et formé de magma. Chauffé à 1 900 °C et composé de roches en fusion et de gaz sous haute pression, ce magma visqueux surgit à la surface du globe lors des éruptions volcaniques.

• ***L'écorce terrestre,*** appelée aussi *lithosphère** (et découpée en *plaques*) :
– peu épaisse dans les *régions océaniques,* composée de roches de la famille des basaltes (silice et magnésium) ;
– plus épaisse dans les *régions continentales,* elle est composée de roches de la famille des granites (silice et aluminium).

Volcans de lave ou volcans de bombes ?

Plus la lave d'un volcan est dense, plus l'explosion est violente. Selon la nature plus ou moins fluide du magma et sa composition chimique, selon le milieu qu'il traverse (eau, terre, air), divers types d'éruptions se produisent. On parle de volcans de *type strombolien* (comme le Stromboli qui crache des bombes ou des cendres) ou de *type hawaïen* (comme les volcans de Hawaï qui rejettent des laves très fluides).

Un des 33 volcans du Guatemala

Le volcan *Fuego* est toujours activité. Chaque éruption s'acco pagne de gaz, de projections roches et de cendres. La la remonte par la cheminée du volc jusqu'au cratère.

Le lent ballet des plaques

Les plaques de la *lithosphère** se déplacent lentement et sans cesse, les unes par rapport aux autres, entraînées par les mouvements du magma. Comme dans une danse, les plaques s'éloignent ou se rapprochent :

À l'endroit où deux plaques s'écartent l'une de l'autre (a), il se creuse un profond sillon, le *rift**. Par cette cassure (que les océans ont le plus souvent occupée), les laves venant du manteau remontent et forment une croûte, dite *croûte océanique.*

Là où deux plaques se rencontrent, elles peuvent :

• **(b)** *se chevaucher* (c'est le cas de la rencontre d'une plaque océanique et d'une plaque continentale) : la plaque océanique plonge alors sous la plaque continentale. Extrêmement lent, ce phénomène provoque des tensions très fortes qui, lorsqu'elles se déchargent, conduisent à des *séismes* et à des *éruptions volcaniques* (par exemple au Japon) ;

• **(c)** *entrer en collision* et former des *montagnes* (c'est le cas de deux plaques continentales qui se rencontrent). Par exemple, la collision de la plaque «indo-australienne» avec la plaque «eurasiatique» a édifié la chaîne de l'Himalaya ; le mont Everest, qui culmine à 8 848 m d'altitude, continue d'ailleurs à s'élever.

a

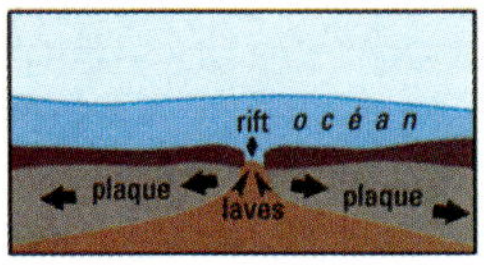

b

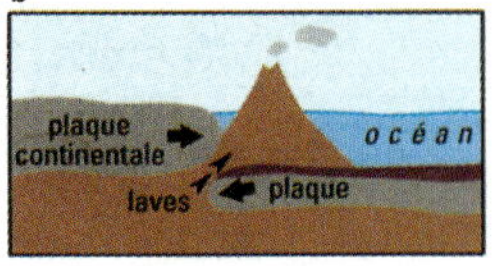

c

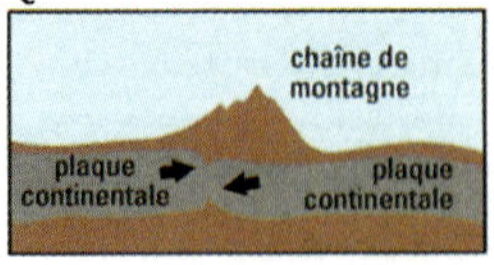

?

Il y a 20 000 mètres entre le point le plus haut et le point le plus bas du globe (voir p. 152).
Savez-vous les situer ?

Réponse :
Le mont Everest (8 848 m) en Asie et la fosse des Mariannes (– 11 033 m) dans l'océan Indien.

*** Vocabulaire**

tsunami (n. m.) : raz de marée se produisant sur les côtes du Pacifique, vague sismique.
géophysicien (n. m.) : spécialiste qui étudie les propriétés physiques du globe terrestre (les mouvements de l'écorce terrestre, le magnétisme terrestre, etc.).
dérive des continents : théorie selon laquelle les continents se déplacent lentement à la surface de la Terre (de l'ordre de quelques centimètres par an).
▶ Pour en savoir plus, ouvre ton dictionnaire.

Repère

1. De quoi ce document est-il composé ?
2. À quelle rubrique de l'encyclopédie figure-t-il ?
3. Quels sont les sous-titres de ce document ?
4. À quoi se rapportent les photographies ?
5. Comment s'appelle la rubrique dans laquelle est expliqué le sens des mots ?
6. Quels sont les noms des trois parties de la Terre montrées dans le schéma en coupe ?

Quand la Terre tremble...

:haque année, près d'un nillion d'ondes sismiques ·branlent des zones réputées nstables de l'écorce terrestre, t environ mille d'entre elles ausent des dégâts.
.es effets secondaires des ecousses sont parfois atastrophiques. Dans les égions habitées, la lestruction d'immeubles ou le routes provoque la rupture les canalisations et parfois les *incendies*. Près des côtes, faut se méfier des *tsunamis* ui, au large, peuvent former les vagues dont la hauteur tteint parfois 20 m et la itesse 60 km/h.

▲ Une rue de San Francisco
(États-Unis), après le tremblement de terre du 17 octobre 1989.

La Terre sous haute surveillance

Le satellite *Météosat* reçoit aussi les informations que lui envoient du sol 9 stations sismiques et enregistre ainsi les moindres frissons de la Terre. Il est cependant impossible de prévoir les séismes avec une grande précision. Des probabilités sont annoncées par les géophysiciens, avec des prévisions à quelques dizaines ou centaines d'années près.

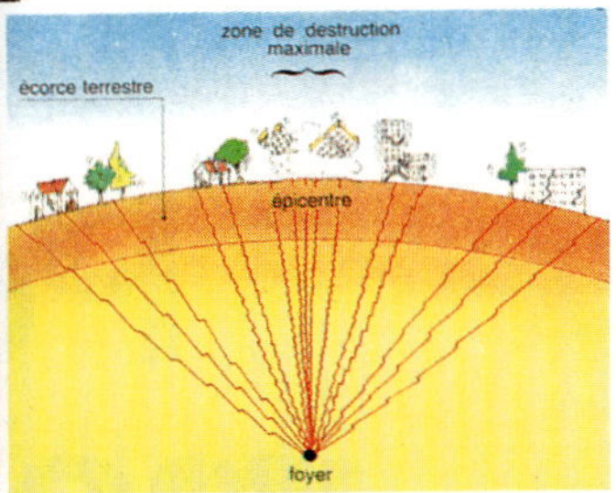

Intensité ou magnitude, quelle mesure pour les séismes ?

24 heures sur 24, plus de 1 000 *sismographes** détectent et enregistrent les *ondes sismiques* dans le monde entier. On utilise deux *échelles* différentes :

- **L'échelle «d'intensité» MSK.** Divisée en douze degrés d'intensité croissante, elle décrit bien l'étendue des dégâts causés. Le degré IX, par exemple, correspond à : «Panique générale ; animaux affolés ; chutes de monuments...»
- **L'échelle de Richter, dite «de magnitude»** mesure la quantité d'énergie libérée au foyer du séisme. Celui qui eut lieu en 1988 en Arménie et fit 75 000 morts, était de magnitude 7.

Attention ! Les séismes les plus destructeurs sont ceux dont le *foyer* est superficiel (profond de 0 à 50 km). Ainsi, en 1960, le foyer du séisme qui détruisit toute la ville d'Agadir, au Maroc, se trouvait à 3 km de profondeur seulement.

La dérive des continents

Voici comment les continents se sont déplacés, entraînés par le mouvement des plaques pendant des millions d'années :

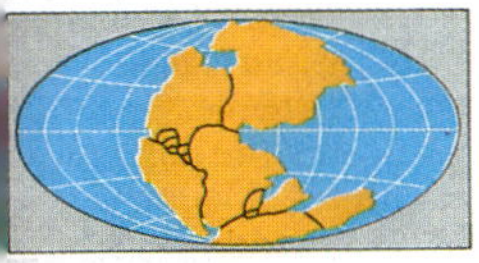

▲ **Il y a 180 millions d'années.**
Il n'existe alors qu'un seul continent. Alfred Wegener lui donne le nom de *Pangée* en 1915 et remarque que les côtes de l'Amérique du Sud peuvent s'emboîter dans celles de l'Afrique. Il émet l'hypothèse que l'Afrique et l'Amérique ont dû être soudées dans un même continent.

▲ **Depuis 165 millions d'années.**
Les morceaux du puzzle s'écartent ou se rencontrent. Les continents se distinguent. Les chaînes de montagnes et les océans apparaissent.

▲ **Aujourd'hui.** L'écartement se poursuit de part et d'autre de *rifts**. On a constaté que, chaque année, l'océan Pacifique s'agrandit de 4 ou 5 cm. La lente dérive des continents se poursuit.

• **Dans quelques millions d'années,** les terres émergées se réuniront-elles à nouveau en un seul continent ?

LEXIQUE

Lithosphère. Couche solide formant l'écorce terrestre et divisée en *croûte océanique* et en *croûte continentale*.

Séisme. Tremblement de terre.

Sismographe. Appareil servant à enregistrer l'heure, la durée et l'amplitude d'un séisme.

Rift. Fossé long de plusieurs centaines ou milliers de km, situé en général au milieu des océans actuels. Ils correspondent à des zones de fracture de l'écorce terrestre. Par ce fossé, remontent des laves venant du magma.

Érosion. Usure que les eaux, le vent, le gel... font subir à l'écorce terrestre.

Sédimentation. Dépôt, sur un fond, de substances en suspension dans l'eau.

Dans *Master Junior*, collectif dirigé par Bernard JENNER, Hachette Éducation.

Explique

1. Quel est le rôle des schémas dans ce type de document ?
2. Quelle est la différence entre le point le plus haut et le point le plus bas du globe ?
3. Qu'est-ce que la dérive des continents ? Comment l'expliques-tu ?
4. Qu'explique le schéma se rapportant aux séismes ?
5. Quelles sont les différentes échelles qui permettent de mesurer l'intensité des séismes ?
6. Pourquoi est-il dit que la Terre est sous haute surveillance ?

Géographie

Recherche des documents sur les volcans de notre pays (France métropolitaine et départements d'outre-mer).

Doc savoir

La leçon

Pourquoi la mer monte ?

..."Parce qu'elle est attirée par la Lune !"
Par Pierre Mazzega, physicien

Pierre Mazzega
C'est un spécialiste des mécanismes des marées qui a rencontré la 5ème F du collège Crox-Daurade de Toulouse. Pierre Mazzega est chargé de recherche au CNRS (Centre national de recherche scientifique) et au CNES (Centre national d'études spatiales).

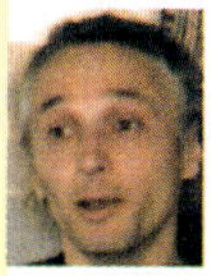

L'océan, vous connaissez. Vous vous y êtes peut-être baignés cet été. Et vous avez observé que, d'un moment de la journée à l'autre, le niveau de l'eau n'est pas le même. A marée basse, la plage est grande, on peut se balader, ramasser des coquillages. Tandis qu'à marée haute, il ne reste qu'une infime bande de sable.

Les marées, c'est d'abord une affaire de "gravitation".

Les marées sont un phénomène bizarre. Autrefois, on avait du mal à les expliquer. Il a fallu attendre un certain Isaac Newton, il y a trois siècles, pour avoir une réponse scientifique à cette question : pourquoi y-a-t-il des marées ? Newton a en effet découvert la théorie de la gravitation, que l'on appelle aussi "loi de l'attraction universelle". C'est cette loi physique qui me permet de comprendre pourquoi mon crayon tombe par terre si je le lâche. Ou qui explique que je puisse marcher sur le sol. Pourquoi ? Parce que mon crayon et mon corps sont attirés par la terre. On dit que ce sont des **"masses"**, qui subissent l'attraction d'une autre masse : la Terre. Cette attraction est très forte, car la masse de la Terre est elle-même très importante. Et si l'eau de mer reste dans les "bassins" océaniques au lieu de flotter et de s'éparpiller dans les airs, c'est exactement en raison du même phénomène. Vous comprenez donc pourquoi il y a des océans à la surface de la terre. Vous allez maintenant vite comprendre pourquoi, selon le même principe, des marées rythment la vie de ces océans.

la masse, et le poids
Quand tu achètes un kilo de viande, ce que pèse le boucher, c'est la "masse" de la viande : la quantité de matière qu'il faut pour faire un kilo. Mais quand tu portes ce paquet jusqu'à chez toi, c'est son poids que tu sens dans ton sac : l'effet de l'attraction de la terre sur la masse de viande !

La mer monte parce qu'elle est attirée par la Lune.

Lorsque la Lune passe au-dessus de nos têtes, tout se complique ! Car la Lune, elle aussi, constitue une masse importante. A ce titre, elle exerce également une attraction sur les océans, plus faible que celle de la Terre, mais bien réelle. Ce phénomène se traduit ainsi : au passage de la Lune, les océans sont attirés et leur niveau monte : c'est marée haute. Quand la Lune s'éloigne, les eaux "retombent" : c'est marée basse. Dans ces conditions, direz-vous, pourquoi y-a-t-il deux marées hautes par jour alors que la Lune ne se lève qu'une seule fois ? Pour comprendre, je vous propose de regarder un schéma *(page de droite)*. Que voit-on ? D'abord, sur la moitié de la Terre face à la Lune, un "bourrelet" s'est formé. L'eau est attirée : c'est marée haute. Mais dans le même temps, il y a

Okapi 1er septembre 1998
36

*** Vocabulaire**

physicien (n. m.) : scientifique qui étudie les propriétés générales de la matière, de l'espace et du temps et qui établit les lois qui rendent compte des phénomènes naturels.

gravitation (n. f.) : attirance, attraction qui s'exerce entre les corps.

satellite (n. m.) : engin lancé dans l'espace et qui tourne autour de la Terre.

▶ Pour en savoir plus, ouvre ton dictionnaire.

Repère

1. Dans quelle revue ce document figure-t-il ?
2. Quelles sont les questions et les réponses qui renvoient au titre général ?
3. Quel métier Pierre Mazzega exerce-t-il ? De quoi est-il le spécialiste ?
4. Quel titre le schéma porte-t-il ?
5. Quels mots sont surlignés ? Pourquoi ?
6. De quel savant célèbre est-il question ?

Le phénomène des marées

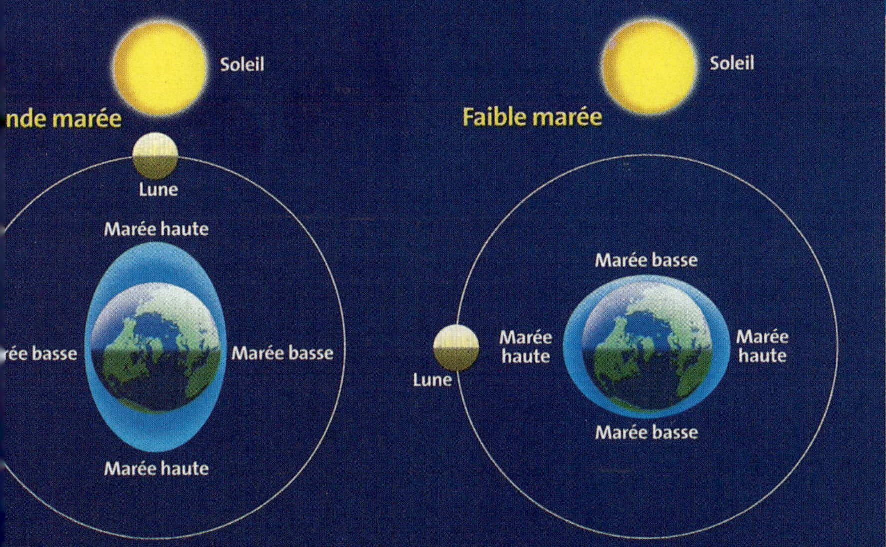

Deux fois par mois, à la pleine Lune et à la nouvelle Lune, le Soleil et la Lune sont alignés avec la Terre. Leurs attractions s'ajoutent : on a des marées de "vive-eau".

Au premier et au dernier quartiers de Lune, le Soleil et la Lune forment un angle droit avec la Terre. Leurs attractions se contrarient : on a des marées de "morte-eau".

n bourrelet, identique sur l'autre moitié de a Terre, la plus éloignée de la Lune. Cette fois, a montée de l'eau n'est pas due à la proximité e la Lune mais à la rotation de la Terre sur lle-même : la force de cette rotation repousse eau vers l'extérieur.

ertains jours, les marées hautes ont plus fortes que d'autres. 'est à cause du Soleil. Lui aussi exerce ne influence. Comme il est 27 milions de fois lus lourd que la Lune, il devrait donc attirer s océans bien plus qu'elle. Mais il est aussi 89 fois plus éloigné. De ce fait, il a beaucoup noins d'influence qu'elle. Compte enu de leurs poids et de leurs istances respectifs, on a calculé ue le Soleil influençait deux fois noins les marées que la Lune. ar exemple, si le niveau de l'océan nonte de 1 m 50, il sera monté e 1 mètre à cause de l'attraction unaire et de 50 cm à cause e l'attraction solaire. onc, selon sa position par rapport la Lune et à la Terre, le Soleil mplifie ou atténue les marées. 'ous comprenez mieux pourquoi elles-ci varient avec les saisons.

Prévoir les marées, c'est compliqué mais c'est important. Pour les baigneurs, mais surtout pour les marins pêcheurs. On mesure le niveau de la marée grâce à un **"marégraphe"**. C'est un câble d'acier au bout duquel on suspend un flotteur qui monte à marée haute et qui descend à marée basse. Il est relié à un appareil qui relève le niveau le long de la côte. Toutefois, pour avoir des mesures au milieu de l'océan, on utilise les **satellites équipés d'un radar**. Le radar émet un "bip" qui descend à la surface de l'océan. Il est ensuite réfléchi comme un écho vers le radar. Comme on sait à quelle vitesse se déplace le son, on peut calculer la distance jusqu'à l'océan. Et en reproduisant cette mesure sur une série de points, on trace une carte. Elle permet de repérer les zones où le niveau d'eau ne varie pas, et celles à fortes marées. Actuellement, on étudie aussi les "ondes maritimes" : si vous mettez de l'eau dans une bassine et que vous agitez, vous créez des ondes. Dans l'océan, c'est pareil : l'eau renvoyée par les côtes crée des mouvements. Lesquels ? Quand on aura la réponse, on en saura bien plus sur les marées.

La marée du siècle !

On peut mesurer l'amplitude de la marée grâce à un coefficient qui va de 20 (marée la moins forte) à 120 (la plus forte). Depuis le début du siècle, le coefficient exceptionnel de 119 a déjà été atteint 4 fois, en 1900, 1918, 1993 et 1997. Il correspond à une disposition des astres très favorable : la Lune est au plus près de la Terre et elle est parfaitement alignée avec le Soleil.

Mesurer la marée

On utilise le marégraphe depuis 3 siècles.

Depuis 10 ans, on a recours à la technologie du satellite.

Odile Amblard, dans *Okapi*, n° 633 du 29 août 1998, Bayard Presse Jeune.

Explique

1. Pourquoi la mer monte-t-elle ?
2. Qu'appelle-t-on « le phénomène des marées » ?
3. Qu'est-ce que « la loi de l'attraction universelle » ?
4. Quel effet la rotation de la Terre exerce-t-elle ?
5. Pourquoi l'intensité des marées varie-t-elle ?
6. Pourquoi est-ce important de prévoir les marées ?

Sciences

Procure-toi un calendrier des marées : repère la façon dont sont données les informations. Compare les durées, les amplitudes, etc.

Les quatre éléments

L'air c'est rafraîchissant
le feu c'est dévorant
la terre c'est tournant
l'eau — c'est tout différent.

L'air c'est toujours du vent
le feu c'est toujours bougeant
la terre c'est toujours vivant
l'eau — c'est tout différent.

L'air c'est toujours changeant
le feu c'est toujours mangeant
la terre c'est toujours germant
l'eau — c'est tout différent.

Et combien davantage encore ces drôles d'hommes
espèces de vivants
qui ne se croient jamais dans leur vrai élément.

Claude Roy, *Enfantasques*, Gallimard.

Le soleil du matin

Le soleil du matin doucement chauffe et dore
Les seigles et les blés tout humides encore,
Et l'azur a gardé sa fraîcheur de la nuit.
L'on sort sans autre but que de sortir ; on suit,
Le long de la rivière aux vagues herbes jaunes,
Un chemin de gazon que bordent de vieux aunes.
L'air est vif. Par moments un oiseau vole avec
Quelque fruit de la haie ou quelque paille au bec,
Et son reflet dans l'eau survit à son passage.

Paul Verlaine, *La Bonne Chanson*.

N'aie pas peur

Le tonnerre n'est que le rire de joie du géant.
Et dans ta vie si pleine, enfant, ne ris-tu pas
Souvent ? Et d'un rire si sonore ?
N'aie pas peur !

L'averse n'est que les larmes du géant
Jaillies de son trop plein d'émotion.
Lorsque tu te réveilles sous ma main caressante,
Ou que tu caresses toi-même, enfant,
Une pomme parfumée à toi offerte,
N'as-tu pas aussi les yeux remplis de larmes,
Non point larmes de douleur, mais de reconnaissance ?
N'aie pas peur !

I Men, dans « Poésie chinoise », revue *Vagabondage*, n° 48.

Des lingots d'or.

Histoires d'argent

Parfois, croire ce que l'on vous dit, c'est déjà être sage…

Histoire de la carambole d'or

Il était une fois deux frères orphelins qui héritèrent d'un riche domaine. L'aîné, rapace et sans scrupules, avait raflé avec son épouse tout l'héritage, ne laissant à son jeune frère et à sa femme qu'une paillote et un carambolier* loin des terres familiales. Le jeune frère pourtant ne se plaignait pas et se contentait de son maigre avoir, assurant la subsistance de son couple en travaillant dur comme ouvrier. Sa femme veillait sur le carambolier qui leur procurait un complément de revenu grâce à ses fruits miraculeusement succulents.

Un jour, alors que les fruits étaient mûrs et qu'elle s'apprêtait à en faire la cueillette, un corbeau géant vint se poser sur l'arbre et se mit à manger toutes les caramboles. La pauvre femme essaya en vain de le chasser. Découragée, elle se mit à pleurer au pied de l'arbre tout en s'adressant à l'oiseau :

– Monsieur le corbeau, quel malheur pour nous ! Vous saccagez notre maigre récolte. Avec quoi allons-nous vivre maintenant ?

Quelle ne fut pas sa surprise d'entendre le corbeau lui répondre :

– Je mange tes fruits, je te rembourserai avec de l'or. Prépare un sac de trois livres*.

Effrayée, elle courut à la hutte rapporter à son mari les propos de l'oiseau. Celui-ci, sans trop y croire, décida de fabriquer un sac en toile de trois livres, comme le demandait le corbeau.

Cependant, jour après jour, le corbeau continuait de gober les unes après les autres les caramboles tout en croassant :

– Je mange tes fruits, je te rembourserai avec de l'or. Prépare un sac de trois livres.

Le pauvre couple finit par croire qu'il était pris d'hallucinations. Lorsqu'il ne resta plus un fruit sur l'arbre, et que le couple fut résigné à l'idée de la famine, le corbeau géant atterrit devant leur porte, les invitant à monter sur son dos. Il les emmena dans les airs, par-dessus les montagnes et les lacs. Bientôt ils survolèrent une mer immense ; on ne voyait plus aucune terre à l'horizon. Enfin, ils arrivèrent en vue d'une île où le corbeau les déposa sur une plage. À leur grande surprise, les grains de sable étaient des pépites d'or, les galets étaient des pierres précieuses, le gravier des perles étincelantes. Le corbeau les invita à remplir leur sac. Avec beaucoup d'émotion mais aussi de retenue, ils ramassèrent ce qui se présentait sous leurs mains. Puis ils remontèrent sur le corbeau géant qui les ramena à leur hutte. Avec leur nouvelle fortune, le couple entreprit d'acheter une belle maison, des terres et du bétail. Ils faisaient travailler grand nombre de gens dans le besoin, et dispensaient* discrètement et à bon escient leurs bienfaits.

Le jour anniversaire de la mort de leurs parents, le jeune frère invita son aîné chez lui pour la cérémonie. Ce dernier, qui avait toujours méprisé son frère et ignorait sa nouvelle fortune, lui adressa un défi :

– Le jour où tu pourras dérouler un tapis jusque chez moi, je viendrai te rendre visite.

*** Vocabulaire**

carambolier (n. m.) : arbre à fruits rouge orangé des régions de l'Asie.

livre (n. f.) : ancienne unité de poids de valeur variable et dont le nom est encore donné au demi-kilogramme.

dispenser (v.) : donner, accorder.

insidieusement (adv.) : sournoisement, sans que l'on s'en aperçoive.

▶ Pour en savoir plus, ouvre ton dictionnaire.

Repère

1. De quel genre de texte s'agit-il ? Qu'est-ce qui te l'indique ?
2. De quel pays ce conte provient-il ?
3. Qui sont les différents personnages ?
4. Quelles sont les grandes parties de l'histoire ?
5. Quels sont les temps employés dans le récit et dans les dialogues ?

Il fut bien surpris de voir le tapis arriver devant sa porte peu de temps après. Poussé plus par la curiosité que par l'amour fraternel, il se précipita avec sa femme chez le cadet, et constata que celui-ci était devenu mille fois plus riche que lui.

Il lui demanda insidieusement* comment cette richesse lui était venue. Le cadet n'hésita pas à lui raconter l'histoire de la carambole et du corbeau géant. L'aîné pensa tout de suite que, s'il devenait le propriétaire du carambolier, il pourrait aller sur l'île au trésor avec le corbeau. Il proposa à son frère d'échanger toute sa fortune contre la hutte et le carambolier. Celui-ci accepta.

Bientôt l'aîné et sa femme s'installèrent à contrecœur dans la pauvre demeure. Mais, poussés par la perspective d'une fortune facile, ils serrèrent les dents et attendirent la saison des caramboles. Les fruits mûrirent, et, comme ils s'y attendaient, le corbeau se présenta pour manger la récolte. À leurs gémissements simulés, le corbeau répondit :

– Je mange les fruits, je rembourse avec de l'or. Préparez un sac de trois livres.

Tout heureux, ils préparèrent non pas un sac, mais trois. Pas de trois livres, mais de six chacun. Bientôt le corbeau les emmena dans les airs, par-dessus les montagnes et les lacs. Ils arrivèrent sur l'île. Là, ils remplirent avidement tous les sacs. Ils remplirent aussi leurs poches et même leur bouche, et tout ce qui pouvait contenir les diamants, les perles et l'or.

Mais, trop lourdement chargé, le corbeau n'arriva pas à s'envoler. Il les abandonna sur la plage, où ils finirent par mourir de faim au milieu d'un immense trésor.

NGUYỄN-XUÂN-HÙNG, *Contes du Viêt-nam*,
coll. « Castor Poche », Flammarion.

Petite biographie

NGUYỄN-XUÂN-HÙNG

Né au Viêt-nam en 1942. Passionné de voyages, il fait à seize ans un long périple à vélo à travers tout le pays. Ses études le conduisent ensuite en France où il commence une carrière dans l'informatique. Il a écrit les *Contes du Viêt-nam* pour présenter son pays aux jeunes gens qui n'y sont pas nés.

Explique

1. Qu'apprend-on dans la scène d'exposition ?
2. Quel rôle l'oiseau joue-t-il ? Est-il ami ou ennemi ?
3. Pourquoi le couple finit-il par se faire emmener par l'oiseau ?
4. Quel est le défaut de l'aîné des deux frères ?
5. Comment sera-t-il puni ?

Explore

1. Recherche, dans la première phrase du texte, l'adjectif qui nous indique que les deux frères ont grandi seuls.
2. Relève, en deux listes, les expressions qui désignent la pauvreté et la bonté du premier couple.

Géographie Situe le Viêt-nam sur une carte.

Sciences Certains fruits et légumes ne poussent qu'en Asie. Fais une recherche pour les retrouver.

Convertir les sous en francs : quel casse-tête !

Des sous et des francs

Les Ritals* trouvent très tordu très vicieux le système français pour compter l'argent. Ils n'arrivent jamais complètement à s'y faire, c'est pourquoi on les voit sortir leurs sous* un à un de leur porte-monnaie croûteux de ciment (jamais directement du fond de la poche : l'argent, ça se respecte) et les examiner attentivement sur les deux faces en fronçant les sourcils avant de les poser à regret sur le zinc* du bistrot. C'est à cause des sous et des francs.

Même aux gosses français il leur faut des années avant de s'en sortir. Tu comprends, il y a deux systèmes qui s'ignorent et qui s'entremêlent, faut savoir comment sauter de l'un à l'autre sans se mélanger les pieds, et surtout savoir quand on doit sauter de l'un à l'autre. Je t'explique.

Il y a les francs, qui vont de dix en dix, un franc fait cent centimes. Bon. Il y a les pièces de cinq francs, de dix francs et de vingt francs en nickel* simili-argent, qui sont d'ailleurs doublées par les vieux billets cradingues*. Ensuite, il y a les pièces de un franc et de deux francs en laiton* tout jaune si tu l'astiques bien tu dirais de l'or, il y a les pièces de cinq centimes, de dix et de vingt-cinq centimes, en nickel, avec un trou au milieu, c'est celles que je préfère, des fois on en voit qui servent de rondelles sur des gonds pour rehausser une porte, le type n'avait que ça sous la main comme rondelles, faut croire, alors nous, avec une barre de fer, on fait sauter la porte de ses gonds et on va s'acheter des bégots à la Parade, je vous dirai tout à l'heure ce que c'est que des bégots et ce que c'est que la Parade.

Après, il y a les pièces de un et de deux centimes en bronze rouge, de gros vieux machins lourds comme le diable au fond des poches, avec dessus, tout usée, la tête de Napoléon III, empereur des Français, un barbichu pète-sec qui portait un bouquet de thym et de laurier sur les oreilles. Mais ces pièces-là, on en voit de moins en moins.

Ça n'a pas l'air bien méchant, d'accord. Jusque-là. Mais attends, voilà les sous qui rappliquent. Les sous, ça n'existe pas. Interdit de compter en sous, d'afficher les prix en sous. Le mot « sou » n'est gravé sur aucune pièce de monnaie. Seulement, dans la vie, tout le monde n'emploie que les sous. Les sous vont de vingt en vingt, ils ont leurs façons à eux, et si tu sais pas compter en sous à toute vitesse dans ta tête, et traduire aussitôt les prix en francs que tu lis en sous qu'on te cause, tu te fous dedans [...].

Un franc, c'est vingt sous. Un sou, c'est cinq centimes. Ça fait qu'un franc cinquante c'est trente sous, que quatre sous c'est vingt centimes, etc. Avec de l'habitude, tu y arrives. Pareil pour les poids. La loi oblige les commerçants à annoncer les prix en kilos, fractions de kilo et multiples de kilo. Mais en fait on compte par livres, vieille unité parisienne qui, valant à peu près un demi-kilo, s'est confondue avec. Une livre égale cinq cents grammes. On gambade dans les sous-multiples de la livre : « Vous m'en mettrez une demi-livre, un quart, un demi-quart... (sous-entendu « de livre », et non « de kilo »). C'est pour ça que le beurre se vend par 250 g, 125 g... quantités bizarres si l'on se réfère au système métrique, laïque et républicain. On ne dit jamais un kilo et demi, on dit : trois livres.

*** Vocabulaire**

rital (n. m. et adj. populaires) : un Italien ; italien.

sou (n. m.) : pièce de nickel qui valait 1/20e de la livre. Pièce de 5 centimes, à partir de 1793.

zinc (n. m.) : métal ; ici, le comptoir d'un bistrot.

nickel (n. m.) : métal d'un blanc grisâtre, brillant.

cradingue (adj. populaire) : sale.

laiton (n. m.) : alliage de cuivre et de zinc.

▶ Pour en savoir plus, ouvre ton dictionnaire.

Repère

1. Comment s'appelle l'auteur de ce texte ?
2. Le narrateur est-il l'auteur ? Qu'est-ce qui te l'indique ?
3. Que désigne le mot *rital* ?
4. À quelle époque ce texte se situe-t-il ?
5. Quel est le temps employé dans le texte ? Pourquoi ?

J'aime bien tous ces petits détails agaçants qui font qu'on se sent chez soi. Mais imagine la paysanne ritale fraîche débarquée qui a lu sur l'ardoise que le kilogramme de patates vaut un franc trente et qui entend la maraîchère lui dire : « Ça fait pas tout à fait les trois livres, je vais jusqu'à quarante sous ? »

C'est drôle, les choses. Jusqu'à deux francs (quarante sous), on compte en sous : quinze sous, vingt-huit sous, trente-trois sous, etc. Mais, au-delà de quarante sous, on compte seulement en francs. Il ne viendrait à l'idée de personne de dire : « quarante-deux sous. » Pourquoi ? C'est comme ça. Ça se fait pas. Personne ne pourrait expliquer, personne même ne s'est jamais rendu compte qu'il faisait comme ça, en tout cas personne ne se trompe. Une exception : cent sous. On ne dit pas « cinq francs », on dit « cent sous ». Mais on ne dit pas « deux cents sous » ! Marrant, non ? Ça me fait le même effet que pour l'âge des bébés. Si je demande : « Quel âge il a ? Un an ? » On me rectifie : « Il a douze mois. » Moi, je veux bien. À partir de quel âge est-il convenable de compter en années ?

Nous, les mômes, on compte en ronds et en balles. Pas devant les vieux. Quand je m'oublie à ça, maman me fout une paire de baffes. Enfin, elle essaie. « Tu finiras à Biribi ! » Remarquez, les balles, c'est valable qu'à partir de dix balles. On dit pas « une balle » pour « un franc ». Ça ferait rigoler tout le monde. Ni « deux balles », ni « sept balles »… Pour cinq francs, on dit « une thune ». J'aime bien. C'est un mot formidable. Surtout à cause du H qu'il y a dedans. On dit « deux thunes », « une demi-thune »…

François CAVANNA, *Les Ritals*, Albin Michel.

Petite biographie

François CAVANNA

Né en 1923, il est journaliste, dessinateur humoristique et romancier.
Dans *Les Ritals*, roman autobiographique, il raconte son enfance dans la banlieue des bords de la Marne au sein de la communauté italienne.

Explique

1. Pourquoi les Ritals n'arrivent-ils pas à se faire au système français pour compter l'argent ?
2. Pourquoi la compréhension des différentes monnaies est-elle difficile ?
3. Pourquoi le beurre se vend-il par plaquette de 250 g ou de 125 g ?
4. Qu'est-ce qui donne un aspect humoristique au texte ?

Explore

1. Recherche dans le texte les unités de mesure de monnaie dont on parle.
2. Retrouve les noms des métaux utilisés pour décrire les pièces.
3. Relève les termes familiers utilisés dans le texte.

Histoire

Fais une recherche sur l'histoire de la monnaie.

Petite biographie

PLAUTE

254 - 184 av. J.-C.

Poète comique latin. On lui attribue de très nombreuses pièces. Ses personnages préparent déjà ceux que l'on rencontre dans la *commedia dell'arte* (théâtre italien mêlant masques, pantomimes, acrobaties…).

Le monologue de l'avare volé de Plaute

EUCLION. – Je suis fini, je suis mort, je suis assassiné. Où courir, où ne pas courir ? Arrêtez-le ! arrêtez-le ! Qui ? Et par qui ? Je ne sais, je ne vois rien, je suis aveugle ; où vais-je, où suis-je, qui suis-je, je ne suis plus certain de rien. Je vous en supplie, je vous le demande, je vous en conjure*, secourez-moi, et montrez-moi l'homme qui me l'a enlevée. Que dis-tu, toi ? je veux te croire ; je vois à ton visage que tu es un honnête homme. Qu'y a-t-il ? Pourquoi riez-vous ? Je vous connais tous ; je sais qu'il y a ici beaucoup de voleurs qui, sous un vêtement blanchi, se dissimulent et sont assis à leur place, comme s'ils étaient de braves gens. Eh bien, personne, parmi les gens d'ici, ne l'a prise ? Tu m'as assassiné. Dis-moi, donc, qui est-ce qui l'a ? Tu ne le sais pas ? Ah, malheureux que je suis, tout est fini ! Je suis vraiment fini, et bien mal en point, tant ce jour m'a apporté de gémissements, de malheurs et de tristesse ! Et la faim, et la misère ! Je suis de tous les vivants, le plus abandonné. À quoi me sert de vivre ? J'ai perdu tout l'or que je gardais si soigneusement !

PLAUTE, *Comédie de la marmite*, dans *Œuvres complètes*, traduction de Pierre GRIMAL, « Bibliothèque de la Pléiade », Gallimard.

*** Vocabulaire**

conjurer (v.) : supplier quelqu'un.

harpagon (n. m.) : le nom de *Harpagon* est passé dans le langage courant, il désigne un homme très avare. Le mot *harpagon* vient d'un mot grec qui signifie rapacité.

coquin (n. m.) : individu malhonnête, sans scrupules, bandit.

support (n. m.) : un soutien.

▶ Pour en savoir plus, ouvre ton dictionnaire.

Repère

1. Qui sont les deux auteurs de ces monologues ?
2. Comment le personnage de chaque monologue se nomme-t-il ?
3. À qui l'avare s'adresse-t-il dans les deux textes ?

Réfléchis

1. Quel est le monologue le plus ancien ? Comment le sais-tu ?

Le monologue de l'avare volé de Molière

HARPAGON*, *criant au voleur dès le jardin.* – Au voleur ! au voleur ! à l'assassin ! au meurtrier ! Justice, juste ciel ! je suis perdu, je suis assassiné, on m'a coupé la gorge, on m'a dérobé mon argent. Qui peut-ce être ? Qu'est-il devenu ? Où est-il ? Où se cache-t-il ? Que ferai-je pour le trouver ? Où courir ? Où ne pas courir ? N'est-il point là ? N'est-il point ici ? Qui est-ce ? Arrête. Rends-moi mon argent, coquin*… *(Il se prend lui-même le bras.)* Ah ! c'est moi. Mon esprit est troublé, et j'ignore où je suis, qui je suis, et ce que je fais. Hélas ! mon pauvre argent, mon pauvre argent, mon cher ami ! on m'a privé de toi ; et puisque tu m'es enlevé, j'ai perdu mon support*, ma consolation, ma joie ; tout est fini pour moi, et je n'ai plus que faire au monde : sans toi, il m'est impossible de vivre. C'en est fait, je n'en puis plus ; je me meurs, je suis mort, je suis enterré. N'y a-t-il personne qui veuille me ressusciter, en me rendant mon cher argent, ou en m'apprenant qui l'a pris ? Euh ?

MOLIÈRE, *L'Avare*,
coll. « Classiques Hachette », Hachette Éducation.

Petite biographie

Jean-Baptiste POQUELIN dit MOLIÈRE

1622 - 1673

Auteur français de pièces de théâtre inspirées de la farce italienne, mais aussi comédien, directeur de troupe et metteur en scène. Grand observateur des gens et des mœurs du XVIIe siècle, il les décrit avec génie et moquerie. Molière connut son premier triomphe de son vivant avec *Les Précieuses ridicules*. Il est l'auteur de plus de trente pièces, parmi lesquelles *L'École des femmes, Tartuffe, Dom Juan, Le Misanthrope, L'Avare, Le Bourgeois gentilhomme, Les Fourberies de Scapin, Le Malade imaginaire*…

2. Quels sont les emprunts au texte de Plaute effectués par Molière ?
3. Quelles différences y a-t-il entre les deux monologues ?

Lecture expressive

Ces deux monologues sont construits avec des phrases courtes, souvent interrogatives et exclamatives. Lisez les phrases rapidement et trouvez le ton adapté.

Mise en scène

Jouez la scène en lui donnant du rythme. N'oubliez pas de traduire le ton, les mimiques et les déplacements, l'affolement, la folie et le désespoir des personnages.
- Euclion s'adresse à un esclave puis au public (un acteur silencieux jouera le rôle du serviteur).
- Repérez les changements d'attitude d'Harpagon et prenez le public à témoin à partir de « N'y a-t-il personne… ».

L'euro

Un billet en euros

L'euro remplace les monnaies des onze pays de l'Union européenne (la zone de l'euro est appelée aussi l'Euroland). Il se présente sous la forme de huit pièces et de sept billets de couleurs différentes.

Le format, la couleur, le graphisme et les signes de reconnaissance de cette nouvelle monnaie ont fait l'objet de très longues négociations. En décembre 1996, lors du sommet de Dublin, les représentants des pays de l'Union européenne ont décidé de son aspect. Les spécimens d'euros reproduits ci-dessous correspondent à ce projet. Ils ne se présentent pas tout à fait sous leur aspect définitif, les instances européennes ne voulant pas divulguer trop rapidement les futurs billets et pièces pour ne pas encourager les faux-monnayeurs.

Repères de lecture

1 Le drapeau européen : il est bleu, orné de douze étoiles d'or. Le nombre douze est symbolique : c'est le symbole de la perfection et de la plénitude. Les douze étoiles occupent aussi la partie centrale du billet. Pour le moment, seuls onze pays sont concernés par le passage à l'euro. Le Royaume-Uni, la Grèce, le Danemark et la Suède conservent, pour l'instant, leur monnaie.

2 La valeur du billet : il existe sept billets en euros d'une valeur de 5, 10, 20, 50, 100, 200 ou 500 euros (soit plus de 3 000 francs).

3 Des initiales : ce sont les sigles de la Banque centrale européenne (B.C.E.) dans toutes les langues des pays de l'Union européenne.

4 Une signature : la signature du président de la Banque centrale européenne.

5 Un bâtiment : chaque billet évoque un style architectural (architecture romane pour le billet de 10 euros, gothique pour le billet de 20, de la Renaissance pour le billet de 50, etc.).

6 Le nom de la monnaie : le nom de l'euro est écrit dans les deux alphabets (latin et grec) en vigueur dans les pays de l'Union européenne.

7 Le filigrane : chaque billet comporte un dessin intégré dans le corps du papier-monnaie. On le voit par transparence. Difficile à reproduire, il sert à décourager les fabricants de faux billets.

8 Une carte : la carte de l'Europe prise par satellite.

9 Le numéro d'identification : chaque billet émis porte un numéro différent et devient donc unique. Il est alors possible de suivre son parcours dans toute l'Europe.

10 Un pont : chaque billet comporte des dessins de fenêtres, de portes ou de ponts pour symboliser l'ouverture de l'Europe sur le monde et les liens qui existent entre les différents États.

Repère

1. Quelle est la valeur du billet représenté ? Quelle est sa couleur dominante ?
2. Quels éléments sont présents sur les deux faces de ce billet ?
3. Quelles sont les données chiffrées écrites sur ce billet ?
4. Quelle sorte de carte voit-on au verso ?

Explique

1. Pourquoi les étoiles sont-elles au nombre de douze ?
2. Que signifient les différentes initiales ?
3. Pourquoi le mot *euro* est-il écrit de deux manières différentes ?
4. Pourquoi a-t-on choisi de représenter un pont ?
5. Qu'est-ce qu'un filigrane ?

1 • L'EURO, C'EST QUOI ?

L'euro est la nouvelle monnaie des onze États qui appartiennent à l'Union économique et monétaire. À terme, les 372 millions d'habitants de l'Europe communautaire utiliseront la même monnaie : ils n'auront plus besoin de changer d'argent lorsqu'ils passeront la frontière.

Pourquoi une monnaie unique ?

L'Europe communautaire est née en 1957. Depuis, elle n'a cessé de se renforcer. En matière économique, beaucoup a déjà été réalisé. Dès les années 70, l'Europe a cherché à se doter d'une seule et même devise. Ce défi a été relevé, en 1992, par le **traité de Maastricht,** qui prévoyait le passage à une monnaie unique.

La création de l'euro répond à plusieurs besoins. Pour l'essentiel, il s'agit d'achever l'intégration (c'est-à-dire l'unification) économique de l'Europe communautaire et le **marché unique.** Les voyageurs, les commerçants, les banques et les entreprises utiliseront tous les mêmes pièces et les mêmes billets, de Lisbonne à Berlin, et de Helsinki à Rome. Il n'y aura plus de frais de change à payer à chaque frontière. Cela devrait contribuer au développement du commerce, de l'activité économique ainsi que de la concurrence. Bref, cela stimulera l'économie européenne. La mise en place de l'euro marque une étape décisive dans la construction de l'**Union économique et monétaire (UEM).**

Dollar, yen et euro

La création de l'euro doit accroître le poids de l'Europe, qui est la première puissance commerciale du monde. L'**Union européenne** est parfois qualifiée à la fois de « géant politique et de nain monétaire ».

En effet, près de la moitié des exportations mondiales sont libellées en dollars, ce qui dépasse de beaucoup le poids des États-Unis dans le commerce mondial.

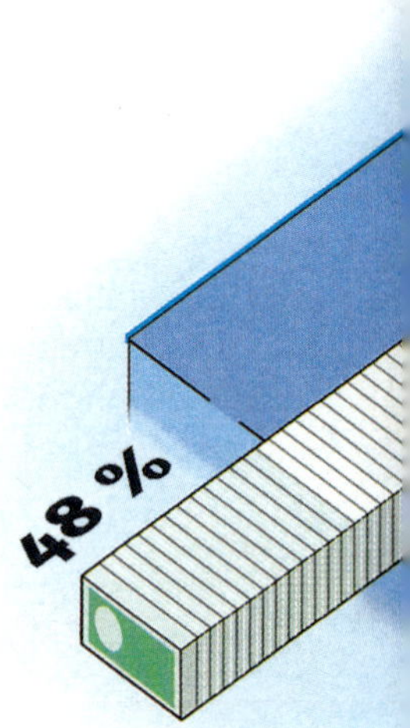

Des négociations serrées

La mise en œuvre de l'euro n'a pas été sans tensions ; elle a fait l'objet de négociations serrées. Mais elle a bénéficié de toutes parts d'une importante volonté politique et d'un retour de la croissance. Les États européens ont dû renoncer à l'une de leurs plus anciennes prérogatives : émettre la monnaie.

Pour rendre l'Union européenne durablement viable, il faut éviter toute prédominance d'un État. C'est ainsi que l'Union européenne pourra continuer sa marche en avant avec la poursuite de sa construction politique, l'élargissement vers les pays de l'Est et, peut-être, un gouvernement économique.

*** Vocabulaire**

devise (n. f.) : monnaie considérée par rapport à son taux de change avec les monnaies d'autres pays.

exportation (n. f.) : action de transporter, de vendre à l'étranger les marchandises.

prérogative (n. f.) : avantage particulier.

marché des changes : marché monétaire sur lequel se rencontrent offres et demandes (activité de la Bourse).

▶ Pour en savoir plus, ouvre ton dictionnaire.

Repère

1. Dans quelle sorte de livre ce document figure-t-il ?
2. Quelles sont les grandes parties de ce document ?
3. Quelles informations le texte introductif donne-t-il ?
4. Sous quelle forme grammaticale les différents titres sont-ils écrits ?
5. Que montre le schéma ? Comment est-il conçu ?

L'euro va-t-il concurrencer le dollar ?

L'euro doit renforcer la stabilité économique et politique de l'Europe et constituer, à l'extérieur de celle-ci, une monnaie de référence. Depuis le 1er janvier 1999, l'euro est coté sur le marché des changes. L'évolution des cours entre l'euro et le dollar permettra de mesurer l'attractivité et la force de l'euro. Jusqu'à présent, près de la moitié des échanges internationaux sont libellés en dollars.

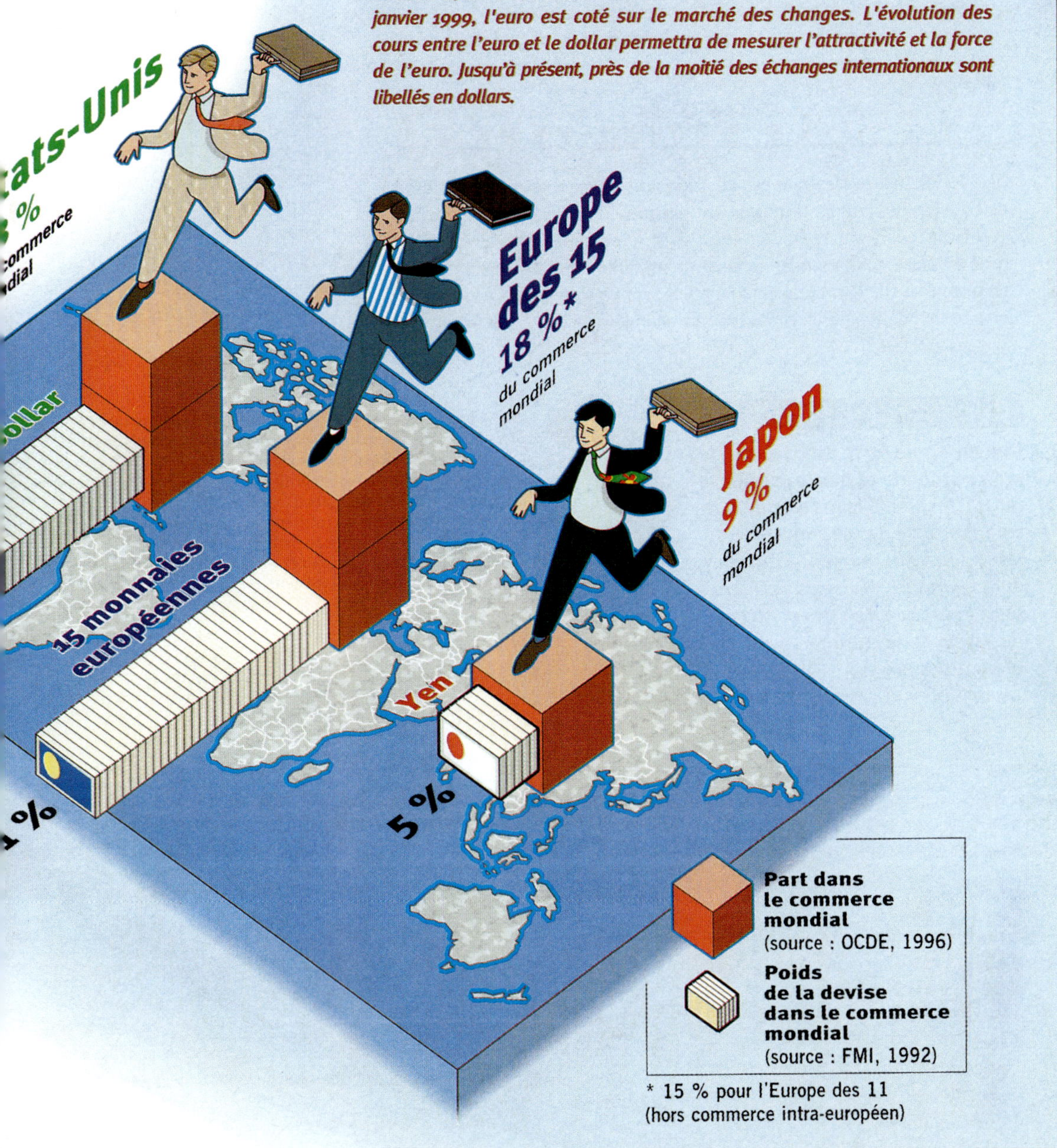

Dans *Zoom sur l'euro*, Hachette Jeunesse / Société générale.

Explique

1. Quel est le but de la création de la monnaie unique ?
2. Quel avantage cette monnaie représente-t-elle pour les habitants des pays de l'Union ?
3. Quel est le nom de la monnaie utilisée au Japon ?
4. En quelle monnaie la moitié des échanges internationaux se fait-elle ?
5. Pourquoi l'Union européenne est-elle qualifiée de « géant politique » et de « nain monétaire » ?

Histoire

Fais des recherches sur la monnaie utilisée de 1950 à nos jours.

Qu'est-ce que les nouveaux francs ?

Assez rapidement, les États africains ainsi que les États d'Europe centrale devraient se tourner vers cette nouvelle monnaie européenne. En revanche, pour les pays d'Asie, l'utilisation de l'euro dans les échanges sera plus progressive. Au total, l'Europe devrait sortir considérablement renforcée de la compétition qui, dans le cadre de la mondialisation, l'oppose pour l'essentiel aux États-Unis et au Japon. L'euro est appelé à devenir une grande monnaie internationale.

L'euro devrait donc concurrencer le yen (Japon) et, surtout, le dollar pour ce qui est de la monnaie retenue lors de la signature des contrats ; il doit aussi devenir une monnaie de réserve et une monnaie de placement *(voir infographies ci-dessous)*.

La nouvelle devise européenne se caractérise essentiellement par sa stabilité : l'**inflation** et les **taux d'intérêt** *(voir Le Dico de l'Euro, p. 9 et 13)* devraient demeurer peu élevés. L'euro doit devenir une monnaie attractive pour les investisseurs.

À partir de 1999, l'euro devient la deuxième monnaie d'échange commercial. Il doit contribuer à rééquilibrer le système monétaire international, jusqu'à présent instable.

Le saviez-vous ?

Dès 1999, les professionnels du tourisme devront être à même d'accueillir des clients disposant de chèques de voyage libellés en euros ou souhaitant régler en euros avec leurs cartes bancaires. La mise en place de la monnaie unique ne modifiera guère leur travail ; en revanche, elle leur apportera une plus grande stabilité. Ils n'auront plus besoin de jongler avec les taux de change.

Une monnaie forte

Une monnaie forte est caractérisée par sa stabilité et par la confiance qu'elle inspire. Elle est très demandée sur le marché des changes par les investisseurs internationaux, et devient une devise de référence pour la facturation des contrats, les réserves de change et les placements.

1 Les banques centrales et les institutions financières du monde entier placent de grandes quantités de monnaie dans tel ou tel pays, quand elles sont confiantes dans la solidité économique de cet État, et dans la valeur de sa monnaie. Ces devises constituent des réserves de change (monnaie de réserve).
Un pays doté d'une devise forte et stable attire les investisseurs internationaux et privés. Ceux-ci n'hésitent pas à placer leurs capitaux dans tel ou tel secteur économique : la devise de cet État devient une monnaie de placement.

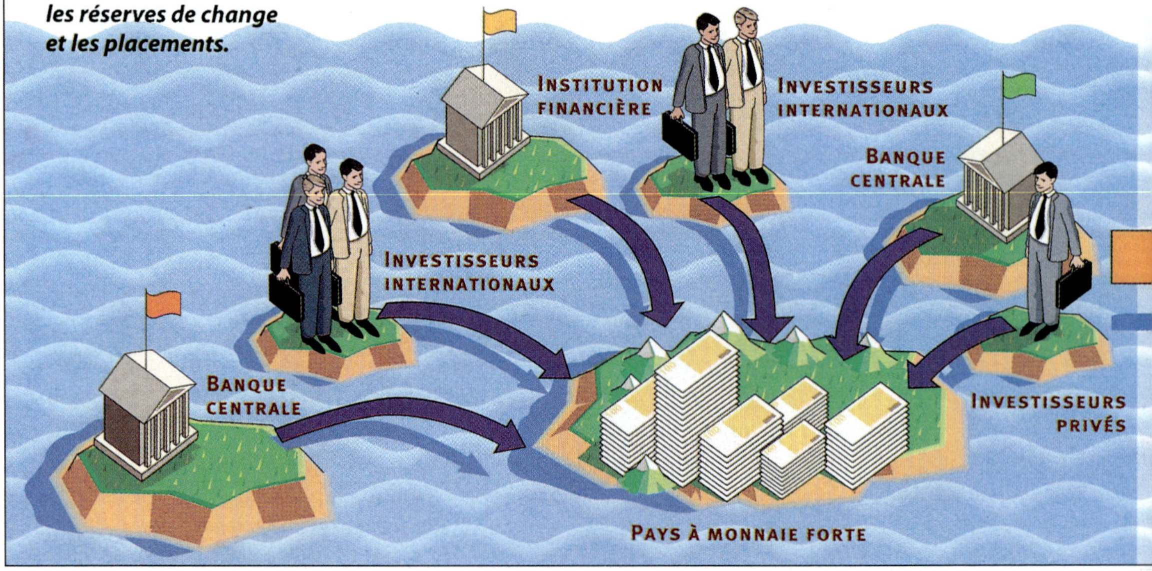

*** Vocabulaire**

mondialisation (n. f.) : fait de concerner le monde entier.

taux d'intérêt : pourcentage d'une somme prêtée qui revient à celui qui a prêté cette somme.

▶ Pour en savoir plus, ouvre ton dictionnaire.

Repère

1. À quoi comprend-on que cette double page est la suite de la précédente ?
2. Sous quelle rubrique les termes difficiles sont-ils expliqués ?
3. À quoi la numérotation sert-elle ?
4. Quel sujet aborde la rubrique « Le saviez-vous » ?
5. Quel rôle les dessins jouent-ils ?

Le Dico de l'Euro

Traité de Maastricht : signé en février 1992, aux Pays-Bas, le traité relance les processus de l'Union politique et de l'Union économique et monétaire (UEM). Les Français l'ont approuvé, de justesse, par référendum, en septembre de la même année. Il est entré en vigueur le 1er janvier 1993.

Marché unique : il a été pour sa plus grande part créé en 1993. Depuis, les personnes et les capitaux, les biens et les services circulent librement à l'intérieur de l'Europe communautaire.

Union économique et monétaire (UEM) : ce processus, institué par le traité de Maastricht, vise à instaurer une monnaie unique en Europe à partir du 1er janvier 1999.

Union européenne : créée en 1992 dans le cadre du traité de Maastrcht, l'Union européenne réunit 15 pays. L'Union économique et monétaire en est une des composantes.

Inflation : hausse générale des prix qui peut dérégler l'économie. En France, l'inflation s'était accélérée dans les années 70 et a été fortement réduite dans les années 90.

Investisseurs internationaux : ce sont des organismes, notamment les banques et les sociétés d'assurances, qui cherchent, pour sécuriser leurs capitaux et les faire fructifier sur le long terme, les meilleurs placements.

2 Dans un pays à monnaie forte, la Banque centrale nationale peut baisser les taux d'intérêt pour relancer l'économie : les particuliers empruntent de l'argent pour réaliser des projets immobiliers ou acheter des biens de consommation (voiture, équipement électroménager...). Les entreprises empruntent également pour développer leur activité ou améliorer leur productivité. Cet accès facilité au crédit (intérêts, ou « loyer de l'argent », bas) favorise la consommation des biens, la production et le dynamisme de l'économie.

Zoom sur l'euro, Hachette Jeunesse / Société générale.

6. Comment s'appelle la technique utilisée pour réaliser ces dessins ?

Explique

1. À quoi les flèches servent-elles ?
2. Pourquoi a-t-on représenté des avions ?
3. Qu'est-ce que le traité de Maastricht ?
4. Quelles qualités une monnaie forte doit-elle posséder ?

Arts plastiques

Dessine un billet d'une monnaie imaginaire dont tu inventeras aussi le nom.

Mathématiques

Entraîne-toi à convertir des francs en euros et des euros en francs.

Le laboureur et ses enfants

Travaillez, prenez de la peine :
C'est le fonds qui manque le moins.

Un riche laboureur, sentant sa mort prochaine,
Fit venir ses enfants, leur parla sans témoins.
« Gardez-vous, leur dit-il, de vendre l'héritage
Que nous ont laissé nos parents :
Un trésor est caché dedans.
Je ne sais pas l'endroit ; mais un peu de courage
Vous le fera trouver : vous en viendrez à bout.
Remuez votre champ dès qu'on aura fait l'oût
Creusez, fouillez, bêchez ; ne laissez nulle place
Où la main ne passe et repasse. »
Le père mort, les fils vous retournent le champ,
Deçà, delà, partout : si bien qu'au bout de l'an
Il en rapporta davantage.
D'argent, point de caché. Mais le père fut sage
De leur montrer, avant sa mort,
Que le travail est un trésor.

Jean DE LA FONTAINE, *Fables*.

Les mendiants

Les jours d'hiver quand le froid serre
Le bourg, le clos, le bois, la fange,
Poteaux **de haine et de misère**,
Par l'infini de la campagne,
Les mendiants ont l'air de **fous**.

Dans le matin, **lourds** de leur nuit,
Ils s'enfoncent au creux des routes,
Avec leur pain trempé de pluie
Et leur chapeau comme la suie
Et leurs grands dos comme des voûtes
Et leurs pas lents rythmant l'ennui ;
Midi les arrête dans les fossés
Pour leur repas ou leur sieste ;
On les dirait **immensément lassés**
Et **résignés** aux mêmes gestes ;
Pourtant, au seuil des fermes solitaires,
Ils surgissent, parfois, tels des filous,
Le soir, dans la **brusque lumière**
D'une **porte ouverte** tout à coup.

Émile VERHAEREN, *Les Campagnes hallucinées*.

Les deux voyageurs

Le compère Thomas et son ami Lubin
Allaient à pied tous deux à la ville prochaine.
Thomas trouve sur son chemin
Une bourse de louis pleine.
Il l'emporte aussitôt, Lubin d'un air content
Lui dit : Pour nous la bonne aubaine !
Non, répond Thomas froidement,
Pour nous n'est pas bien dit, pour moi c'est différent.
Lubin ne souffle plus : mais en quittant la plaine,
Ils trouvent des voleurs cachés au bois voisin.
Thomas tremblant et non sans cause,
Dit : Nous sommes perdus !
Non, lui répond Lubin, Nous n'est pas le vrai mot, mais toi c'est autre chose.
Cela dit, il s'échappe, Thomas est bientôt pris :

Qui ne songe qu'à soi quand sa fortune est bonne,
Dans le malheur n'a point d'amis.

Jean-Pierre CLARIS DE FLORIAN, *Fables*.

Éoliennes en Californie.

L'énergie

Les énergies dans la nature

Le Soleil, à l'origine de toutes les énergies

Les peuples primitifs, qui adoraient le Soleil, ne se trompaient pas. Sans lui, la vie n'existerait pas sur la Terre, et la Terre, elle-même, n'existerait pas en tant que planète.
Aujourd'hui, nous savons que le Soleil est en fait un gigantesque réacteur thermonucléaire, une « bombe H ininterrompue », qui explose depuis des milliards d'années. À cet instant même, à chaque seconde, il perd une grande quantité de matière qui se transforme en une quantité énorme d'énergie. C'est cette énergie qui rayonne dans l'univers et que notre planète reçoit chaque jour sous forme de lumière et de chaleur. Pour avoir une vue cohérente* des sources d'énergie qui existent dans le monde, il faut donc partir du rayonnement solaire.
Ce dernier arrive sur la Terre sous forme d'un flux continu mais qui, en un point donné, varie en fonction de la rotation de la Terre, nuit et jour, hiver et été, équateur et pôle...

Le Soleil, moteur du cycle de l'eau

Une partie de cette énergie fait évaporer l'eau qui se condense* en nuages. L'air chauffé monte tandis que l'air froid descend. De ces mouvements atmosphériques résulte le vent, qui en particulier produit les vagues de la mer. Le vent pousse les nuages qui retombent en pluie. La pluie est collectée par les versants des montagnes et donne naissance aux cours d'eau : ruisseaux, puis rivières, puis fleuves qui se jettent enfin dans l'océan. Et le cycle recommence indéfiniment. Les forces de gravitation* du Soleil et de la Lune provoquent les marées. Sous l'effet de la pesanteur, l'eau des rivières coule, se concentre, et produit l'énergie hydraulique.

Le Soleil fait pousser les plantes

Les plantes captent les rayons du Soleil : grâce à la chlorophylle de leurs feuilles, elles l'utilisent pour respirer et croître. Cette gigantesque « usine végétale » produit ainsi une abondante quantité de matière vivante que l'on appelle aujourd'hui biomasse. Cette dernière permet la vie des animaux et de l'homme.

La famille des combustibles fossiles

Pour terminer cet inventaire, il faut maintenant creuser des trous et regarder à l'intérieur de la Terre où ce travail de captation* et de concentration, accompli sans l'intervention de l'homme, se poursuit depuis des millions d'années.

Lentement compressées et concentrées, les matières végétales donnent naissance à la tourbe qui forme des gisements peu profonds. Si l'on descend encore, on trouve le charbon, qui résulte de l'enfouissement de forêts de l'ère primaire. On trouve aussi des gisements de pétrole et de gaz naturel qui proviennent de minuscules animaux ou végétaux marins (plancton) enfouis à la suite des bouleversements de terrain qui se sont produits aux ères secondaire et tertiaire.

*** Vocabulaire**

cohérent (adj.) : logique, ordonné.

se condenser (v.) : passer de l'état de vapeur à l'état de solide ou de liquide.

gravitation (n. f.) : phénomène par lequel deux corps s'attirent en fonction de leur masse et de leur distance.

captation (n. f.) : action de recueillir une énergie.

radioactivité (n. f.) : propriété de certains atomes de se transformer en émettant des rayonnements.

▶ Pour en savoir plus, ouvre ton dictionnaire.

Repère

1. Quel est le genre de ce texte ? À quoi le voit-on ?
2. Quel est l'organisme qui a produit ce document ?
3. Quels sont les sous-titres ?
4. À quoi le Soleil est-il comparé ?
5. Quels métaux sont naturellement radioactifs ?

Explique

1. Pourquoi dit-on que le Soleil est à l'origine de toutes les énergies ?

La radioactivité*, seule énergie vraiment terrestre

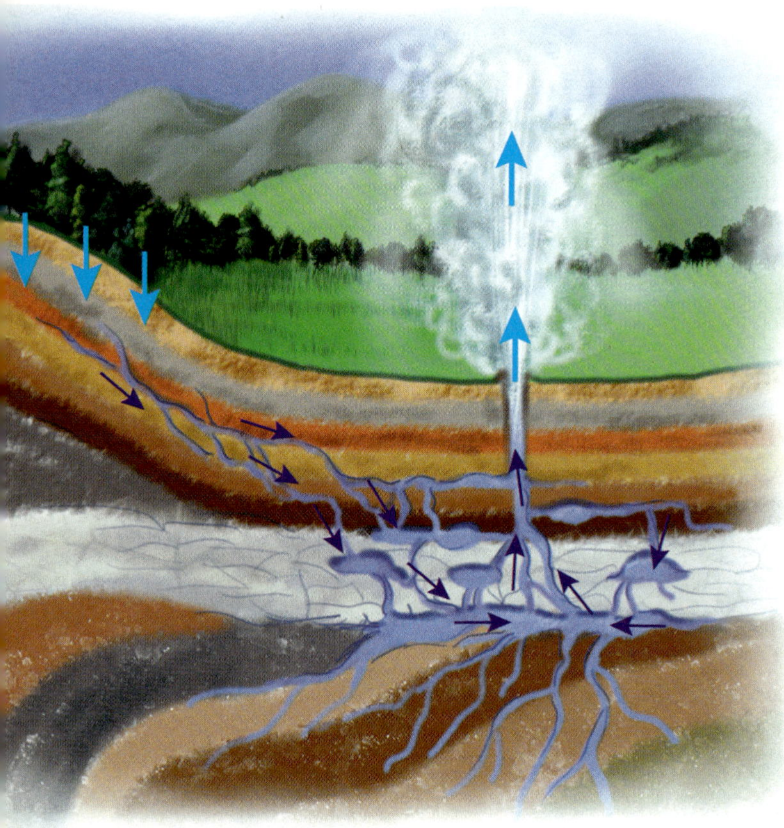

Nous trouvons aussi des nappes d'eau chaude. Elles proviennent de la pluie qui, infiltrée à travers le terrain, forme des poches. Cette eau se réchauffe, en descendant le long de couches de terrain. En effet, le centre de notre planète est occupé par un noyau de matières extrêmement chaudes (chaleur qui provient d'un phénomène radioactif encore mal connu). À la faveur des couches géologiques, cette eau remonte vers la surface et peut même parfois déboucher à l'air libre sous forme de jets de vapeur ou de sources chaudes. C'est ce qu'on appelle la géothermie. Enfin, nous trouvons des métaux très lourds comme l'uranium et le thorium qui sont naturellement radioactifs, c'est-à-dire qui produisent de la chaleur en se désintégrant. Géothermie et énergie nucléaire sont les seules énergies proprement terrestres, c'est-à-dire qui remontent à la formation de la Terre à partir du Soleil au début des temps.

Jacques Lacoste, Louis Timbal-Duclaux, Jean-Michel Bourdier,
dans *L'Énergie, c'est quoi ?*, division Information
et Communication de la direction
de l'équipement de l'Électricité de France, 1990.

2. Comment le cycle de l'eau se déroule-t-il ?
3. Qu'appelle-t-on énergie hydraulique ? Aide-toi de ton dictionnaire.
4. Qu'est-ce que le plancton ? À l'origine de quelle énergie est-il ?
5. Comment le charbon s'est-il formé ?
6. Quels sont les types d'énergies décrits ici ?
7. Commente le schéma de la page 122. Aide-toi du texte pour l'expliquer.

Explore

1. Relève toutes les sources d'énergie citées dans le texte.
2. Que désignent les mots *géothermie, radioactivité, énergie de flux* ?

Sciences et technologie

Prépare un dossier sur les énergies naturelles. Comment sont-elles utilisées par l'homme ?

Edison réussira-t-il à remplacer lampes à huile et bougies ?

Et la lumière fut !

À cette époque, les gens des petites villes et des campagnes s'éclairaient avec des lampes à huile et des bougies. Dans les grandes villes, l'éclairage au gaz était généralement utilisé : les rues étaient éclairées au gaz comme l'étaient les grands magasins, les grosses maisons de commerce et les théâtres. Quelques particuliers* utilisaient aussi l'éclairage au gaz, mais c'était très coûteux et, comme la distribution générale du gaz n'existait pas, ils devaient avoir leur propre système de production.

Edison fut très intéressé par le laboratoire de Wallace, mais il fut vite persuadé que ce chercheur faisait fausse route et rentra à Menlo Park, bien décidé à trouver une lumière électrique douce, comme la lumière au gaz, mais plus forte.

Aucune autre invention ne demanda autant de travail à Edison, ni ne lui causa tant de tracas. Il s'était donné deux ans pour réussir, et prétendit plus tard avoir travaillé sur 3 000 théories différentes... sans jamais se décourager. En même temps, il cherchait un système de distribution de l'énergie électrique qui soit suffisamment simple et économique pour que tout le monde puisse bénéficier de sa future lampe. On commençait à le traiter de vantard* ou de fou, mais Tom avait autre chose à faire que lire les journaux.

Edison voulait trouver un filament* qui chaufferait assez pour donner de la lumière sans fondre ni se consumer. Il utilisa d'abord des rubans de papier carbone, mais ils se détruisaient trop facilement. Alors il fabriqua des fils de métaux rares : baryum, rhodium, ruthénium, titane, zirconium et platine. Le platine paraissait être le meilleur. Tom tournait une double spirale de fil fin et la mettait dans un tube de verre, mais il lui

fallait accompagner chaque ampoule d'un régulateur*. Quand la chaleur à l'intérieur du tube devenait trop forte, le régulateur coupait le courant, le tube se refroidissait et donc se contractait, ce qui reconnectait le courant électrique, de nouveau le filament chauffait et brillait. Mais ces variations d'éclats lumineux n'étaient pas très agréables.

Puis, comme c'est l'oxygène de l'air qui fait brûler les substances, Edison décida de faire le vide à l'intérieur des tubes. Il demanda à Francis Jehl, un de ses aides, de lui trouver une pompe à vide et à son souffleur de verre, Ludwig Boehm, de lui fabriquer une ampoule totalement fermée, comme une poire. Quand tout fut prêt, Edison mit une spirale de platine dans la « poire », Jehl pompa l'air, puis Boehm scella l'ampoule. Edison ferma le circuit électrique, le courant électrique qui avant produisait 5 bougies de puissance (c'est-à-dire une lumière égale à 5 bougies anciennes) produisit une puissance de 25 bougies, sans que le platine fonde ! Edison touchait au but. Il fallait maintenant améliorer le vide et trouver un matériau plus économique et moins cassant que le platine.

Semaine après semaine, pendant plus d'un an, Edison fabriqua patiemment des filaments de toutes matières, de toutes formes, de toutes épaisseurs, les mit dans ses ampoules et fit passer le courant. Les yeux d'Edison commencèrent à souffrir de cette

*** Vocabulaire**

particulier (n. m.) : personne privée, simple citoyen.

vantard (n. m.) : quelqu'un qui s'attribue des qualités qu'il n'a pas.

filament (n. m.) : fil conducteur très fin d'une ampoule électrique, rendu incandescent par le passage du courant (c'est-à-dire rendu lumineux par une forte chaleur).

régulateur (n. m.) : système de commande destiné à maintenir la constance, à empêcher les variations.

▶ Pour en savoir plus, ouvre ton dictionnaire.

Repère

1. De quel genre de texte s'agit-il ?
2. Quel est le célèbre inventeur évoqué dans le texte ?
3. De quelle invention est-il question ?
4. En quel matériau le premier filament est-il fait ?
5. Quel est le nom de la compagnie fondée par Edison ?
6. Combien de temps la première ampoule électrique resta-t-elle allumée ?

exposition continuelle aux rayons lumineux et l'on craignit un moment pour sa vue.

Les soucis d'argent revenaient. Les 50 000 dollars que les banquiers avaient avancés en créant la Compagnie de la lumière électrique Edison étaient épuisés.

Un jour, Tom arpentait son laboratoire. Un de ses assistants, Charles Batchelor, travaillait dans un coin d'atelier. Edison mâchait un bout de cigare éteint et regardait le verre de la lampe qui surplombait son bureau. Il pensa à un autre moment difficile de sa vie, quand il cherchait à améliorer le receveur téléphonique. Il avait alors pensé au noir de fumée. Pour ses filaments aussi, il avait pensé au carbone, mais avant de faire le vide dans les ampoules, et le carbone brûlait immédiatement. De nouveau Edison gratta le noir de fumée de ce verre de lampe mais il se travaillait mal et il ne put en faire un filament. C'est alors qu'il eut une idée. « Batch, donnez-moi une bobine de fil de coton. » Batchelor lui lança une bobine. Edison fabriqua une double épingle à cheveux en fil de coton, la mit dans un fourneau et la carbonisa. Il fallait maintenant l'introduire et la mettre en place dans une ampoule. Le filament se brisa. Mais il tenait la bonne idée. Pendant plus d'un mois, Tom et ses assistants firent des essais. Finalement, dans la nuit du 21 octobre 1879, Edison réussit à enfermer un de ces délicats filaments carbonisés dans une ampoule, puis à faire le vide.

Edison mit le courant. L'ampoule rayonna comme un petit soleil dans cette nuit d'automne. Tous restèrent là, bouche bée, craignant que le fil ne se consumât. Mais il brillait et continuait de briller. Ils s'assirent pour attendre et attendirent des heures. La nuit finissait, le jour venait, puis l'heure de déjeuner : la lampe brillait toujours. C'était un dimanche. Le bruit se répandit dans Menlo Park qu'Edison avait enfin trouvé. Tous les travailleurs de la ville vinrent à l'atelier. Edison passa une seconde nuit devant sa lampe. Puis elle s'éteignit : la première ampoule électrique avait brillé 45 heures ! « Si cette ampoule a brillé 45 heures, j'en fabriquerai qui brûleront un siècle ! » s'écria Edison.

Margaret COUSINS, *Edison : toute une vie d'inventions*, traduction de J.-P. VERDET, coll. « Cadet Biographie », Gallimard.

Petite biographie

Margaret COUSINS

Après des études littéraires, elle travaille dans la presse et dans l'édition. Auteur d'essais, de nouvelles et de poèmes, Margaret Cousins affectionne tout particulièrement l'art de la biographie.
Elle vit actuellement au Texas.

Explique

1. Quels sont les différents procédés évoqués pour s'éclairer ?
2. Qu'a fait Edison le 21 octobre 1879 ?
3. Pourquoi doit-il trouver un autre matériau que le platine ?
4. Pourquoi tous les travailleurs de la ville se rendent-ils à l'atelier ?
5. Que dit Edison quand la lampe s'éteint ? Pourquoi ?

Explore

1. Quels sont les noms des différents matériaux cités dans le texte ?
2. Quelle est la puissance obtenue dans l'ampoule sous vide ?

Histoire Prépare, avec des camarades, un dossier sur l'éclairage au cours des siècles.

Technologie Recherche comment on peut s'éclairer et faire varier l'intensité d'une lumière.

Petite biographie

Jean Tardieu

1903 - 1995

Poète français, Jean Tardieu est un des auteurs dramatiques les plus originaux de notre temps. Jouer sur le langage et les mots avec beaucoup d'humour est la particularité de son écriture. Homme de radio, il fut aussi directeur des programmes de France Musique.

La ville éteinte

Apparaît le Promoteur, sortant du palais à grands pas. C'est un homme de haute stature* qui fait résonner ses bottes cloutées sur les dalles. Arrivé au bord de la terrasse, qui prolonge le péristyle*, il scrute un instant l'horizon, puis appelle.*

LE PROMOTEUR, *d'une voix forte.* – Holà ! Holà ! Gardes !... (*Personne ne répond.*) Quelqu'un ... (*S'impatientant :*) Bon sang ! Quelqu'un !

Un soldat monte rapidement l'escalier qui aboutit à la terrasse. Arrivé à quelques pas du Promoteur, il se met au garde-à-vous. Il est essoufflé d'avoir couru.

LE SOLDAT, *presque tremblant.* – Mon... Excellence ! À vos ordres !

LE PROMOTEUR, *avec brusquerie, puis avec fureur, désignant la plaine obscure à ses pieds.* – Qu'est-ce que je vois ? Ou plutôt : que je ne vois pas ? Quoi, la ville presque éteinte ! Seulement quelques lueurs, par-ci, par-là ? Qu'est-ce qui se passe ?

LE SOLDAT, *balbutiant.* – Mais... Excellence... Je vous...

LE PROMOTEUR, *l'interrompant avec colère.* – Sais-tu quelque chose ?

LE SOLDAT. – Mais, rien, Excellence ! Il faudrait... Peut-être...

LE PROMOTEUR, *lui coupant de nouveau la parole.* – Quoi : peut-être ?... Va te renseigner au palais ! Vite ! Appelle le secrétariat, la centrale électrique, l'officier de garde, n'importe qui ! Allez, va !... Dépêche-toi !

LE SOLDAT. – À vos ordres, Excellence !

Il fait demi-tour et sort en courant. Dans la lumière encore pâle de l'aurore, apparaît à droite une lueur venant du palais. En même temps, on entend résonner les pas d'une femme qui marche vite, chaussée de petites mules aux talons durs.*

IDA, *paraissant une torche à la main.* – Que fait mon cher seigneur... dès l'aube, sur cette terrasse glacée... au lieu de...

*** Vocabulaire**

promoteur (n. m.) : ce terme désigne ici le tyran d'un pays imaginaire qui a mis au point un projet nouveau, celui d'empêcher ses sujets de dormir.
stature (n. f.) : taille d'une personne.
péristyle (n. m.) : colonnade qui entoure un édifice.
aurore (n. f.) : moment où le soleil va se lever.
crépuscule (n. m.) : moment où le soleil va se coucher.
inertie (n. f.) : immobilité.

▶ Pour en savoir plus, ouvre ton dictionnaire.

Repère

1. Quel titre a-t-on donné à cette scène ? Quel est le titre de la pièce ?
2. Qui sont les personnages ?
3. Où se trouvent-ils ?
4. À quel moment la scène se passe-t-elle ?

Réfléchis

1. La pièce porte en sous-titre « Fiction fantastique ». Pourquoi ?

LE PROMOTEUR, *soudain apaisé mais sur un ton bourru.* – Au lieu de... au lieu de : vous n'allez pas ajouter : au lieu de dormir, non ? *(Avec une soudaine tendresse :)* Vous seule avez ce droit, vous le savez bien, mon petit cœur !

IDA, *riant.* – Dormir, moi ? Alors qu'il y a tant à faire pour le bien du peuple et de son chef aimé ?

LE PROMOTEUR, *de nouveau plein de colère, se retournant vers l'horizon et désignant la plaine avec un geste large.* – Regarde ! La ville, en bas ! Elle devrait être illuminée ! Éblouissante ! Comme toujours ! Crépuscule*, nuit, aurore – rien n'interrompt la vie, dans ma Cité. Le travail, je veux dire la Fête, la Fête perpétuelle ! Pas de repos : je dois pouvoir lire à minuit comme en plein jour. Je dois entendre le vacarme de tout : des ateliers, des gares, des chantiers, des écoles !... Au lieu de cela, à l'heure qu'il est, bientôt le jour, vois, écoute : rien ! Rien ! L'obscurité ! Le silence ! Pour la première fois, après des années de gloire et de puissance, depuis la réussite complète de mon système ! *(Avec une fureur redoublée :)* Mais qu'est-ce qui se passe, Bon Dieu !

Pablo Picasso, *L'ombre*, 1953, musée Picasso, Paris.

IDA, *s'approchant de lui et lui prenant la main.* – Ne vous fâchez pas, mon Promoteur bien-aimé ! Sans doute une panne momentanée, une simple panne des centrales électriques ! Ça peut arriver...

LE PROMOTEUR, *tapant du pied.* – Ça ne *doit* pas arriver ! Nous devons rester éveillés ! Pas de relâche, pas de répit, sinon...

IDA. – Sinon ?

LE PROMOTEUR. – Sinon, eh bien, notre ennemi se précipite sur nous !

IDA. – Quel ennemi ? Il n'y en a pas ! Nous sommes plus forts que tous les autres !

LE PROMOTEUR. – Notre pire ennemi l'inertie*, l'immobilité. Ce serait retomber plus bas que la dalle du tombeau !

Jean TARDIEU, « La Cité sans sommeil »,
dans *La Comédie du drame*, Gallimard.

2. Pourquoi le Promoteur est-il en colère ?
3. Pourquoi les lumières ne doivent-elles pas s'éteindre ?
4. Quelle semble être l'origine de l'absence de lumière ?
5. Quel « ennemi » le tyran redoute-t-il ?

Lecture expressive

1. Manifestez la colère et le désarroi du Promoteur.
2. Jouez la compagne qui se moque des projets du tyran, puis qui tente de le rassurer.
3. Adoptez le ton qui convient pour le soldat.
4. Donnez un ton solennel à la dernière réplique.

Mise en scène

• Prévoyez deux temps dans cette scène : le dialogue avec le soldat, puis l'arrivée d'Ida.

• Cherchez les attitudes que les personnages peuvent adopter.

Un cahier des charges

2

1 **Cahier des charges** **Nom : ....**

3 **Projet**

Installer l'électricité dans une maison de poupée construite dans une boîte à chaussures et comportant deux pièces.

4 **Matériel nécessaire**

une pile de 9 volts – deux ampoules de 4,5 volts – deux douilles – deux interrupteurs – des dominos – du fil électrique

5 **Charges**

Il faut utiliser une seule pile. Il faut une lampe et un interrupteur par pièce.
Les deux pièces doivent pouvoir être éclairées de façon indépendante.
Il faut utiliser le moins de fil possible.

6 **Activités**

1. Prépare ta maison de poupée.
2. Teste la pile, les ampoules, les douilles, les interrupteurs, et le fil électrique (extrémités dénudées) pour vérifier leur bon état.
3. Réalise les montages proposés (*fig. 1 et 2*). Lequel dois-tu choisir ? Pourquoi ?
4. Prépare le plan de ton câblage en dessinant l'emplacement des fils (*fig. 3*).
5. Mets en place ton montage dans la maison de poupée. 7

8

fig. 1 : lampes en série

9 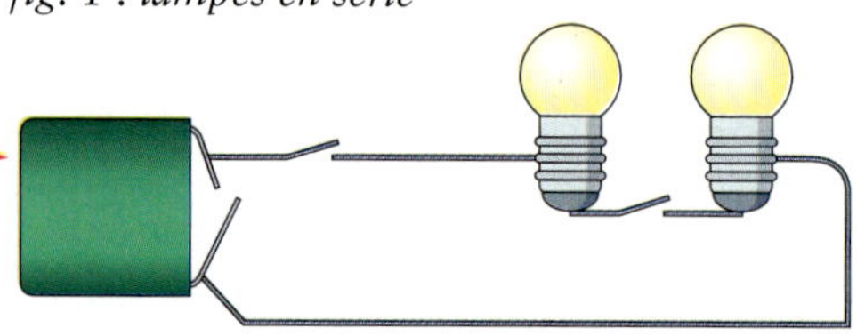

fig. 2 : lampes en parallèle

fig. 3

10 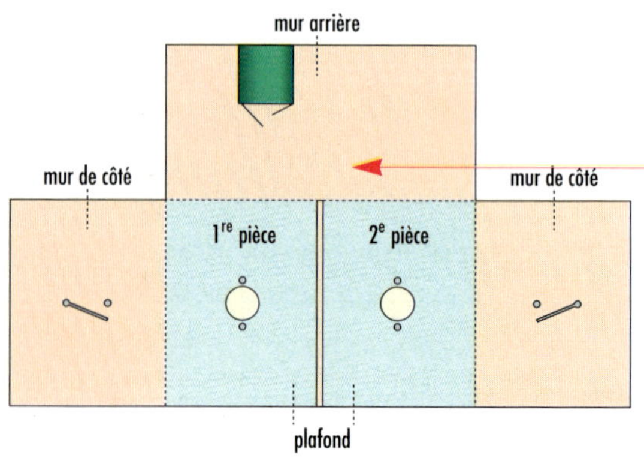

Les Couleurs du français, CM2, Hachette Éducation.

Repères de lecture

1 Le titre : la fiche présente une activité particulière, un montage électrique, à effectuer selon des consignes précises que l'utilisateur doit respecter. L'ensemble de ces informations est réuni dans un cahier des charges.

2 Une partie à compléter : l'utilisateur (l'élève) doit écrire son nom.

3 Une rubrique : la fiche est partagée en plusieurs paragraphes qui correspondent à des rubriques distinctes. Dans la rubrique « Projet », on fait comprendre le but du montage.

4 Une liste : celle du matériel nécessaire.

5 Les obligations : la rubrique « Charges » précise ce qu'il faut faire obligatoirement, les conditions dans lesquelles le montage doit être réalisé.

6 Les étapes de la réalisation : dans la rubrique « Activités », les actions sont présentées dans l'ordre chronologique, la numérotation le fait comprendre.

7 Un verbe à l'impératif : la deuxième personne du singulier de l'impératif a été employée dans les consignes car on s'adresse à une seule personne.

8 Un renvoi : il indique de se reporter aux figures placées sous le texte.

9 Des figures : elles montrent les deux possibilités d'effectuer un montage (montage en série ou montage en parallèle).

10 Un schéma : il montre la représentation de la maison de poupée. L'utilisateur de la fiche doit compléter ce schéma en dessinant l'emplacement des fils. Le dessin en trois dimensions de ce schéma a été réalisé ci-dessous.

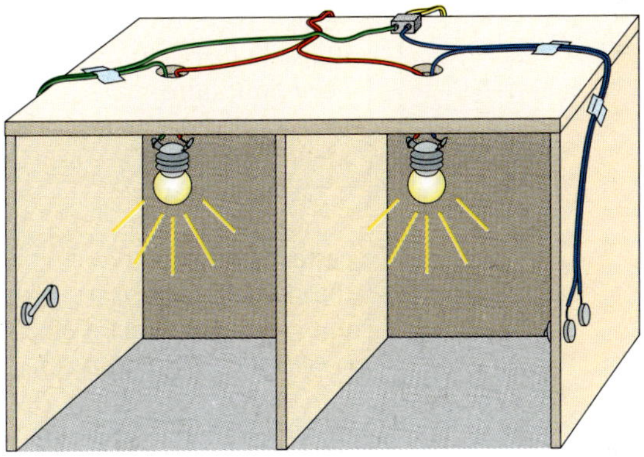

Repère

1. Quel est le titre de cette fiche ?
2. Comment repère-t-on les différentes rubriques ?
3. Quel est le matériel nécessaire à la réalisation du montage ?
4. Quelle est la rubrique qui comporte une numérotation ?
5. Combien de figures voit-on ?
6. Que représentent les schémas ? À quoi servent-il ?

Explique

1. Qu'est-ce qu'un cahier des charges ?
2. Pourquoi la personne qui utilise cette fiche doit-elle écrire son nom ?
3. Pourquoi la rubrique « Charges » comporte-t-elle des phrases commençant par « Il faut » ?
4. Que représente le dessin de la page 129 ?
5. Comment t'y prendrais-tu pour réaliser ce montage ?

Sources d'énergie

Le fonctionnement d'un appareil, d'une machine, le déplacement d'un objet sont toujours dus à une force qu'on appelle énergie. Elle se présente sous des formes diverses.

Énergie musculaire (énergie chimique)

Les muscles, première source d'énergie
Il y a des centaines de milliers d'années, pour se déplacer, chasser, se nourrir, soulever, transporter..., l'homme ne connaissait pas d'autre énergie que sa *force musculaire*. Vers 10 000 av. J.-C., il apprit à utiliser celle des animaux qu'il domestiquait.

L'eau, l'air : des forces naturelles
100 ans avant Jésus-Christ, on utilise la *force de l'eau* pour faire tourner les meules qui écrasent le grain. Aujourd'hui, cette force, toujours utilisée, sert surtout à produire une autre énergie : l'électricité (*barrages et centrales hydrauliques*).

Moulin à vent (énergie éolienne)

L'*énergie éolienne* (du nom du dieu des vents, Éole) fait aussi tourner les moulins, et, depuis la préhistoire, elle met en mouvement les bateaux à voile.

L'énergie mécanique
Le ressort d'une montre, les poids d'une vieille horloge fournissent une énergie à des éléments mécaniques qui produisent du mouvement.

Les premières horloges

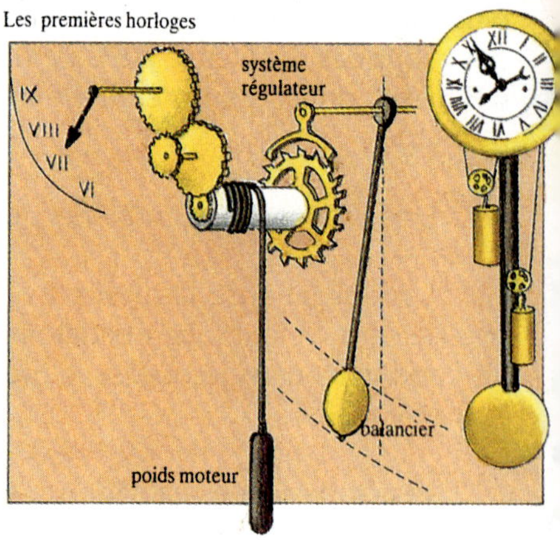

Sources naturelles d'énergie

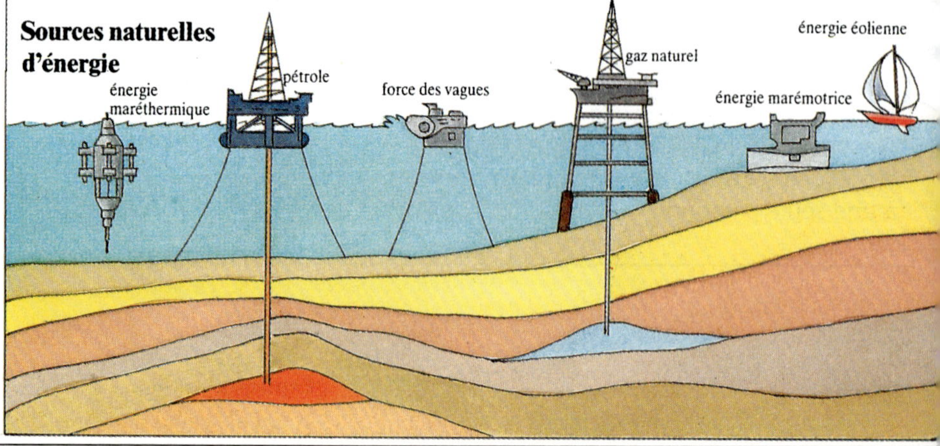

*** Vocabulaire**

hydraulique (adj.) : mû par l'eau, qui utilise l'énergie de l'eau.

combustion (n. f.) : le fait de brûler entièrement.

turbine (n. f.) : moteur composé d'une roue qui utilise l'énergie d'un fluide (eau, gaz...) pour la transformer en une autre énergie (par exemple, l'électricité).

géothermie (n. f.) : chaleur de la Terre.

▶ Pour en savoir plus, ouvre ton dictionnaire.

Repère

1. De quel genre d'ouvrage ce document est-il tiré ? Quel est son titre ?
2. Dans quelle partie de l'encyclopédie cette page se trouve-t-elle ?
3. Quels sont les titres de chaque paragraphe ?
4. À quels sujets les différentes illustrations se rapportent-elles ?
5. En quoi le dessin qui illustre le thème « Sources naturelles d'énergie » est-il différent des autres ?

nergie des combustibles
bois et surtout le *charbon* sont à igine des premières machines qui éliorent la vie des hommes.
ec le *pétrole* et l'*essence* apparaissent *moteurs* qui révolutionnent l'industrie.
în, c'est l'énergie fournie par la com-tion de certains gaz qui propulse les ées.

nergie électrique
ondamment produite et utilisée lairage, chauffage, fonctionnement de teurs), c'est l'énergie qui se transmet plus rapidement.

gie électrique

besoins en électricité sont sans cesse issants ; la demande double tous les ans !
ressources en combustibles n'étant inépuisables, l'homme est à la re-rche d'énergies nouvelles de rempla-nent.

L'énergie solaire
Captée à l'aide de miroirs ou de panneaux spéciaux, la *chaleur des rayons du Soleil* permet le fonctionnement de fours à haute température (jusqu'à 3 800 °C), le chauffage domestique et la production d'électricité.

La géothermie
A une certaine profondeur dans le sol, on trouve parfois des *nappes d'eau chaude*. Cette eau, pompée, permet d'assurer, à bon marché, le chauffage de maisons ou d'immeubles.
Ainsi, à Chaudes-Aigues dans le Cantal, l'eau sort du sol à la température de 81 °C.

L'énergie de la mer
L'usine de la Rance en Bretagne utilise le mouvement des *marées* pour faire tourner des turbines et produire de l'électricité.
Actuellement, on cherche le moyen d'exploiter l'énergie des vagues et des courants marins.

L'énergie nucléaire
Depuis 1963, date de la mise en service de la première centrale nucléaire à Chinon, sur les bords de la Loire, on utilise cette énergie dans la fabrication du courant électrique.
L'emploi de ce type d'énergie est en plein développement.

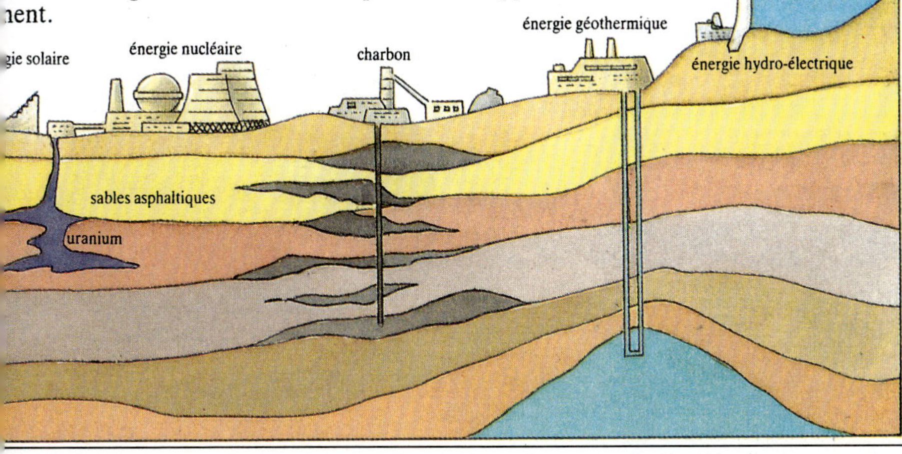

Jean-Paul Dupré, *Méga Junior*, « L'Encyclopédie vivante », Nathan.

Explique

1. Quel est l'objectif de ce document ?
2. À quoi l'énergie sert-elle ?
3. Qu'est-ce que le dessin du cycliste illustre ?
4. Comment les premières horloges fonctionnaient-elles ?
5. Pourquoi certaines sources d'énergie sont-elles qualifiées de naturelles ?
6. À partir de quoi peut-on produire de l'électricité ?

Technologie

Fais la liste de tous les appareils de la vie quotidienne qui consomment de l'énergie. Comment fonctionnent-ils ? Quelle énergie utilisent-ils ?

LE CYCLE DE L'ÉNERGIE

Le Soleil est presque notre seule source d'énergie. Sa lumière contient l'énergie nécessaire à la croissance des plantes. Celles-ci nous transmettent cette énergie lorsque nous mangeons des légumes, elles en transmettent aussi aux animaux que nous mangeons ensuite sous forme de viande. Après des millions d'années, d'anciens organismes vivants se transforment en charbon ou en pétrole et nous lèguent alors l'énergie qu'ils contenaient. L'eau qui s'évapore grâce au Soleil nous donne la pluie, donc les rivières et les centrales hydrauliques.

Le culte du Soleil

Les Incas, les Mayas, les Aztèques, peuples d'Amérique centrale et du Sud, construisaient des temples (à gauche) où ils vénéraient le Soleil. Pour les Incas, l'empereur était un descendant du Soleil. À sa mort, son corps était conservé dans son palais et ses serviteurs continuaient de s'occuper de lui.

Un dieu du Soleil égyptien

Dans l'Égypte ancienne, le Soleil était l'un des dieux jusqu'à ce que Aménophis IV en fasse un dieu unique sous le nom d'Aton.

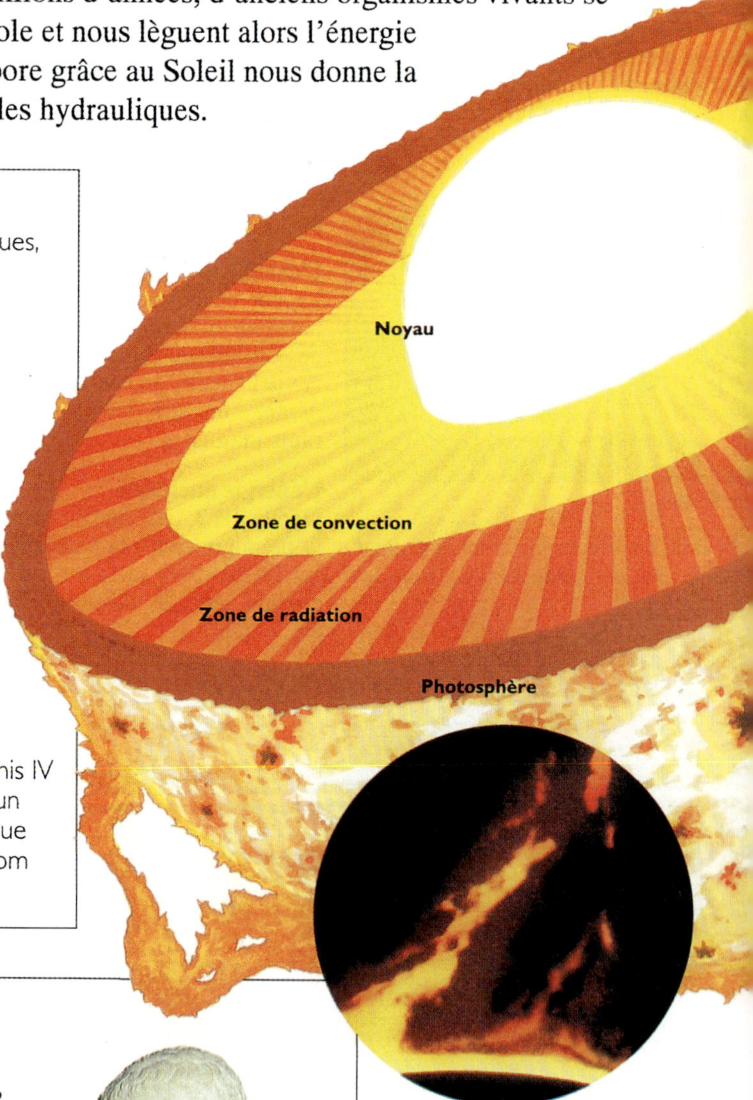

Mythes et légendes

Parmi tous les dieux de la mythologie grecque, Phaéton, était le fils d'Hélios, dieu du Soleil. Il fut autorisé à conduire toute une journée le char du Soleil. Il perdit le contrôle des chevaux et le Soleil s'approcha tellement de la Terre qu'il faillit la brûler. Alors Zeus, le chef des dieux, terrassa Phaéton d'un éclair.

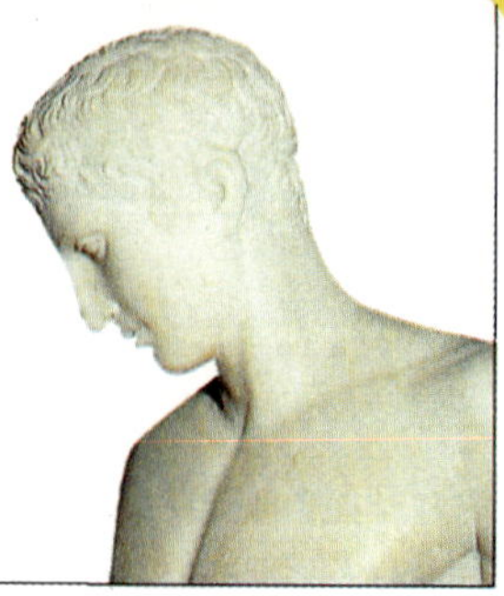

À la surface du Soleil, des flammes jaillissent (ci-dessus). Ce sont les protubérances solaires, dues à des éruptions de gaz liées aux taches solaires, des zones moins chaudes de la surface de l'astre.

La lumière du Soleil provient de sa couche externe : la photosphère. Chauffée par les réactions nucléaires du noyau, elle est très lumineuse. Sa lumière blanche est en fait un mélange de couleurs qui, une fois séparées, constituent une figure nommée un spectre (ci-dessus).

L'énergie dans l'alimentation

Les aliments contiennent chacun une quantité d'énergie différente que l'on mesure en kilojoules (kJ). Nous avons besoin chaque jour de 9 000 à 12 000 kJ. Un gramme de graisse contient 38 J, un gramme de farine ou de sucre 17 J, un gramme de poisson de 5 à 8 J. Simplement assis, nous dépensons chaque minute 4,5 kJ, en marchant 12 à 17 kJ et en courant 60 kJ. Les sportifs ont un régime alimentaire précis afin d'absorber l'énergie dont ils ont besoin.

Les plantes captent l'énergie solaire au cours de la photosynthèse (à gauche). Celle-ci consiste pour la plante à fabriquer des sucres à partir d'eau tirée du sol et du dioxyde de carbone pris dans l'air. Elle trouve aussi dans le sol de l'azote, du calcium, du phosphore et du potassium.

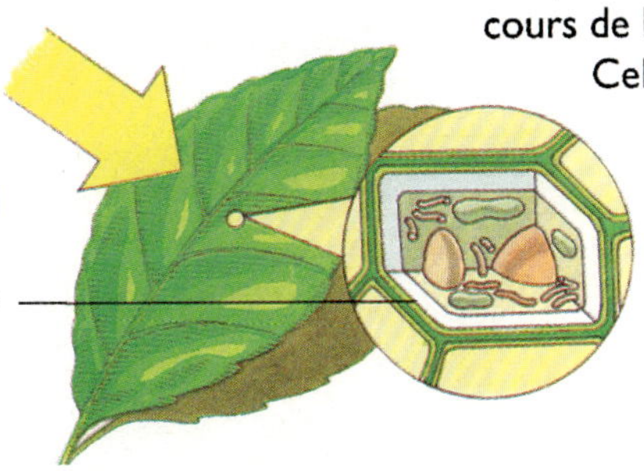

Nigel HAWKES, *La Chaleur et l'Énergie*, Gamma École active.

Repère

1. De quel livre ce document provient-il ?
2. Quelles sont les grandes parties de ce document ?
3. Quelles sortes d'illustrations voit-on ?
4. Quels sont les encadrés qui ont un rapport avec l'histoire ?
5. Comment les Égyptiens appellent-ils le dieu du Soleil ?
6. Où se trouve le texte se rapportant à la représentation en coupe du Soleil ?

Explique

1. Pourquoi le Soleil se trouve-t-il au centre de ce document ?
2. Quel rôle la lumière du Soleil joue-t-elle ?
3. Quel rapport y a-t-il entre l'alimentation et l'énergie ?
4. Pourquoi a-t-on représenté un athlète ?
5. Pourquoi le fils d'Hélios fut-il puni ?
6. Qu'est-ce que la photosynthèse ?

Dialogue avec le charbon

Où habites-tu ?

J'habite sous les montagnes de dix mille ans,
J'habite dans les rochers de dix mille ans.

Quel âge as-tu ?

Je suis plus vieux que ces montagnes,
Plus vieux que ces rochers.

Depuis quand es-tu silencieux ?

Depuis que les dinosaures ont régné sur les forêts,
Depuis le premier craquement de l'écorce terrestre.

Serais-tu mort de trop de rancœur ?

Mort ? non, je suis encore vivant –
Donne-moi du feu, donne-moi du feu !

AI TS'ING, dans « Poésie chinoise »,
revue *Vagabondages*, n° 48.

Rue Volta

La petite échoppe ancienne
au cinq de la rue Volta
rareté électricienne
dont le nom s'égara là
garala garala
garala pile à Volta

Raymond QUENEAU,
Courir les rues, Gallimard.

Georges de La Tour, *La Madeleine à la veilleuse*, Paris, musée du Louvre.

La bougie

La nuit parfois ravive une plante singulière dont la lueur décompose les chambres meublées en massifs d'ombre.

Sa feuille d'or tient impassible au creux d'une colonnette d'albâtre par un pédoncule très noir.
Les papillons miteux l'assaillent de préférence à la lune trop haute, qui vaporise les bois. Mais brûlés aussitôt ou vannés dans la bagarre, tous frémissent aux bords d'une frénésie voisine de la stupeur.

Cependant la bougie, par le vacillement des clartés sur le livre au brusque dégagement des fumées originales encourage le lecteur, – puis s'incline sur son assiette et se noie dans son aliment.

Francis PONGE, *Le Parti pris des choses*, Gallimard.

Une peinture de Paul Nash (1919).

La guerre

Écrire, c'est aussi remplir un devoir de mémoire…

Paroles de guerre

Joseph Thomas était agriculteur et habitait Saint-Georges-d'Espéranche. Cette lettre était destinée à son fils, âgé de 15 mois. Joseph Thomas fut tué le 30 mars 1916 à Verdun.

Un soldat français pendant la Première Guerre mondiale.

5 août 1915

À mon petit Armand

Tu es encore bien jeune et ne peux comprendre ce qui se passe en ce moment : la guerre, ses horreurs, ses souffrances. Cette carte sera un souvenir de ton père, et il souhaite qu'à l'avenir les hommes soient meilleurs, et que semblable chose ne puisse plus arriver. Que jamais tu n'aies besoin, et sois forcé, de mener la vie que je subis en ce moment en compagnie de beaucoup de papas qui ont laissé, comme moi, de petits anges chez eux.

Le moment venu, je serai sûrement auprès de toi pour te diriger, mais si mon espoir était déçu, en mémoire de ce père que tu n'auras pas connu, redouble de gentillesse pour ta mère et pour ceux qui t'élèveront. Devenu un homme, sois du nombre de ceux qu'on appelle les honnêtes gens. Sois bon pour ton prochain, ne fais pas ce que tu ne voudrais pas qu'il te fût fait. Vénère ta mère ; sois pour elle un soutien véritable.

Rappelle-toi aussi que le vrai bonheur ne se trouve pas dans la richesse et les honneurs, mais dans le devoir vaillamment accompli, ainsi que les bonnes actions.

Si le destin te donne des épreuves à subir, sois courageux et tu les surmonteras, mais si par malheur tu te laisses entraîner par le vice, les passions, relis vite mes conseils, ne te laisse pas aller à la dérive. Il n'y a que le premier pas qui coûte ; une fois entraîné par le courant, on roule de chute en chute, et il arrive qu'on ne peut plus se relever. C'est trop tard. Alors, arrivé à ce point, la vie est finie. Gâchée par sa faute. Et on n'est plus bon qu'à être la risée, ou montré du doigt par tout le monde, suivant le penchant qui a perdu l'homme.

J'espère n'avoir pas à rougir de toi car je sens que tu suivras le chemin de l'honneur.

En attendant de pouvoir te choyer et caresser, je te fais, mon petit fanfan, de grosses bises.

Joseph Thomas

Karl Fritz était un caporal de l'armée allemande.
Il appartenait au 10e bataillon de chasseurs alpins, 2e compagnie.

Argonne, le 16 août 1916

Chers parents et chères sœurs,

Le 2, à Saint-Laurent, nous avons entendu le signal de l'alerte. On est venu nous chercher avec des véhicules, et on nous a amenés jusqu'à quelques kilomètres du front de Verdun. [...]

Vous ne pouvez pas avoir idée de ce qu'on a vu là-bas. Nous nous trouvions à la sortie de Fleury, devant le fort de Souville. Nous avons passé trois jours couchés dans les trous d'obus à voir la mort de près, à l'attendre à chaque instant. Et cela, sans la moindre goutte d'eau à boire et dans une horrible puanteur de cadavres. Un obus recouvre les cadavres de terre, un autre les exhume* à nouveau. Quand on veut se creuser un abri, on tombe tout de suite sur des morts. Je faisais partie d'un groupe de camarades, et pourtant chacun ne priait que pour soi. Le pire, c'est la relève, les allées et venues. À travers les feux de barrage continus. Puis nous avons traversé le fort de Douaumont, je n'avais encore jamais rien vu de semblable. Là, il n'y avait que des blessés graves, et ça respirait la mort de tous côtés. En plus, nous étions continuellement sous le feu.
Nous avions à peu près quarante hommes morts ou blessés. On nous a dit que c'était somme toute assez peu pour une compagnie. Tout le monde était pâle et avait le visage défait. Je ne vais pas vous en raconter davantage sur notre misère, je pense que ça suffit. Nous étions commandés par un certain adjudant Uffe. On ne l'a pas vu. Mais le Seigneur m'est venu en aide. Là-dessus, nous sommes repartis aussitôt pour Spincourt où on nous a chargés sur des véhicules à destination de Grandpont, puis nous sommes revenus en deux jours à nos positions* devant Chapelle, où nous sommes maintenant un peu mieux installés.

Je vais aussi écrire à Guste. Je vous embrasse de tout cœur et vous recommande à Dieu. Votre fils et frère reconnaissant.

Karl Fritz

Des soldats allemands pendant la Première Guerre mondiale.

*** Vocabulaire**

exhumer (v.) : tirer, sortir de terre (ce qui y est enfoui).
position (n. f.) : emplacement de troupes, d'installations ou de constructions militaires.
cagna (n. f., argot militaire) : abri souterrain.
sape (n. f.) : tranchée creusée pour se rapprocher d'un ennemi.
étai (n. m.) : pièce servant à soutenir un mur, un plancher ; soutien.

▶ Pour en savoir plus, ouvre ton dictionnaire.

Repère

1. Qui sont les différents auteurs de ces lettres ?
2. Où lit-on des renseignements permettant de connaître ces trois hommes ?
3. De quelles nationalités sont-ils ?
4. De quelle guerre parlent les trois hommes ?
5. À quelles dates ces textes ont-ils été écrits ?
6. Qui en sont les destinataires ?

Raoul Pinat est né en 1896 à Valence. Après avoir commencé la guerre comme simple soldat, il finira lieutenant et deviendra exploitant agricole après l'armistice.

Carnet de guerre

22 avril 1917

La cagna* s'est effondrée. Il y a encore des vivants dessous. Ma foi, tant pis pour le bombardement : je cours chercher ma pioche au fond de la sape* et, entre deux salves, je cours vers la cagna.

Lepeule prend une pelle : en hâte nous déblayons un peu. Il y a quatre hommes dessous : c'est affreux !…

Une voix nous appelle : « Dépêchez-vous, je meurs, j'étouffe ! – Où es-tu ? – Là, là… »

C'est profond… c'est profond ! Il va étouffer sûrement.

L'obus est tombé juste sur la cagna ; tout a cédé : les poutres, les étais*, les rondins sont en poudre. La terre a comblé tout ça. Les malheureux ont un mètre de débris au-dessus d'eux !

Lepeule appelle : « Qui êtes-vous ? – Revenaz. – Et les autres ? – Je ne sais pas. » Il appelle encore : personne d'autre ne répond.

Cependant le bombardement s'est arrêté depuis un instant. Plusieurs servants de la 7e batterie accourent avec des outils. On se hâte : cette voix suppliante qui monte de terre nous électrise.

Lepeule, voyant du monde au travail en nombre suffisant, lâche sa pelle, et, calme, comme toujours, prend une photo de l'ensemble. « Attention !… en voilà un !… » Tous se sauvent, affolés, nerveux… L'obus hurle, siffle : il est sur nous ! – non. Il nous inonde de terre, de pierres, d'éclats de bois.

Fontaine, deux poilus de la 7, et moi sommes seuls restés. Vite, nous continuons. Enfin, voilà sa main. On voit d'abord la terre bouger, puis sa main crispée apparaît. Je la lui serre ; il hurle de joie : « Vite, vite, dépêchez-vous, j'étouffe. »

Le bombardement reprend : c'est affreux ; l'avion doit nous voir… Un obus – un 150 – tombe à quelques mètres de nous : il nous jette pêle-mêle à terre… L'un dit : « Foutons le camp ; on va se faire tuer ! – Non, restons, ça ne se commande pas, il faut sortir cet homme ! » On reste. La sueur nous inonde tant nous peinons pour enlever vite la terre, les morceaux de poutres, les pierres…

Raoul PINAT

Première ligne aux Éparges dans la Meuse. Guerre de 1914-1918.

Paroles de poilus, Lettres et carnets du front (1914-1918), Librio, collectif sous la direction de Jean-Pierre GUENO et d'Yves LAPLUME, © Radio France, 1998.

Explique

1. Qu'est-ce qu'un poilu ?
2. Pourquoi le premier texte est-il particulièrement émouvant ?
3. En quoi le texte « Carnet de guerre » est-il différent des autres ?
4. Quels sont les différents sentiments des trois personnes ?
5. Quel est le thème général de chaque texte ?

Explore

1. Recherche les termes et les expressions utilisés pour évoquer la guerre.
2. Retrouve la ville à laquelle Karl Fritz fait allusion.
3. Fais la description de la cagna.

Histoire

En groupe, faites une recherche sur la Première Guerre mondiale : son début, son déroulement, son bilan.

Pendant l'Occupation, être pris sans papiers pouvait avoir de terribles conséquences…

Papiers…

Deux enfants se rendent en zone libre par le train, ils n'ont ni papiers ni laissez-passer. Les Allemands, à la gare, contrôlent les voyageurs. Pour leur échapper, un homme vient de s'enfuir.

– Halt !

Le cri vient de dehors et nous nous précipitons à la fenêtre. Un homme court là-bas, à l'autre bout ! Ils sont une dizaine qui s'éparpillent à travers les voies. Un civil donne des ordres en allemand, court lui aussi, grimpe sur le marchepied de la voiture voisine et tire un sifflet de sa poche, les coups stridents vrillent mes tympans. Soudain un homme jaillit, juste au-dessous de moi, il a dû passer sous le train, entre les roues, il escalade un quai, deux quais, trébuche…

– Halt !

Il s'arrête au coup de feu mais n'est pas touché, je suis sûr qu'il n'est pas touché. Il lève brusquement les bras et deux soldats l'entraînent à toute vitesse vers la salle d'attente, je le vois recevoir un coup de crosse, le civil siffle toujours. Je vois encore le couple de tout à l'heure revenir entre deux S.S.*, ils sont tout petits à présent et la femme étreint toujours sa mallette comme si sa vie était dedans, elle marche vite, ils passent devant nous et je me demande ce qu'elle voit dans ses grands yeux noyés. D'autres ont été pris aussi là-bas, le jour éclaire les casques et les culasses* des fusils. Je me rends compte alors que la main du prêtre repose sur mon épaule, qu'elle y a toujours été depuis le début. Nous

regagnons lentement nos places. Le train est silencieux à présent, les Allemands bloquent les issues.

Les mots viennent tout seuls à mes lèvres.

– Monsieur le Curé, nous n'avons pas de papiers.

Il me regarde et un sourire distend ses lèvres pour la première fois depuis Paris.

Il se penche et j'ai du mal à percevoir son chuchotement.

– Si tu as l'air aussi effrayé, les Allemands vont s'en apercevoir sans que tu le leur dises. Mettez-vous près de moi.

Nous nous serrons contre lui. La grand-mère est là également, je reconnais sa valise dans le filet, au-dessus de sa tête. Elle semble dormir.

– Papiers…

Ils sont loin encore, au début du wagon, ils ont l'air nombreux, ils parlent entre eux et je comprends quelques mots. Papa et maman nous parlaient yiddish* assez souvent et cela ressemble beaucoup à l'allemand.

– Papiers…

Ils se rapprochent. On entend les portes glisser lorsqu'ils les ouvrent et les ferment. La grand-mère tient toujours ses yeux fermés.

– Papiers…

C'est le compartiment à côté maintenant. Je sens une impression curieuse dans mon ventre, c'est comme si mes intestins devenaient soudain indépendants et voulaient sortir de leur sac de peau. Il ne faut surtout pas donner l'impression que j'ai peur de quoi que ce soit. Je plonge dans ma musette et en sors un restant de sandwich. Je mords dedans au moment où la porte s'ouvre. Maurice leur jette un regard parfaitement détaché, bourré d'innocence et j'admire cette maîtrise de comédien consommé chez mon frangin.

– Papiers.

*** Vocabulaire**

S.S. (n. m.) : initiales désignant les membres des unités policières ou militaires de l'Allemagne nazie.

culasse (n. f.) : partie mobile située à l'arrière du canon d'une arme à feu.

yiddish (adj. et n. m.) : langue germanique parlée par les Juifs.

opiner (v.) : approuver, marquer son consentement.

cabas (n. m.) : panier à provisions à deux anses.

▶ Pour en savoir plus, ouvre ton dictionnaire.

Repère

1. Quel est le genre du roman ?
2. Qui en est l'auteur ?
3. Qui sont les différents personnages qui interviennent dans ce récit ?
4. Où la scène se passe-t-elle ?

Explique

1. Pourquoi les enfants sont-ils dans ce train ?
2. Quel est leur problème ?

La dame maigre tend la feuille blanche. Je vois une manche d'uniforme, des épaulettes, les bottes sont à quelques centimètres de mes galoches. Mon cœur lointain bat à coups réguliers et puissants. Le plus dur est d'avaler, je reprends une nouvelle bouchée. L'Allemand lit, épluche, rend la feuille et tend la main vers la grand-mère limonade qui tend un papier vert, une carte d'identité.

L'Allemand les regarde à peine.

– C'est tout ?

Elle sourit et opine* de la tête.

– Prenez votre valise et sortez dans le couloir.

D'autres attendent derrière la vitre en bavardant. Il y a un S.S. parmi eux. Le curé se lève, descend la valise et la grand-mère sort. Un des gendarmes prend son cabas* et lui fait signe. Son chignon blanc et plat brille un court instant dans la lumière du jour et elle disparaît derrière des épaules.

Adieu, grand-mère, merci pour tout et bonne chance. Le prêtre présente ses papiers et se rassoit. Je mâche toujours. L'Allemand regarde la photo et compare avec l'original. Je mâche toujours.

– J'ai un peu maigri, dit le curé, mais c'est bien moi.

Une ombre de sourire passe sur le visage de notre contrôleur.

– La guerre, dit-il, les restrictions…

Il n'a pas d'accent ou faiblement, sur certaines consonnes. Il rend le papier et dit :

– … Mais les curés ne mangent pas beaucoup.

– C'est une grosse erreur, pour mon cas tout au moins.

L'Allemand rit et tend la main vers moi. Toujours riant le curé me donne une pichenette sur la joue.

– Les enfants sont avec moi.

La porte s'est déjà refermée après un salut éclair de l'Allemand hilare. Mes genoux se sont mis à trembler. Le curé se lève.

– On va pouvoir descendre à présent. Et comme vous êtes avec moi, nous allons prendre notre petit déjeuner ensemble au buffet de la gare. Ça vous va ?

Joseph Joffo, *Un sac de billes*, Jean-Claude Lattès.

Petite biographie

Joseph Joffo

Né en 1931 à Paris, il fut coiffeur comme son père et ses frères, puis immobilisé par un accident de ski, il s'amusa à écrire ses souvenirs d'enfance sous le titre *Un sac de billes*, paru en 1973. Ce best-seller sera traduit en dix-huit langues. Suivront d'autres romans : *Anna et son Orchestre*, *Baby-foot* et un conte pour enfants, *Le Fruit aux mille saveurs*.

3. Pourquoi les Allemands font-ils descendre la vieille femme ?
4. Pourquoi Joseph a-t-il du mal à avaler son sandwich ?
5. Pourquoi et comment le curé aide-t-il les enfants ?

Explore

1. Quelles sont les expressions qui indiquent que la scène se passe dans une gare ?
2. Quel mot allemand figure dans ce texte ? Que signifie-t-il ?
3. Relève les expressions qui permettent de faire les portraits des différents personnages.
4. Comment l'arrivée du soldat allemand est-elle décrite ?

Histoire

La Seconde Guerre mondiale : quels pays furent en guerre ? Qui était Adolf Hitler ?

Petite biographie

William Shakespeare

1564 - 1616

Poète dramatique anglais. Il fut d'abord acteur, puis auteur de nombreux poèmes (on lui attribue 1 600 sonnets), de pièces historiques (*Jules César, Roméo et Juliette*), de comédies légères (*La Mégère apprivoisée*), de tragédies (*Hamlet, Le Roi Lear*). Il est considéré comme le plus grand auteur de théâtre de tous les temps.

Rengainez vos épées !

De vieilles rancunes opposent deux familles de Vérone : les Capulet e les Montague, familles auxquelles appartiennent respectivement le jeunes amants Roméo et Juliette. Un combat à l'épée vient de s'engage sur la place publique entre des représentants des deux camps ennemis…

SAMSON. – Dégainez, si vous êtes hommes ! (*Tous se mettent en garde.*) Grégoire, souviens-toi de ta maîtresse botte* !

BENVOLIO, *s'avançant, la rapière* au poing.* – Séparez-vous, imbéciles Rengainez vos épées ; vous ne savez pas ce que vous faites. (*Il raba les armes des valets.*)

TYBALT, *s'élançant, l'épée nue, derrière Benvolio.* – Quoi ! l'épée à la main, parmi ces marauds* sans cœur ! Tourne-toi, Benvolio, et fais face à ta mort.

BENVOLIO, *à Tybalt.* – Je ne veux ici que maintenir la paix ; rengaine ton épée, ou emploie-la, comme moi, à séparer ces hommes.

TYBALT. – Quoi, l'épée à la main, tu parles de paix! Ce mot, je le hais comme je hais l'enfer, tous les Montague et toi. À toi, lâche !

Tous se battent. D'autres partisans des deux maisons arrivent e se joignent à la mêlée. Interviennent ensuite des citoyens armés de bâtons.

PREMIER CITOYEN – À l'œuvre les bâtons, les piques, les pertuisanes* ! Frappez ! Écrasez-les ! À bas les Montague ! À bas les Capulet !

Entrent Capulet, en robe de chambre, et lady Capulet.

CAPULET. – Quel est ce bruit ?... Holà ! qu'on me donne ma grande épée.

LADY CAPULET. – Non ! une béquille ! c'est une béquille qu'il vous faut... Pourquoi demander une épée ?

*** Vocabulaire**

botte (n. f.) : coup donné à l'épée.

rapière (n. f.) : épée à lame fine et longue dont on se servait dans les duels.

maraud (n. m.) : bandit.

pertuisane (n. f.) : hallebarde.

pernicieux (adj.) : dangereux, nuisible.

gangrené (adj.) : se dit de ce qui est pourri par une infection bactérienne non soignée ; abîmé, corrompu.

▶ Pour en savoir plus, ouvre ton dictionnaire.

Repère

1. Qui est l'auteur de *Roméo et Juliette* ?
2. Où la scène se passe-t-elle ?
3. Qui sont Capulet et Montague ?

Réfléchis

1. À quelle époque la scène se passe-t-elle ?
2. Quelle place cette scène occupe-t-elle dans la pièce ?

CAPULET. – Mon épée, dis-je ! Le vieux Montague arrive et brandit sa rapière en me narguant !

Entrent Montague, l'épée à la main, et lady Montague.

MONTAGUE. – À toi, misérable Capulet !... Ne me retenez pas ! Lâchez-moi.

LADY MONTAGUE, *le retenant.* – Tu ne feras pas un seul pas vers ton ennemi.

Entre le prince Escalus, avec sa suite.

Une scène du ballet *Roméo et Juliette* à l'Opéra de Paris.

LE PRINCE. – Sujets rebelles, ennemis de la paix, profanateurs de cet acier souillé du sang de vos concitoyens !... Est-ce qu'on ne m'entend pas ?... Holà ! vous tous, hommes ou brutes, qui éteignez la flamme de votre rage pernicieuse* dans les flots de pourpre échappés de vos veines, sous peine de torture, obéissez ! Que vos mains sanglantes jettent à terre ces épées trempées dans le crime, et écoutez la sentence de votre prince irrité. *(Tous les combattants s'arrêtent.)* Trois querelles civiles, nées d'une parole en l'air, ont déjà troublé le repos de nos rues, par ta faute, vieux Capulet, et par la tienne, Montague ; trois fois les anciens de Vérone, dépouillant le vêtement grave qui leur sied, ont dû saisir de leurs vieilles mains leurs vieilles pertuisanes, gangrenées* par la rouille, pour séparer vos haines gangrenées. Si jamais vous troublez encore nos rues, votre vie paiera le dommage fait à la paix. Pour cette fois, que tous se retirent. Vous, Capulet, venez avec moi ; et vous, Montague, vous vous rendrez cet après-midi, pour connaître notre volonté sur cette affaire, au vieux château de Villafranca, siège ordinaire de notre justice. Encore une fois, sous peine de mort, que tous se séparent ! *(Tous sortent, excepté Montague, lady Montague et Benvolio.)*

William SHAKESPEARE, *Roméo et Juliette*, Acte I, scène 1, traduction de F.-V. Hugo, revue par Yves Florence et Élisabeth Duret, Le Livre de Poche.

3. Quel pouvoir le prince de Vérone a-t-il ?
4. À ton avis, à quel obstacle l'amour de Roméo et de Juliette se heurte-t-il ?

Lecture expressive

1. Préparez bien les différentes parties de la scène et adoptez le ton qui convient à chacune d'elles : le combat, l'entrée de Capulet et de Montague, la longue tirade du prince.
2. Travaillez les didascalies pour bien comprendre les mouvements de la scène.

Mise en scène

1. Jouez le début d'une manière alerte et rythmée (n'hésitez pas à effectuer des mouvements, des déplacements).
2. Le prince fait une arrivée solennelle. Il adopte un ton passionné et autoritaire : il est irrité, il a le pouvoir de rendre la Justice.

Des cartes historiques

1 →

Les conflits qui ont « fait » la France

En histoire, une carte permet de décrire une situation à une époque précise. Notre territoire n'a pas toujours eu les frontières que nous lui connaissons aujourd'hui. De nombreux conflits l'ont façonné au cours des siècles.

2 → **La Gaule à la veille de la conquête de Jules César, vers 52 av. Jésus-Christ**

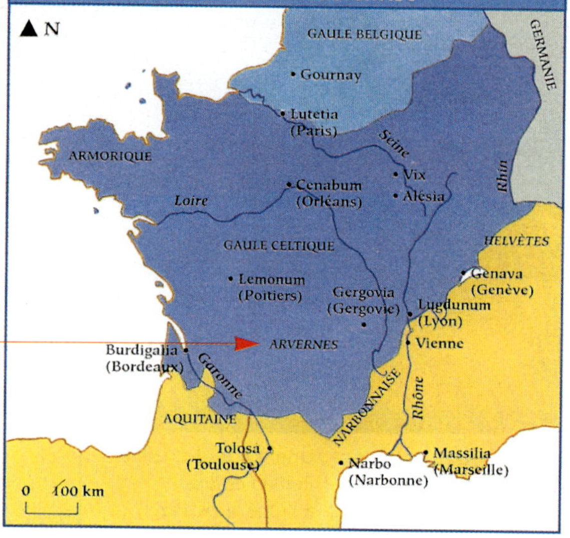

3 → ARVERNES

4 →

Gaule indépendante

Gaule romaine

Le royaume de Clovis en 511

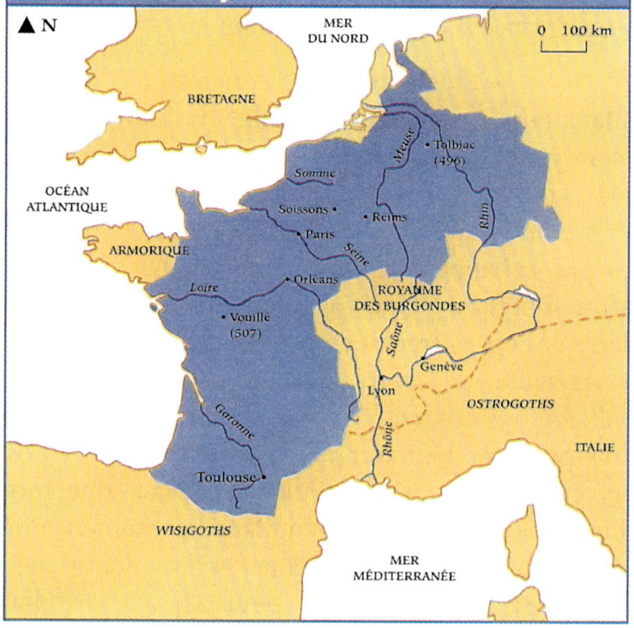

Royaume de Clovis en 511 ← 5

Multilivre CM1, Istra.

Les limites de l'Empire français en 1811

6 → Meuse inférieure

La France éclatée après la défaite de 1940

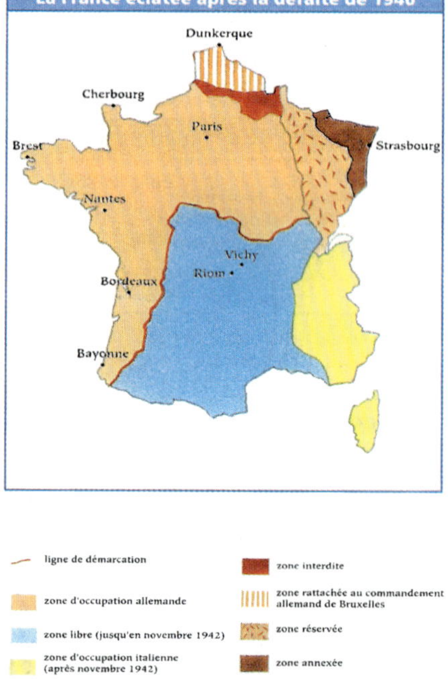

Multilivre CM2, Istra. ← 7

Repères de lecture

1 Le titre général : le choix des cartes est fait selon un objectif commun : montrer à quoi la France ressemblait à différentes époques du passé. Il faut cependant remarquer que les cartes ne sont pas à la même échelle.

2 Le titre d'une carte : le titre est précis ; chaque titre renvoie à une période historique : la Gaule avant la défaite d'Alésia, au temps de Clovis, l'Empire français (les conquêtes de Napoléon Ier) et la France occupée (Seconde Guerre mondiale).

3 Des noms : au cours de l'Histoire, les dénominations des différentes parties du pays ont varié. La carte fait référence au découpage de l'époque concernée et cite les noms employés à cette période : Armorique (Bretagne), Arvernes (une tribu), Lugdunum (Lyon)...

4 Une légende : la compréhension des éléments figurant sur la carte se fait en consultant la légende.

5 Une date : cette date est celle de la mort de Clovis.

6 Des limites : le propre de ces cartes est de montrer que le « dessin » de notre pays change. L'emploi des couleurs matérialise l'étendue du territoire, les différents traits bornent les limites : l'ensemble des tribus appartenant à la Gaule Celtique, les frontières du royaume des Francs et des territoires occupés par d'autres peuples barbares, la France des 130 départements de la conquête napoléonienne, la France coupée en deux de la Seconde Guerre mondiale.

7 L'origine du document : chaque carte est issue d'un ouvrage dont le nom est mentionné (à noter qu'un atlas peut être géographique ou historique).

Repère

1. Quel est le titre de chacune des cartes ?
2. Quelle carte représente la période la plus ancienne ? la plus récente ?
3. Quelles sont les indications portées sur chaque carte ?
4. Sur quelle carte lit-on le nom de départements ?
5. Quelle est la carte comportant le mot *Ostrogoths*, le mot *Lutecia*, les mots *zone occupée*, le mot *Golo* ?
6. Quelles différences apparaissent entre ces différentes cartes ?

Explique

1. Dans quel ordre ces cartes historiques sont-elles présentées ?
2. Que signifie le terme *Gaule Celtique* ?
3. Pourquoi le royaume de Clovis est-il très étendu au nord-est ?
4. Pourquoi, sous l'Empire, les Français apparaissaient-ils comme des envahisseurs ?
5. Que signifient les termes *libre* et *occupée* ?
6. Pourquoi précise-t-on, entre parenthèses, que la zone libre ne l'est que jusqu'en novembre 1942 ?

Doc savoir
La leçon de Nicolas Galey

A New York, près du siège de l'ONU, les élèves d'une classe de 5ème du lycée français ont interviewé l'un des représentants de la France à l'ONU. D'origines haïtienne, marocaine, française... ils ont montré leur intérêt pour la paix dans le monde.

Nicolas Galey
A New York, au siège de l'ONU, travaillent des diplomates de chaque Etat. Ils représentent leur pays, défendent ses intérêts et parlent en son nom. C'est le cas de Nicolas Galey, qui travaille avec l'ambassadeur de France auprès de l'ONU. Il suit particulièrement les questions concernant les pays d'Afrique du Nord et du Moyen-Orient.

Société des Nations
Créée en 1919, cette organisation s'est occupé, par exemple, de réduire le nombre d'armes après la guerre, de reconstruire les pays d'Europe, d'améliorer l'hygiène... Peu écoutée et trop faible, car les Etats-Unis n'y siégeaient pas, elle a disparu avec la Seconde Guerre mondiale.

C'est quoi l'ONU ?

A New York, l'Organisation des Nations unies c'est bien sûr un grand bâtiment sur la première avenue. Mais c'est surtout 185 Etats réunis pour tenter d'assurer la paix dans le monde. Chacun est représenté par un ambassadeur et son équipe, appelée mission diplomatique. Au total 8900 personnes travaillent au siège principal de l'ONU ! Mais cette organisation n'a pas toujours existé...

Avant l'ONU, les pays n'avaient pas d'endroit pour discuter et éviter les guerres. Et pendant longtemps, jusqu'à la moitié du vingtième siècle, se faire la guerre était l'une des relations les plus courantes entre les pays. Car les Etats sont comme les êtres humains : il y en a des bons et des moins bons, des agressifs et des calmes ! Et chaque Etat s'est constitué au fil de l'histoire, en attaquant le pays voisin pour augmenter son territoire. "Je prends ce territoire, je te donne celui-là", c'est comme ça que se réglaient les conflits autrefois. Les frontières de la France se sont fixées au bout de sept à huit siècles d'expansion, après des victoires et des défaites. La France n'est pas née comme ça un beau matin !

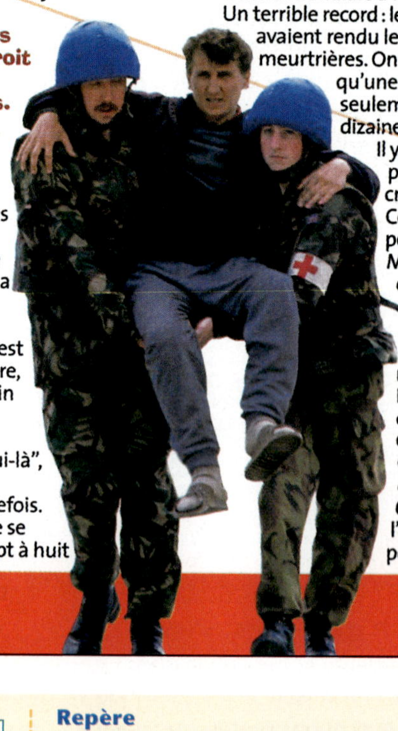

La Première Guerre mondiale fait naître l'idée d'une organisation pour changer les relations entre les pays. Au début du siècle, la Première Guerre mondiale a fait 20 millions de morts. Un terrible record : les progrès techniques avaient rendu les armes beaucoup plus meurtrières. On s'est rendu compte qu'une guerre n'était plus seulement l'affaire de quelques dizaines de milliers de militaires. Il y a eu alors un premier essai pour éviter les conflits : on a créé la Société des Nations. Cette organisation est un peu l'ancêtre de l'ONU. Mais elle n'a pas été très efficace car deux des pays les plus importants du monde, les Etats-Unis et l'Union soviétique n'en faisaient pas partie. Résultat, la SDN n'a pas empêché la Seconde Guerre mondiale. Ce grand conflit a duré de 1939 à 1945 faisant 60 millions de morts, l'équivalent de la population de la France...

*** Vocabulaire**

diplomate (n. m.), **ambassadeur** (n. m.) : représentant d'un État auprès d'un État étranger.

conflit (n. m.) : lutte, combat, contestation entre deux puissances qui se disputent un même droit ou un même intérêt.

médiateur (n. m.) : personne intervenant pour faciliter un accord entre plusieurs personnes.

▶ Pour en savoir plus, ouvre ton dictionnaire.

Repère

1. Dans quelle revue ce document a-t-il été publié ?
2. Pourquoi lit-on en titre « La leçon de Nicolas Galey » ?
3. Que signifie le sigle ONU ? Quel nom l'organisation du même type, instaurée après la Première Guerre mondiale, portait-elle autrefois ?
4. Où se trouve le siège le l'organisation ?
5. Que représentent les photographies ?

A la fin de la Seconde Guerre mondiale, 45 pays décident de garantir la paix dans le monde en créant l'ONU. Durant toute la Seconde Guerre mondiale, les nations qui combattaient l'Allemagne et ses alliés ont essayé d'imaginer comment organiser l'après-guerre. Elle se sont appelées les "Nations unies" et ont rédigé un texte : la *Charte de l'Atlantique*. C'est ce texte, signé par 45 pays en 1945, qui organise le fonctionnement de l'Organisation des Nations unies. Il fixe le siège de l'assemblée de tous les pays de l'ONU à New York. Il prévoit que lorsqu'ils se réunissent en assemblée générale, ils ont tous le même poids. Lors des votes, chaque pays a une voix : celle des Etats-Unis ne compte pas plus que celle de Monaco. Mais comme les décisions urgentes ne se prennent pas à 185, un organisme plus petit est créé : le Conseil de sécurité. En cas de crise, il se réunit et peut décider d'envoyer des observateurs ou autoriser une intervention militaire pour bloquer l'action du pays agresseur.
Cinq pays siègent en permanence au Conseil de sécurité : les Etats-Unis, la Chine, la Grande-Bretagne, la Russie (autrefois, l'URSS) et la France. A la tête de l'ONU, le Secrétaire général a un rôle important. C'est un médiateur, il se déplace partout où la paix est menacée. Il s'efforce de renouer le dialogue entre les pays en conflit. Actuellement, le Secrétaire général de l'ONU s'appelle Kofi Annan. Et pour faire respecter ses décisions, l'ONU dispose d'une armée : les Casques bleus. Ce sont des soldats mis à la disposition de l'Organisation par différents pays. Sur le terrain, ils ne se battent pas, ils sont neutres. Par exemple, ils évitent que les deux camps d'un même pays en guerre civile se rencontrent, ils surveillent le bon déroulement d'élections.

Mars 1998 : les Casques bleus, surveillent la frontière entre la Yougoslavie et la Macédoine. Ici, des soldats mis à la disposition de l'ONU par les Etats-Unis.

L'objectif essentiel de l'ONU est de maintenir la paix. Quand on regarde la télé, qu'on voit tous les affrontements entre certains pays d'Afrique, entre les Etats-Unis et l'Irak, ou les guerres civiles dans d'autres pays, on se demande parfois si l'ONU n'a pas échoué. Mais n'oublions pas que l'ONU est un ensemble de 185 Etats, gouvernés par des personnalités plus ou moins calmes et qu'il faut faire avec. Le bilan de l'ONU est certainement mitigé. Mais, si demain on décidait de supprimer cette organisation, on le regretterait aussitôt.

Le Secrétaire général de l'ONU

Kofi Annan, ghanéen, a été élu par l'Assemblée générale de l'ONU le 13 décembre 1996. Ce spécialiste des relations internationales (les relations entre les pays du monde) dirigera l'ONU jusqu'en 2001.

Union soviétique

Constituée en 1922, l'URSS (Union des républiques socialistes et soviétiques) réunissait 15 Etats dont la Russie et l'Ukraine. Mais, en 1992, cette superpuissance a éclaté : chaque Etat a pris son indépendance.

Okapi 15 mars 1999
37

Explique

1. Quelle est la mission de l'ONU ?
2. Quelle différence y a-t-il entre l'ONU et la Société des Nations ?
3. Qui travaille au sein de cette organisation qu'est l'ONU ?
4. Quelles sont les décisions de la charte de l'Atlantique ?
5. Quel rôle le Conseil de sécurité joue-t-il ?
6. Qui sont les Casques bleus ?

Histoire

Fais des recherches sur d'autres organisations internationales qui mènent des actions dans le domaine de la santé et de l'enfance.

« LA PEINTURE EST UNE ARME DE GUERRE »

Un artiste est le témoin de son temps. En 1937, pour exprimer sa révolte devant les horreurs de la guerre d'Espagne, Picasso* peint ***Guernica***, un tableau bouleversant, peut-être le plus tragique de notre siècle. Le peintre dénonce les atrocités de la guerre d'Espagne et, au-delà, la barbarie de toutes les guerres.

Guernica, 1937 – Huile sur toile, 351 x 782 cm, Madrid, musée du Prado.

UNE VILLE BOMBARDÉE

Le 26 avril 1937, une petite ville espagnole de sept mille habitants, Guernica*, subit un terrible bombardement faisant plus de 1 600 morts et plus de 800 blessés.

UN ARTISTE EN COLÈRE

En apprenant la terrible nouvelle, le peintre Picasso ressent toute l'horreur de ce crime. Il veut dénoncer cette atrocité et exprimer son dégoût de cette guerre qui fait sombrer l'Espagne dans un océan de douleur et de mort. Dès le 1er mai, l'artiste se met au travail. Il lui faudra plusieurs semaines pour élaborer son œuvre.

UN TABLEAU ORIGINAL

La toile est très grande, c'est un tableau immense pour l'époque. Les couleurs sont peu nombreuses ; le tableau est noir et blanc. Comme si les couleurs ne pouvaient pas entrer dans le tableau : l'absence de couleurs évoque la mort. Toute la composition* montre l'épouvante et la panique : hommes et bêtes éventrés et hurlant, cheval blessé hurlant, tête dressée, à la gueule ouverte et aux dents démesurées. Une femme se traîne sur le sol, tête renversée en arrière, et crie sa douleur en serrant son enfant mort dans ses bras. Un buste de femme apparaît à une fenêtre éclairant la scène de sa lampe.

Apparemment libre, ce tableau est, en réalité, rigoureusement construit dans l'espace rectangulaire de la toile.

Le cheval piaffant est contenu dans un triangle dont la hauteur correspond à l'axe vertical qui divise la toile en deux carrés.

Dans le premier quart du rectangle se trouve la silhouette du taureau ;

dans le second, « l'œil » lumineux et tragique de la lampe ;

dans le troisième, la fenêtre à laquelle se penche la femme avec la lampe ;

dans le dernier, un homme désespéré qui tend les bras vers le ciel.

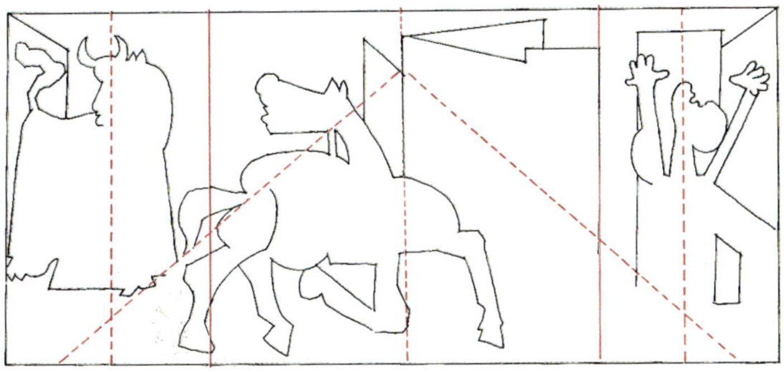

UN TÉMOIGNAGE

Le témoignage de Picasso ne vise pas à montrer ce qui s'est produit en réalité, mais à dénoncer la guerre en créant cette image pleine de violence et d'émotions. C'est un message, une manifestation qui dénonce le côté destructeur et la barbarie de la guerre. Chaque guerre, chaque crime commis est dénoncé par *Guernica*. « Non, la peinture n'est pas faite pour décorer les appartements, a dit Picasso, c'est un instrument de guerre offensive et défensive contre l'ennemi. »

*** Vocabulaire**

Picasso (1881-1973) : peintre, dessinateur, graveur et sculpteur espagnol. Son œuvre abondante, forte et originale a bouleversé l'art moderne.

Guernica : ville d'Espagne de plus de 16 000 habitants qui fut détruite par l'aviation allemande au service des franquistes pendant la guerre civile (1937). Nom d'une toile monumentale peinte par Picasso sur ce thème.

composition (n. f.) : manière d'assembler plusieurs parties, disposition des éléments.

▶ Pour en savoir plus, ouvre ton dictionnaire.

Repère

1. Quel nom la toile de Picasso porte-t-elle ?
2. Quelles sont ses dimensions ?
3. Quel procédé technique le peintre a-t-il employé ?
4. Quelles sont les couleurs dominantes ?
5. Quels sont les animaux représentés ?
6. Quelle est l'attitude des personnages ?

Explique

1. En quelles circonstances cette toile a-t-elle été réalisée ?
2. Comment la toile est-elle composée ?
3. Pourquoi la couleur est-elle si absente ? Pourquoi la toile est-elle immense ?
4. Que ressens-tu à la vue de ce tableau ?
5. Quel message le peintre veut-il faire passer ?
6. Pourquoi dit-on que « la peinture est une arme de guerre » ?

Arts plastiques

Fais un tableau qui évoque la guerre.

Le dormeur du val

C'est un trou de verdure où chante une rivière
Accrochant follement aux herbes des haillons
D'argent ; où le soleil, de la montagne fière,
Luit : c'est un petit val qui mousse de rayons.

Un soldat jeune, bouche ouverte, tête nue,
Et la nuque baignant dans le frais cresson bleu,
Dort ; il est étendu dans l'herbe, sous la nue,
Pâle dans son lit vert où la lumière pleut.

Les pieds dans les glaïeuls, il dort. Souriant comme
Sourirait un enfant malade, il fait un somme :
Nature, berce-le chaudement : il a froid.

Les parfums ne font pas frissonner sa narine
Il dort dans le soleil, la main sur sa poitrine,
Tranquille. Il a deux trous rouges au côté droit.

Octobre 1870.
Arthur RIMBAUD, *Poésies*.

L'homme blessé de Gustave Courbet (1855), Paris, musée d'Orsay.

La petite auto

Je n'oublierai jamais ce voyage nocturne où nul de nous ne dit un mot
Ô départ sombre où mouraient nos 3 phares
ô nuit tendre d'avant la guerre
ô villages où se hâtaient
MARÉCHAUX-FERRANTS RAPPELÉS
ENTRE MINUIT ET UNE HEURE DU MATIN
vers LISIEUX la très bleue
ou bien
versailles d'or
et 3 fois nous nous arrêtâmes pour changer un pneu qui avait éclaté

Guillaume APOLLINAIRE, Calligramme de « La petite auto », *Calligrammes*, 1918, coll. « Poésies », Gallimard.

LES TEMPS DIFFICILES

Un marchand de canons
avait des soucis
(qui n'en a pas ?)
son chiffre d'affaires
baissait, baissait
– était dérisoire, en somme.

Je ferais mieux de vendre
des scies ou des rasoirs,
disait-il à son président
président directeur général.

Et le monstre, honnête commerçant,
pour soulager
soulager sa peine et sa misère
faisait une prière
prière quotidienne
pour que
pour que la guerre
la guerre
la guerre enfin, quoi
la guerre arrange, mais oui,
arrange ses affaires
ses petites affaires
qui baissaient, qui baissaient
dans un monde
un monde si difficile,
si difficile à vivre
aujourd'hui.

Jules MOUGIN, *Poèmes des deux M.*,
Didier-Michel BIDARD, dans *Le Rire en poésie*,
coll. « Folio », Gallimard.

Fresque de la salle des Mois, XVe siècle, *Le Mois d'avril*, palais Schifanoia.

Émotions et sentiments

Trouver sa famille de cœur ne va pas sans efforts !

Un nouveau foyer

États-Unis. 1927. Walt, un enfant des rues, est adopté par maître Yehudi, le magicien. Celui-ci le conduit dans sa demeure.

– Grimpe, bonhomme, dit maman Sue. Sa voix me parut si grave et si masculine que je serais mort de peur si je n'avais su qu'elle pouvait sourire. Tu verras des couvertures là, derrière. Si tu as une idée de ce qui est bon pour toi, tu t'en couvriras. On a une longue route à faire dans le froid, et faudrait pas que tu arrives avec les fesses gelées.

– Il s'appelle Walt, fit le maître en montant à côté d'elle. De la graine de galopin à la cervelle puante qui traînait dans le ruisseau. Si mon flair est bon, c'est lui que je cherchais depuis tant d'années. Puis, se tournant vers moi, il ajouta brusquement : Voilà maman Sue, gamin. Conduis-toi bien avec elle et en échange, elle ne te fera que du bien. Contrarie-la, et tu regretteras d'être né. Elle a beau être grosse et édentée, elle est tout de même ce que tu auras de plus proche d'une mère.

Je ne sais pas combien de temps il nous fallut pour atteindre la maison. Elle se trouvait quelque part dans la campagne, à seize ou dix-sept miles* du bourg, mais je n'appris cela que plus tard car à peine enfoui sous les couvertures, dès que la charrette se mit en route, je m'endormis profondément.

Quand j'ouvris les yeux, nous étions arrivés, et si le maître ne m'avait réveillé d'une gifle, j'aurais sans doute dormi jusqu'au matin.

Il me précéda dans la maison tandis que maman Sue dételait le canasson, et la première pièce où nous entrâmes était la cuisine : un espace nu, mal éclairé, avec un poêle à bois dans un coin et une lampe au kérosène* qui vacillait dans un autre. Un garçon noir d'une quinzaine d'années était assis à une table, plongé dans un livre. Il n'était pas brun comme la plupart des gens de couleur que j'avais rencontrés chez nous, il était d'un noir d'encre, si noir qu'il semblait presque bleu. Un authentique Éthiopien, un négrillon sorti des jungles les plus ténébreuses de l'Afrique, et mon cœur manqua de s'arrêter de battre quand je l'aperçus. Il était frêle et osseux, avec des yeux protubérants* et des lèvres énormes, et lorsqu'il se leva pour nous accueillir, je remarquai qu'il se tenait tout tordu et de travers, que son corps bossu et anguleux était celui d'un infirme.

– Je te présente Ésope, me dit le maître, le meilleur gars qui fut jamais. Dis-lui bonjour et serre-lui la main, Walt. Il sera ton nouveau frère.

– J'serre pas la main d'un nègre, protestai-je. Z'êtes cinglé si vous imaginez que je ferais une chose pareille.

Maître Yehudi poussa un long et fort soupir. Cela ressemblait à une expression de chagrin plutôt que de dégoût, à un frisson monumental venu des profondeurs de l'âme. Et puis, d'un geste extrêmement calme et décidé, il courba l'index de sa main droite comme pour me faire signe d'approcher, l'immobilisa et plaça le bout de ce crochet juste sous mon menton, à l'endroit précis où la chair et l'os se rencontrent. Ensuite il se mit à appuyer, et tout d'un coup une douleur terrible envahit ma nuque et monta dans mon crâne. Jamais je n'avais eu aussi mal.

Je voulus crier, mais mon gosier était bloqué et je ne parvins à en sortir qu'un faible son nauséeux.

Le maître continuait à enfoncer son doigt, et soudain je sentis que mes pieds quittaient le sol. Je montais, je m'élevais dans les airs

*** Vocabulaire**

mile (n. m., mot anglais) : mesure de longueur anglo-saxonne valant environ 1 609 mètres.

kérosène (n. m.) : sorte de pétrole.

protubérant (adj.) : qui dépasse en forme de bosse.

aubaine (n. f.) : occasion inespérée.

scatman (n. m., mot américain) : chanteur de scat (style particulier de jazz). Dans le scat, les paroles sont remplacées par des onomatopées.

▶ Pour en savoir plus, ouvre ton dictionnaire.

Repère

1. Dans quel pays et à quelle époque l'histoire se passe-t-elle ?
2. Qui est l'auteur du roman ?
3. Quel est le titre du roman ?
4. Qui est le jeune héros ?
5. Quelles sont les grandes parties du récit ?
6. À quel temps la plupart des verbes sont-ils ?

telle une plume, et le maître paraissait accomplir cela sans le moindre effort, comme si je ne pesais pas plus lourd pour lui qu'une bête à Bon Dieu. Il me souleva jusqu'à ce que mon visage se trouve au niveau du sien et que je le regarde droit dans les yeux.

– On ne parle pas comme ça ici, gamin, dit-il. Tous les hommes sont frères, et dans cette famille tout le monde est traité avec respect. C'est la loi. Si elle ne te plaît pas, tu devras t'y faire. La loi est la loi, et quiconque y contrevient sera transformé en limace et passera le restant de ses jours à ramper dans la boue.

J'étais nourri et vêtu, j'avais ma chambre à moi. Je n'étais ni fessé ni battu, ne recevais ni coups de pied ni coups de poing, ni taloches sur les oreilles, et pourtant, si tolérable que fût ma situation, je ne m'étais jamais senti plus déprimé, plus rempli d'amertume et de fureur contenue. Pendant les six premiers mois, je ne pensai qu'à m'enfuir. J'étais un enfant des villes, né avec le jazz dans le sang, un gamin des rues, l'œil attentif à l'aubaine*, et j'aimais le brouhaha des foules, les grincements des trolleybus, la pulsation des néons, la puanteur du whisky de contrebande suintant dans les rigoles. J'étais un loustic au pied léger, un *scatman** miniature à la langue bien pendue, aux multiples facettes, et je me retrouvais planté au milieu de nulle part, sous des cieux qui ne jouaient que sur le temps – presque toujours mauvais.

Paul AUSTER, *Mr Vertigo*,
traduit de l'américain par Christine LE BŒUF, Actes Sud.

Petite biographie

Paul AUSTER

Né en 1944. Romancier américain, Paul Auster vit aujourd'hui à Brooklyn, un quartier de New York.
Poète, traducteur, romancier et scénariste, il est reconnu dans le monde entier comme l'un des écrivains américains les plus brillants de sa génération.

Explique

1. Pourquoi Walt part-il avec maître Yehudi ?
2. Quelle recommandation l'homme fait-il à propos de maman Sue ?
3. Pourquoi le jeune garçon refuse-t-il de serrer la main d'Ésope ?
4. En quels termes Walt fait-il le portrait d'Ésope ?
5. Comment maître Yehudi réagit-il ?
6. Quels sont les sentiments de Walt ?

Explore

1. Quels sont les indications qui montrent que ce récit se passe autrefois ?
2. Relève les expressions qui montrent que Walt s'exprime comme un gamin des rues.

Lecture Lis des romans sur le même thème, par exemple, *Sans famille* d'Hector Malot.

Musique Écoute de grands musiciens et chanteurs de jazz : Louis Armstrong, Ella Fitzgerald...

Quelle est donc cette alchimie du coup de foudre ?*

Coup de foudre

Vendredi 20 août – 18 h 10 : Je suis amoureux. Depuis quarante minutes, exactement. Fou d'amour. Transi. Tout chamboulé*. Ça tape dans ma poitrine, j'ai la gorge serrée. Je sens encore son regard caramel sur moi. Je nous revois rire aux éclats… C'est au carrefour entre l'avenue Verlaine et l'avenue Anatole-France que l'incident s'est produit. Maman s'empiffrait de mirabelles au feu rouge et lançait négligemment ses noyaux par sa fenêtre grande ouverte quand soudain, la passagère de la voiture d'à côté (qui avait aussi sa vitre baissée) s'est mise à hurler :

– Non, mais ! Faut surtout pas vous gêner ! On n'est pas votre poubelle !

Maman avait lancé un noyau à l'intérieur de la Safrane d'à côté ! Tout de suite, elle a ri, évidemment. C'est un réflexe chez elle : tout la fait rire et elle rit de tout. Elle s'est exclamée :

– Excusez-moi ! Je ne l'avais encore jamais faite, celle-là ! Ha ! Ha ! Ha !

La dame de la Safrane, elle, ne riait pas et maman a renouvelé joyeusement ses excuses :

– Vraiment désolée ! Si dans un ou deux ans, vous avez un mirabellier qui pousse dans votre voiture, vous saurez pourquoi ! Ha ! Ha ! Ha !

Mais la dame de la Safrane ne l'a pas du tout pris sur le même ton et elle a dit à son mari qui était au volant :

– Tu entends ça, Henri ? Cette femme se moque ouvertement de moi…

Après, je n'ai plus rien entendu parce que je l'ai vue. Elle était assise à l'arrière comme moi, à moins d'un mètre de moi, fenêtre fermée comme moi, et quand on s'est regardés, on s'est mis à rire, à rire, mais à rire… Plus sa mère tempêtait* et plus la mienne s'excusait, plus elle et moi, on riait. On riait en se regardant droit dans les yeux. Quand je ferme les yeux, je me souviens mieux de son visage. Elle a une petite tête de fouine toute fine, des cheveux courts et une natte plus longue qui tombe sur son épaule. Elle a des lunettes. Rondes ? Ovales ? Rondes, je crois. Elle a aussi un foulard brun avec des éléphants dessus. Ce foulard, je l'ai tout de suite remarqué car ma sœur Lucie a le même. Et puis, surtout, quand elle rit, ses yeux caramel se plissent à la japonaise et elle a deux petites fossettes qui creusent un peu ses joues. Un instant, elle a collé – involontairement je pense – son livre sur la vitre « Le Grand… » je ne sais plus quoi. « Le Grand… », « Le Grand Me… ». Peu importe, j'ai replongé mes yeux dans les siens jusqu'à ce que le feu passe au vert. Pendant que ma mère commençait à envisager de passer la première, son père a démarré en trombe. Elle s'est retournée vers moi, l'air grave. On ne s'est pas fait un seul signe de la main, on s'est juste regardés jusqu'à ce qu'on ne se voie plus. Puis, ma mère a démarré en lançant :

– Tu te rends compte, Jérémy, on ne peut même plus lancer des noyaux dans la voiture de son voisin sans se faire insulter !

Je n'ai pas répondu. Je veux la revoir.

Samedi 21 août – 9 h 03 : Je me réveille en pensant à la fille de la Safrane. Sa natte, ses fossettes, ses yeux caramel, notre fou rire.

11 heures environ : Avant d'aller prendre mon petit déjeuner, tout à l'heure, je suis passé dans la chambre de Lucie pour lui demander de me prêter son foulard à éléphants. C'est bête, je sais, mais j'ai envie de porter le même foulard qu'elle. Notre échange fut bref mais clair :

– Tu peux toujours courir ! m'a dit Lulu.

Je n'ai pas insisté. J'irai lui piquer tout à l'heure. Au petit déjeuner, j'ai demandé à maman si elle connaissait un livre qui s'appelait " Le Grand Me... " quelque chose. Elle n'a pas pu s'empêcher de faire une plaisanterie. Cette maladie de rire de tout, à mon avis, ça se soigne. Elle m'a dit :

– « Le grand meuh » ! Bien sûr que je connais ! C'est l'histoire d'une vache révolutionnaire qui organise une mutinerie* dans sa ferme...

Là, je lui ai coupé la parole et elle m'a dit :

– Oui, mon fils ! Je connais un livre qui commence par « Le Grand Me » et qui s'appelle « Le Grand Meaulnes ». Je l'ai lu quand j'avais quinze-seize ans.

Maman trouve que je suis un peu jeune pour lire ce livre mais elle m'a quand même promis de me le chercher dans sa bibliothèque. « Le Grand Meaulnes », je suis sûr que c'est ça. Comment la retrouver ? Je veux la revoir et j'y arriverai. Ce soir à 17 h 30, je retournerai au croisement Verlaine-Anatole France. Si elle aussi a envie de me revoir, c'est là qu'elle ira !

18 h 24 : Je l'ai vue et elle m'a vu ! Hé ! Hé ! Hé ! J'étais sur le trottoir, je guettais toutes les Safrane qui remontaient l'avenue quand ils sont passés, son père, sa mère et elle. Son père s'est arrêté au feu rouge et je crois que nous nous sommes reconnus en même temps. J'ai sursauté, elle aussi. Elle m'a regardé, moi aussi. Elle écarquillait les yeux, moi aussi. Elle m'a souri, j'ai grimacé et le feu a viré au vert. J'aurais dû courir, faire un signe, j'aurais peut-être dû relever le numéro d'immatriculation de sa voiture... Mais au lieu de tout ça, je suis resté immobile, les bras ballants. Le cœur battant et les jambes en coton. La bouche bée et les yeux ronds. Ses cheveux avaient l'air mouillés. J'ai vu sa natte, son foulard et ses lunettes. Elles sont ovales et pas rondes. Je n'ai pas vu ses fossettes, j'étais trop loin.

J'ai eu mal au ventre pendant tout le chemin du retour.

Cet après-midi, j'ai imaginé des dizaines de rencontres, des centaines de regards, des milliers de sourires. Amel est venu faire un baby-foot dans le jardin mais je l'ai envoyé promener :

– Je suis amoureux, je ne peux rien faire d'autre !

Amel s'est immobilisé, il m'a regardé avec des yeux de homard grillé, puis il s'est exclamé :

– Encore ! De la même ou d'une autre ?

Ça m'a refait penser à Nathalie. Avec toute cette histoire, je l'avais complètement oubliée. Comme maman qui a complètement oublié de sortir « Le Grand Meaulnes » de sa bibliothèque. Ça m'a énervé. Elle m'a dit :

– Ce n'est pas une B.D., tu sais ?

Puis faisant mine de prendre ma température, elle a ajouté :

– Jérémy, tu n'es pas malade au moins ?

J'ai hurlé :

– Arrête ! Et trouve-moi ce bouquin !

Ma mère s'est quand même retournée vers papa en lui disant :

– Tu entends ça, François ? Ton fils va lire un livre !

– En entier ? a demandé papa en se croyant drôle.

Ils n'y comprendront jamais rien : on peut se mettre à lire par amour, oui parfaitement.

Après, je suis allé dans la chambre de Lucie – madame était à la piscine – mais cette furie* avait prévu mon passage, elle avait posé un pot en plastique rempli de confettis sur le haut de sa porte. En ouvrant, évidemment, le pot a culbuté et il y en avait partout. En plus, elle avait laissé un mot au milieu du tapis : *« J'ai planqué l'aspirateur et j'ai embarqué le foulard ! »* Et c'était signé *« Ta sœurette qui pense à tout et qui t'enquiquine »*.

Parfois j'ai envie de la claquer. Je la déteste. J'ai remis les confettis dans le pot, j'ai emprunté l'aspirateur des voisins et j'ai tout redisposé comme avant.

Quand elle est rentrée, Lucie était rayonnante. Elle avait les cheveux mouillés et les éléphants autour du cou. Elle a retiré un confetti de mes cheveux en me disant d'un air détaché :

– Je me demande bien où tu es allé traîner toi, encore ?

Je l'aurai. Je les aurai : ma sœur et les éléphants.

*** Vocabulaire**

alchimie (n. f.) : ensemble plus ou moins mystérieux de réactions et de transformations.
chambouler (v.) : bouleverser.
tempêter (v.) : manifester bruyamment son mécontentement.
mutinerie (n. f.) : action de se révolter collectivement.
furie (n. f.) : femme déchaînée, emportée par la colère.
esquiver (v.) : éviter adroitement un coup.

▶ Pour en savoir plus, ouvre ton dictionnaire.

Repère

1. Quelles indications montrent que ce texte est un extrait de journal intime ?
2. Qui en est le narrateur ?
3. Où le coup de foudre a-t-il eu lieu ?
4. Qui sont les différentes personnes évoquées dans le journal ?
5. Quel est le titre du livre que Jérémy souhaite lire ?

Dimanche 22 – 11 heures : J'ai lu « Le Grand Meaulnes » jusqu'à minuit. Dès que je sentais mes yeux se fermer, je me levais et j'allais me passer de l'eau froide sur le visage. J'ai fait ça quatre fois de suite !

Ce matin, Lucie est venue me réveiller à 9 heures et demie. Elle est rentrée avec un masque d'éléphant ridicule qu'elle a fabriqué elle-même avec du carton et des rouleaux de papier W-C (pour la trompe) et sans rien dire, elle m'a déposé un plateau de petit déjeuner sur le tapis. Puis elle est sortie et je l'ai entendue barrir derrière la porte. C'est de l'humour, paraît-il.

J'aurais dû m'en douter, la première bouchée de croissant était piégée. J'ai mordu dans un petit mot enveloppé dans du papier d'aluminium. Le message disait : « *Raconte-moi pourquoi tu t'intéresses aux pachydermes et je te louerai mon foulard.* » C'était signé « *Babar* ».

Je lui ai préparé une réponse bien sentie que je lui ai remise tout à l'heure au salon : « *Je m'intéresse aux éléphants pour mieux te comprendre, ma grosse.* » Signé « *Ton frérot qui t'aime tant* ».

Avec ses quelques kilos en trop, j'étais sûr de mon effet : elle a essayé de me coller une gifle, je me suis esquivé* de justesse, elle m'a couru après en m'insultant et je me suis enfermé dans ma chambre.

Tout à l'heure, je retournerai au carrefour. Je la revois en train de rire et je souris.

Pourquoi est-ce qu'elle m'attire tant ? Elle est mignonne, mais Nathalie aussi…

Toujours dimanche matin : Je n'ai jamais embrassé Nathalie. Jamais. Avant qu'elle ne parte en vacances, je lui courais après, c'est vrai. Maintenant, c'est fini. Pour être franc, je n'ai jamais embrassé une fille.

Laurence GILLOT, « Coup de foudre »,
dans *Je bouquine*, n° 168, Bayard Presse Jeune.

Petite biographie

Laurence GILLOT

Journaliste à *l'Est républicain*, quotidien régional basé à Nancy en Meurthe-et-Moselle, Laurence Gillot aime raconter des histoires avec des personnages qui prennent la vie du bon côté, avec humour et imagination.

6. Combien de fois le jeune garçon écrit-il dans son journal le samedi ?

Explique

1. Qu'arrive-t-il au jeune Jérémy ?
2. Dans quel état son coup de foudre le met-il ?
3. Pourquoi Jérémy et la jeune fille rient-ils lors de leur rencontre ?
4. Pourquoi veut-il récupérer le foulard de sa sœur ?
5. À quel moment et pourquoi déteste-t-il sa sœur ?
6. Comment le garçon s'y prend-il pour voir la jeune fille ?

Explore

1. Quelles sont les expressions qui ont un rapport avec les sentiments éprouvés par Jérémy ?
2. Relève les termes qui dressent le portrait de la jeune fille.

Production d'écrit Fais le portrait de quelqu'un que tu apprécies particulièrement.

Arlequin amoureux

Petite biographie

Carlo Goldoni

1707 - 1793

Auteur comique italien. Carlo Goldoni étudia le droit, exerça de nombreux métiers (avocat, directeur de théâtre, consul de Venise), puis se consacra ensuite à sa passion : le théâtre. Il écrivit des tragi-comédies et des livrets d'opéra en italien et en français. Ses pièces étudient minutieusement les mœurs et les caractères de ses contemporains (*La Veuve rusée*, *Le Menteur*, *Les Rustres*). On le surnomme le Molière italien.

Le valet Arlequin est attablé dans une auberge. Une servante l'appelle à l'extérieur et lui remet un billet pour son maître.*

ARLEQUIN. – Je pose ce petit flacon et je suis tout à vous, ma chérie.

SMÉRALDINE, *à part*. – Il m'a appelée chérie ! *(À Arlequin.)*

Ma maîtresse envoie ce billet à monsieur Federigo Rasponi, et, le souci de ma réputation m'interdisant d'entrer dans une hôtellerie, j'ai eu l'extrême hardiesse de vous déranger pour que vous le lui remettiez.

ARLEQUIN. – Je le lui remettrai volontiers, mon petit cœur ; mais, auparavant, apprenez que, moi aussi, j'ai une commission à vous faire.

SMÉRALDINE. – De la part de qui ?

ARLEQUIN. – De la part d'un fort honnête homme. Dites, connaissez-vous un certain Arlequin Batocchio ?

SMÉRALDINE. – Il me semble l'avoir entendu nommer, mais je suis incapable de me rappeler où.

(À part)

Est-ce que ce ne serait pas lui ?

ARLEQUIN. – C'est un bel homme : courtaud, râblé*, spirituel*, éloquent*. De son métier, maître de cérémonies…

SMÉRALDINE. – Je ne le connais absolument pas.

ARLEQUIN. – Et pourtant, lui, il vous connaît et il est amoureux de vous.

SMÉRALDINE. – Oh, vous vous moquez de moi !

ARLEQUIN. – Et s'il pouvait espérer être un tout petit peu payé de retour, il se ferait connaître.

SMÉRALDINE. – Je vais vous dire, monsieur : si je le voyais et qu'il me plût, il se pourrait fort que je ne lui sois point cruelle.

*** Vocabulaire**

Arlequin (n. m.) : personnage de la *commedia dell'arte*. Il porte un habit composé de petits morceaux de drap triangulaires de diverses couleurs.

râblé (adj.) : petit et de forte carrure.

spirituel (adj.) : qui a de la vivacité et de l'intelligence, qui sait plaire.

éloquent (adj.) : qui a l'art de convaincre par la parole, qui s'exprime avec facilité.

▶ Pour en savoir plus, ouvre ton dictionnaire.

Repère

1. Qui est l'auteur de la pièce ? Comment le surnommait-on ?
2. Quels sont les titres des pièces mentionnées dans la biographie ?
3. Où la scène se passe-t-elle ?
4. Qui sont les deux personnages ?

Réfléchis

1. Qui est l'Arlequin Batocchio dont Arlequin parle ?

ARLEQUIN. – Vous voulez que je vous le fasse voir ?

SMÉRALDINE. – Je le verrai volontiers.

ARLEQUIN. – C'est l'affaire d'un instant…

Il entre dans l'hôtellerie.

SMÉRALDINE. – Donc, ce n'est pas lui.

Arlequin sort de l'hôtellerie, fait des révérences à Sméraldine, passe près d'elle, soupire et puis rentre dans l'hôtellerie.

SMÉRALDINE. – Je n'y comprends rien.

ARLEQUIN, *reparaissant*. – Vous l'avez vu ?

SMÉRALDINE. – Qui ça ?

ARLEQUIN. – Celui qui est amoureux de vos beautés.

SMÉRALDINE. – Mais je n'ai vu que vous.

ARLEQUIN, *soupirant*. – Eh oui !

SMÉRALDINE. – Celui qui prétend avoir un sentiment pour moi, serait-ce vous ?

ARLEQUIN, *avec un soupir*. – C'est moi.

SMÉRALDINE. – Pourquoi ne me l'avez-vous pas dit tout de suite ?

ARLEQUIN. – Parce que je suis un tout petit peu timide.

SMÉRALDINE, *à part*. – Il rendrait amoureux un rocher !

ARLEQUIN. – Et alors, qu'est-ce que vous me répondez ?

SMÉRALDINE. – Eh bien, je vous réponds que…

ARLEQUIN. – Allons, parlez !

SMÉRALDINE. – Oh, c'est que, moi aussi, je suis un tout petit peu timide.

ARLEQUIN. – Si on s'unissait tous les deux, ce serait le mariage de deux personnes un tout petit peu timides.

Arlequin.
Mise en scène de G. Strehler.

Carlo GOLDONI, *Arlequin, valet de deux maîtres*,
traduction de Michel ARNAUD, L'Arche Éditeur, Paris 1961.

2. Comment Arlequin présente-t-il à Sméraldine celui qui est amoureux d'elle ?
3. Est-elle heureuse de ce qu'elle apprend ?
4. À quels moments Sméraldine prend-elle le public à partie ?
5. À quoi servent les indications données par l'auteur aux acteurs ?

Lecture expressive

1. La scène est joyeuse : Arlequin est heureux de voir la jeune femme et de lui jouer un tour. Sméraldine est d'abord intriguée, intimidée, puis réjouie. Faites-le ressentir au public.
2. Manifestez la timidité évoquée à la fin avec une certaine lenteur.

Mise en scène • Jouez avec application les entrées et les sorties d'Arlequin : le comique de la scène repose sur ces déplacements.

• Prévoyez une longue jupe pour Sméraldine.

Le Journal des enfants

2 3

1

JDE

CROIX-ROUGE ET KOSOVO

Numéro gratuit
Vendredi 7 mai 1999

NUMÉRO SPÉCIAL RÉALISÉ PAR LE JOURNAL DES ENFANTS ET LA CROIX-ROUGE FRANÇAISE

5 EDITO

L'humanitaire, c'est quoi ?

6 *Dans humanitaire, il y a humain. C'est-à-dire nous tous : hommes, femmes, enfants. L'humanitaire, c'est aider les gens qui souffrent. On envoie des secours après une catastrophe naturelle (inondation, tremblement de terre, etc.). Mais aussi en temps de guerre, en cas de famine, de misère, de maladie, de pauvreté, etc.*

Mais aujourd'hui, ces idées ne sont pas appliquées partout. Dans certains pays, des gens servent de boucliers humains en cas de guerre. Des peuples sont massacrés (génocide) ou déplacés (épuration ethnique).

Un enfant réfugié. *(Photo AFP)*

C'est pour cela que des organisations humanitaires comme la Croix-Rouge jouent un rôle très important.

Elles ont le droit d'aller sur place et d'aider les gens. Elles apportent de la nourriture, des médicaments mais surtout un soutien pychologique (moral). Grâce à elles, des millions de vies sont sauvées.

En faisant ce numéro spécial, nous avons voulu montrer leur rôle tout en vous expliquant la guerre actuelle au Kosovo et en Serbie.

Coup de chapeau à tous ceux et celles qui font partie des organisations humanitaires.

7 ***Béatrice D'IRUBE***

Un Homme, une Vie : La Croix-Rouge 4

8

Tous les jours dans le monde les gens de la Croix-Rouge vont aider ceux qui souffrent. *(Photo AFP)*

Jean-Henri Dunant a consacré (donné) toute sa vie à la Croix-Rouge. 9

Il est né le 28 mai 1828, à Genève (en Suisse). Sa famille est aisée (assez riche). Mais un jour, il voit un champ couvert de soldats morts. Il y a aussi des blessés que personne ne soigne. C'est la bataille de Solferino (en Italie). Nous sommes en 1859. C'est la guerre. Les Français et les Italiens se battent contre les Autrichiens. Dunant restera marqué à vie par cette image atroce.

Depuis tout jeune, il est habitué à aider les autres. Son père s'occupait des orphelins et des prisonniers. Sa mère des pauvres.

A Solferino, Dunant organise les secours. Il s'occupe de tous les blessés, quel que soit leur camp. Les habitants l'aident. Il réussit à faire organiser une conférence à Genève, en 1863. Il explique que ceux qui vont aider les blessés de guerre sont neutres. Ils soignent tout le monde, sans s'occuper de quel pays ils viennent, de leurs idées ou de leur religion. Seul l'être humain compte.

La Croix-Rouge est née.

Le 25 août 1864, la Convention de Genève est signée par 16 pays. C'est un texte qui protège et permet de soigner les blessés ou prisonniers de guerre. 10

Mais Dunant dérange, il a trop de succès. Il va se retrouver seul, ruiné, malade pendant des années. Peu à peu, sa famille et des gens qui défendent son idée vont l'aider. En 1901, il est Prix Nobel de la Paix. Enfin, il est reconnu comme celui qui, par ses actions, a permis que la Croix-Rouge existe pour toujours.

Et lorsque nous voyons aujourd'hui la guerre du Kosovo, nous comprenons l'importance de la Croix-Rouge. Nous ne pouvons que dire merci à Jean-Henri Dunant. Un homme qui a mis sa vie au service des autres alors qu'il aurait pu vivre en ne pensant qu'à lui. 11

Comment ça marche ?

Il y a le CICR : **Comité International de la Croix-Rouge**. Il s'occupe d'aider les gens dans tous les pays du monde. Il visite les prisonniers, etc. Il y a une Croix-Rouge dans 175 pays sur 191. Dans chaque pays, il y a une **Société Nationale de la Croix-Rouge**. Par exemple, en France, c'est la Croix-Rouge Française. Elle est aidée par les antennes locales (dans les villes), départementales et régionales. Elle collecte (regroupe) les dons alimentaires (nourriture), elle soigne les gens pauvres (Samu social), etc. Enfin, la **Fédération Nationale de la Croix-Rouge et du Croissant-Rouge** : elle coordonne (organise) les secours en cas de catastrophes naturelles.

« *Croix-Rouge et Kosovo* », numéro spécial réalisé par le *Journal des enfants* et la Croix-Rouge française, vendredi 7 mai 1999.

Repères de lecture

1 La manchette : la partie supérieure de la « Une » (première page) du journal. Elle comporte le nom du journal, un gros titre et la date. Ici, on a en plus la mention, numéro gratuit. Quand ce n'est pas le cas, le prix est indiqué à cet endroit.

2 Un logo : le logo du journal utilise les premières lettres de chaque mot du nom *Journal des enfants*. Il permet d'identifier rapidement un objet ou une marque.

3 Un autre logo : le symbole de la Croix-Rouge. Très facilement identifiable, il est universellement compris.

4 Un gros titre : il est court et clair. Il attire l'attention et la curiosité du lecteur. Le choix de la couleur rouge est délibéré.

5 Édito : abréviation courante pour *éditorial*. La première page d'un journal comporte souvent un article dans lequel un journaliste exprime son opinion à propos de l'information principale. Ici, il s'exprime sur le thème général développé dans ce numéro spécial.

6 Une lettrine : la première lettre de l'article est mise en valeur.

7 Le nom de la journaliste qui a signé l'éditorial.

8 Une photographie : la source des photographies est mentionnée entre parenthèses (AFP, Agence France-Presse). Il est rare de montrer les gens de dos, comme c'est le cas ici ; cela permet de montrer à la fois l'action (les hommes partent secourir les autres) et les tenues de la Croix-Rouge.

9 L'attaque : elle présente brièvement le sujet de l'article (ici le portrait d'un homme). Elle annonce l'article.

10 Une rubrique : « Comment ça marche ? ». Elle donne des informations importantes, utiles et précises pour mieux connaître l'organisme.

11 La chute : la fin de l'article. Chaque article se termine par une conclusion, une opinion émise par l'auteur de l'article. La chute est brève et doit faire impression.

Repère

1. De quel journal s'agit-il ?
2. Quelle page de ce journal a-t-on reproduite ?
3. Quelle est la date de parution de ce numéro ?
4. Quel titre l'éditorial porte-t-il ? Qui l'a écrit ?
5. Quel est le gros titre de cette Une ?
6. Dans quelle partie trouve-t-on des renseignements sur l'organisme La Croix-Rouge ?
7. À quoi servent les photographies de cet article ?

Explique

1. En quelle circonstance cet article a-t-il été publié ?
2. Qui est l'homme dont on parle ? Pourquoi peut-on admirer et remercier cet homme ?
3. Qu'est-ce que l'humanitaire ?
4. Quelles sont les missions de la Croix-Rouge ?
5. Pourquoi les hommes de la Croix-Rouge doivent-ils être facilement identifiables ?
6. Quelle est l'idée développée dans la chute de l'éditorial et de l'article ?

ZOOM

6 QUESTI

Par courrier ou par téléphone, Marie, Alice et Eric, lectrices et lecteur de *L'Hebdo,* nous ont posé des questions sur l'amitié. Nos réponses...

"Ami ou copain, quelle est la différence ?"

Marie, 12 ans

Avec tes copains, tu rigoles, tu fais des farces, tu critiques les professeurs, les autres élèves, tu parles de ce que vous avez vu à la télévision... C'est bien beau, mais ça ne va pas plus loin.

Avec les amis (ou l'ami, le seul), c'est différent. Tu parles de tout, et aussi de choses très intimes : de tes petits bobos, de tes amours, de tes peurs et de tes doutes. Tu as confiance en lui, tu te confies et tu l'écoutes.

Tu peux également lui avouer une faute, une erreur, sans risque d'être (mal) jugé(e). Un ami peut te disputer, te secouer. Mais il ne te juge pas. Car les donneurs de leçons (parents, professeurs...), il y en a déjà bien assez.

"L'amitié, ça commence comment ?"

Eric, 11 ans

En fait, on n'en sait trop rien. C'est souvent le hasard d'une rencontre qui fait les bons amis. Un exemple : deux nouveaux arrivent au collège. Pas facile, car il faut faire face à l'adversité. Très vite, ils se repèrent, se mettent l'un à côté de l'autre en classe. Ils commencent par parler de tout et de rien. Puis, peu à peu, la confiance s'installe et les conversations laissent la place aux confidences.

"L'amitié chez les filles et l'amitié chez les garçons, est-ce pareil ?"

Marie

Pas tout à fait. Les garçons la vivent, et ils éprouvent rarement le besoin d'en parler.

Les filles sont plus expansives. Leur amitié est plus intime et semble plus profonde. Elles se parlent beaucoup, de vrais moulins à paroles ! Et lorsqu'elles ne se voient pas... eh bien, elles se téléphonent.

8

*** Vocabulaire**

doute (n. m.) : question et aussi hésitation, manque de confiance, soupçon envers quelqu'un ou quelque chose.

adversité (n. f.) : situation malheureuse.

confidence (n. f.) : déclaration faite en secret à quelqu'un.

expansif (adj.) : qui aime à communiquer ses sentiments.

▶ Pour en savoir plus, ouvre ton dictionnaire.

Repère

1. Sous quelle rubrique cet article est-il publié ?
2. À combien de questions répond-on ?
3. Quel est le prénom et l'âge des personnes qui ont posé les questions ?
4. Comment les questions sont-elles parvenues au journal ?
5. Quels sont les thèmes abordés dans les encadrés ?
6. Qui a rédigé cet article ?

MESDEMOISELLES...

- **Vous l'aurez sans doute remarqué : nous avons presque toujours écrit le mot "ami" au masculin. Rassurez-vous : nous ne vous avons pas oubliées. C'est tout simplement pour éviter de mettre des (e) ou des (elle) partout dans le texte.**

CINQ CONSEILS POUR GARDER UN(E) AMI(E)

1. **Ne pas trahir sa confiance. Il te confie un secret ? Garde-le pour toi.**
2. **Être disponible. Prends le temps de l'écouter.**
3. **Être solidaire. Entre amis, on se serre les coudes.**
4. **Le respecter et ne pas le juger. Un ami, ça se prend tel qu'il est et ça ne sert à rien de vouloir le changer.**
5. **Savoir le partager. Il a le droit d'avoir d'autres amis.**

EN CAS DE PROBLÈME...

- **Rupture douloureuse, solitude... il faut en parler. Pourquoi pas à tes parents, même si, pendant un temps, tu les as laissés tomber au profit des amis. Ils sont là pour te réconforter.**
- **Des spécialistes peuvent t'aider. En cas de gros souci, téléphone au "Fil santé jeunes" : 0800 235 236 (gratuit).**

NS SUR L'AMITIÉ

ersonne ne m'aime et n souffre. Comment me re des amies ?"

e, 11 ans

uvent, ne pas avoir d'amis, st déjà ne pas être ami c soi-même. C'est-ire ne pas se faire fiance. On pense 'on ne vaut rien, 'on ne peut pas éresser les autres. Il faut ayer de prouver le contraire : ntrer ses qualités et ce qu'on faire.

peux aller dans un club, où vas rencontrer des personnes partagent les mêmes goûts les mêmes passions que toi. général, ça crée des liens.

peux aussi organiser une fête y inviter tes camarades de sse. En fin de journée, tu ras certainement trouvé un une ami(e).

is pour cela, il faut parfois monter sa timidité.

ILLUSTRATIONS FLORENCE CESTAC

"Un garçon peut-il être ami avec une fille ?"

Marie

Bien sûr, et c'est souvent une très belle amitié. Mais, vers 13-14 ans, les sentiments peuvent être complètement bouleversés. Le désir s'installe, on a envie de séduire l'autre... L'amitié laisse la place à l'amour. Ce n'est pas toujours facile et il est important, à ce moment-là, de trouver un autre ami à qui se confier.

"Qu'est-ce qui peut mettre fin à l'amitié ?"

Eric

La jalousie, lorsqu'on refuse de partager un ami. La trahison, quand un ami a dévoilé un secret qu'on lui avait confié. La grosse dispute, si grave que toute réconciliation est impossible. Enfin, la séparation, lorsqu'un ami déménage.

Gérard Dhôtel

9

L'Hebdo des juniors, n° 295, du 24 au 30 avril 1999.

7. Combien de conseils pour garder un ami donne-t-on ?
8. Quels sont les motifs qui peuvent mettre fin à une amitié ?

Explique

1. Pourquoi le mot *ami* est-il écrit au masculin ?
2. Quelle différence y a-t-il entre un ami et un copain ?
3. Garçons et filles voient-ils l'amitié de la même façon ? Es-tu d'accord avec ce qu'en dit l'article ?
4. Comment peut-on se faire des amis ?
5. Que peut faire une personne qui a des problèmes ?
6. Quelle différence fait-on entre amour et amitié ?

Production d'écrit

Fais une liste de tes amis préférés. Choisis un de tes amis et dis pourquoi tu l'apprécies.

rs

umaine de trois minutes
département de psychologie
estern State College,
Janneson,Col.).

Le baiser
provoque de telles palpitations
que le cœur travaille en 4 secondes
plus qu'en 30 minutes.
Les statistiques prouvent
que 480 baisers
raccourcissent la vie d'un jour,
que 2 360 baisers
vous privent d'une semaine,
et que 148 071 baisers
c'est tout simplement une année de perdue.

Paul MORAND, *Poèmes*, Gallimard.

Il pleure dans mon cœur
Comme il pleut sur la ville,
Quelle est cette langueur
Qui pénètre mon cœur ?

Ô bruit doux de la pluie
Par terre et sur les toits !
Pour un cœur qui s'ennuie
Ô le chant de la pluie !

Il pleure sans raison
Dans ce cœur qui s'écœure.
Quoi ! nulle trahison ?
Ce deuil est sans raison.

C'est bien la pire peine
De ne savoir pourquoi,
Sans amour et sans haine,
Mon cœur a tant de peine !

Paul VERLAINE, Romances sans paroles.

Au premier regard

Au premier regard
Sans un mot
Nous savions tout l'un de l'autre.
Une famille invisible
Nous réunit.
Point besoin de dire :
« Nous sommes amis. »
C'était ainsi depuis tout temps.
Une émotion ? À peine.
Pour moi, tu as toujours raison
Et moi pour toi.
Nous sommes prêts à tout l'un pour l'autre,
Tu donnes, je donne sans calcul.
Pourquoi ?
Ce plaisir léger, tenace,
Parfume, discret, pudique,
La vie
Meilleure qu'elle-même.

Frédéric KLIESEL, dans J. CHARPENTREAU,
L'Amitié des poètes, Hachette Jeunesse.

Hercule contre le lion de Némée. Vase grec.

…Vers la sixième

La mythologie

Quand la vie ne tient qu'à un fil ou à la couleur d'une voile…

Thésée et le Minotaure

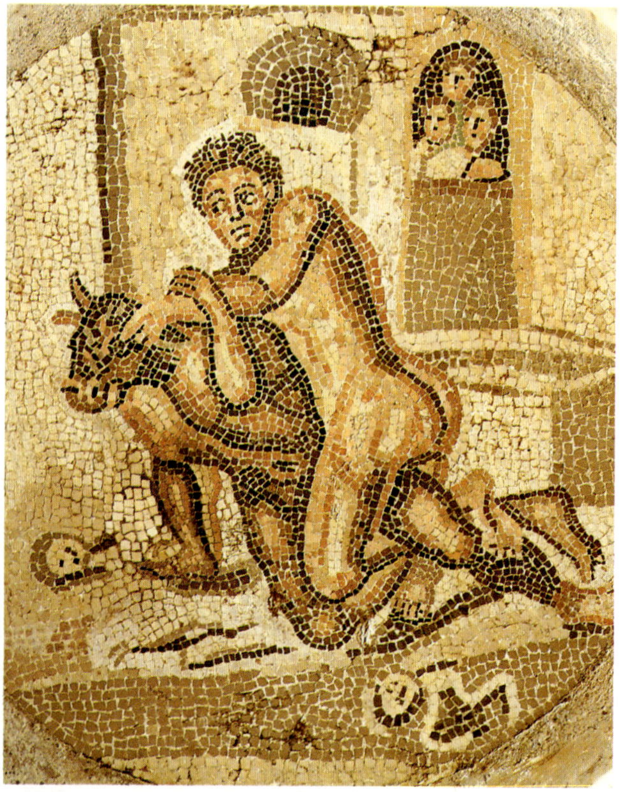

Thésée
combattant le Minotaure.
Mosaïque romaine.

Le Minotaure, monstre mi-homme mi-taureau, est le demi-frère d'Ariane, fille de Minos, roi de Crète. Dévoreur de jeunes gens, le Minotaure vit dans un labyrinthe d'où nul ne peut sortir. Thésée, le fils d'Égée, roi d'Athènes, veut vaincre le Minotaure pour sauver les jeunes gens. Ariane a fait un marché avec Thésée : elle lui livre le moyen de sortir du Labyrinthe à condition qu'il l'emmène ensuite avec lui et l'épouse.

Il partit seul, le fil d'Ariane toujours en main. Soudain, il aboutit à une esplanade* circulaire semblable à une arène*. Là se tenait un monstre encore plus effrayant que tout ce qu'il avait imaginé : un géant à la tête de taureau, dont les bras et les jambes possédaient des muscles noueux comme des troncs de chêne. En voyant entrer Thésée, il meugla un effroyable cri de satisfaction gourmande. Sous ses naseaux, sa gueule ouverte bavait. Il baissa sa tête bovine et poilue, pointant ainsi des cornes acérées* vers sa proie. Puis il s'élança vers sa future victime en rabotant le sable de ses pieds cornus.

Le sol était jonché d'ossements. Thésée ramassa le plus gros, il le brandit. Au moment où le monstre allait l'embrocher, il s'écarta pour lui assener sur le mufle un coup suffisant pour assommer un bœuf… mais pas assez violent pour tuer un Minotaure !

Le monstre hurla de douleur. Sans lui laisser le temps de reprendre ses esprits, Thésée agrippa les deux cornes à pleines mains pour mieux bondir sur les épaules poilues. Ainsi juché, il referma ses jambes en ciseaux sur le cou de son ennemi ; et, de toutes ses forces, il serra ! Privé de respiration, le monstre, furieux, se débattit. Il ne pouvait encorner cet adversaire qui faisait désormais corps avec lui ! Il gigota, tomba, roula à terre. Malgré le sable qui s'infiltrait dans ses oreilles et dans ses yeux, Thésée ne lâchait pas prise, comme Ariane le lui avait recommandé.

Peu à peu, les forces du Minotaure déclinèrent. Bientôt, il jeta un épouvantable meuglement de rage, eut un sursaut… et rendit le dernier soupir ! Alors, Thésée s'écarta de l'énorme chose inerte. Son premier réflexe fut d'aller récupérer le fil d'Ariane.

Le silence insolite et prolongé avait attiré ses compagnons.

– Incroyable… Tu as vaincu le Minotaure ! Nous sommes sauvés !

Thésée réclama leur aide pour arracher les cornes du monstre.

– Ainsi, expliqua-t-il, Minos saura qu'il n'a plus de tribut* à réclamer !

– À quoi bon ? Certes, nous avons été épargnés. Mais une mort lente nous attend : jamais nous ne retrouverons la sortie.

– Si, affirma Thésée en leur montrant le fil. Regardez !

Fébriles*, ils se mirent en route. Grâce au fil, ils refaisaient à l'envers le long et tortueux trajet qui les avait menés jusqu'au Minotaure. Thésée avait du mal à calmer son impatience. Il se demandait quel dieu bienveillant avait soufflé cette idée géniale à Ariane. Bientôt, le fil se tendit : à l'autre bout, quelqu'un le tirait avec autant de hâte que lui. Enfin, après plusieurs heures, ils émergèrent à l'air libre. Le héros fourbu jeta les cornes sanguinolentes du Minotaure à terre, près de l'entrée.

– Thésée… enfin ! Et tu as réussi !

Éperdue d'amour et de joie, Ariane se précipita vers lui. Ils s'étreignirent. La fille de Minos eut un regard attendri pour l'énorme écheveau désordonné que Thésée avait encore en main.

– Tout de même, reprocha-t-elle en souriant, tu aurais pu songer à mieux le rembobiner…

L'aube approchait. Accompagnés d'Ariane, Thésée et ses compagnons se faufilèrent dans les rues de Cnossos et rejoignirent le port.

– Percez la coque de tous les navires crétois ! ordonna-t-il.

– Pourquoi ? s'interposa Ariane, étonnée.

– Tu t'imagines que ton père ne va pas réagir ? Qu'il va laisser s'enfuir avec sa fille celui qui a tué l'enfant de son épouse ?

– C'est vrai, admit-elle. Et je me demande bien quelle punition il va infliger à Dédale, puisque son Labyrinthe n'a pas protégé le Minotaure comme mon père l'espérait !

Quand le soleil se leva, la galère de Thésée avait quitté la Crète. Elle cinglait* joyeusement et à vive allure vers la Grèce… […]

Ariane et Thésée.
Détail d'une cruche à verser du VIIe siècle av. JC.

*** Vocabulaire**

esplanade (n. f.) : terrain plat et découvert, place.
arène (n. f.) : piste située au centre d'un amphithéâtre.
acéré (adj.) : dur, tranchant et pointu.
tribut (n. m.) : contribution forcée, imposée au vaincu par le vainqueur (Minos avait exigé un tribut annuel de 14 jeunes gens que le Minotaure dévorait).
fébrile (adj.) : qui est agité, excité.
cingler (v.) : faire voile dans une direction, naviguer.

▶ Pour en savoir plus, ouvre ton dictionnaire.

Repère

1. Quel est le titre du livre d'où ce texte est extrait ?
2. Où les différentes actions se passent-elles ?
3. Quel monstre Thésée doit-il vaincre ?
4. Comment s'y prend-il pour le vaincre ?
5. Qui a construit le Labyrinthe ?

Explique

1. Pourquoi Thésée veut-il tuer le Minotaure ?

Mais une tempête se lève et Thésée se réfugie dans l'île de Naxos. Au petit matin, il repart vers Athènes, laissant Ariane endormie sur la grève. Bouleversé, il oublie le code qui l'unit à son père : si les voiles du navire sont blanches, c'est que Thésée est sauf, si elles sont noires, c'est qu'il est mort.

Cinglant à nouveau vers Athènes, il s'accusait d'ingratitude. Préoccupé, il en oublia la recommandation que son père lui avait faite…

Posté au sommet du phare qui se dressait à l'entrée du Pirée, le guetteur hurla, la main en visière au-dessus des yeux :
– Un navire est en vue ! Oui… c'est la galère qui revient de Crète. Vite, allez prévenir le roi !
Moins de trois kilomètres séparent Athènes de son port. Fou d'espoir et d'inquiétude, le vieux roi Égée accourut sur les quais.
– Les voiles ? demanda-t-il en levant la tête vers le guetteur. Peux-tu apercevoir les voiles et me dire quelle en est la couleur ?
– Hélas, grand roi, elles sont noires.
Le vieil Égée ne voulut pas en savoir davantage. Éperdu de douleur, il se jeta à la mer et s'y noya.
Quand la galère aborda, on venait de ramener le corps du vieil Égée sur le rivage. Thésée se précipita vers lui. Il devina aussitôt ce qui était arrivé et se maudit pour sa négligence.
– Mon père ! Non… Je suis vivant ! Revenez à vous, par pitié !
Mais il était trop tard : Égée était mort. Le chagrin qui submergea Thésée lui fit d'un coup oublier sa récente victoire sur le monstre. Amer, le héros songea qu'il venait de perdre une épouse et un père.
– Désormais, Thésée, tu es roi ! firent les Athéniens en s'inclinant.
Le nouveau souverain se recueillit devant la dépouille d'Égée. Solennellement, il décréta :
– Que cette mer, désormais, porte le nom de mon père adoré !
Et c'est depuis ce jour funeste où le vainqueur du Minotaure revint de Crète que la mer qui borde la Grèce porte le nom d'Égée.

Christian GRENIER, dans *Contes et Légendes des héros de la mythologie*, Nathan.

Petite biographie

Christian GRENIER

Né en 1945, amoureux de toutes les littératures, Christian Grenier a écrit des nouvelles, des contes, des pièces de théâtre, des romans policiers, des scénarios de B.D., de dessins animés pour la télévision et une cinquantaine de romans. Il se passionne également pour la science-fiction.

2. Pourquoi Ariane l'aide-t-elle ?
3. Comment Thésée et ses compagnons sortent-ils du Labyrinthe ?
4. Pourquoi Thésée s'accuse-t-il d'ingratitude ?
5. Pourquoi la mer qui borde la Grèce s'appelle-t-elle la mer Égée ?

Explore

1. Relève les expressions qui comparent le Minotaure à une bête ; et celles qui le comparent à un homme.
2. Relève les termes concernant le milieu marin.

Géographie

Situe la Grèce sur une carte et recherche des illustrations sur les lieux décrits dans ce texte (la Crète, l'île de Naxos, Athènes, le Pirée, la mer Égée).

Art Visite un musée ou lis des livres pour découvrir les œuvres de la Grèce antique.

Quel sera donc le vainqueur de l'épreuve ? Le vieil Ulysse peut-il encore triompher ?

L'arc d'Ulysse

Ulysse, roi d'Ithaque, époux de Pénélope et père de Télémaque, est parti combattre Troie, la cité ennemie. Une fois la guerre finie, il effectue un long voyage de retour plein d'aventures et de périls. Certains pensent qu'il ne reviendra plus. Mais Ulysse déguisé en mendiant arrive au palais.

Dans son royaume, sa femme l'attend mais elle subit la pression d'un grand nombre de prétendants qui veulent prendre la place de son mari sur le trône. Pour les éloigner, elle trouve un subterfuge*.*

Ulysse et les sirènes.
Mosaïque romaine du IIIe siècle.

L'après-midi vint, et la déesse Athéna inspira à Pénélope de proposer une épreuve aux prétendants, car ceux-ci la pressaient de choisir l'un d'entre eux comme époux. Le divin Ulysse, au temps de son règne, possédait des haches qu'il rangeait en ligne comme des mâts de navire, et il aimait s'adonner à un jeu : debout, à une assez grande distance, il les traversait toutes d'une flèche à l'aide de son arc.

Pénélope se hâta de monter avec ses servantes dans la chambre haute où étaient enfermés l'arc courbe, le carquois et les terribles flèches. En les décrochant, elle pleura amèrement puis, après s'être rassasiée de larmes, elle alla à la grand-salle vers les prétendants arrogants. Alors, inspirée par Athéna, elle leur lança un défi : celui qui, de ses mains, tendrait le plus facilement l'arc et qui lancerait une flèche à travers les douze anneaux des haches, celui-là pourrait l'épouser. Elle ordonna alors au porcher* Eumée de porter aux prétendants l'arc et les flèches. Eumée obéit en pleurant, et un autre serviteur fidèle, quand il vit l'arc du maître, pleura aussi. Antinoos se moqua d'eux et leur dit :

« Paysans puérils, pourquoi bouleverser encore par vos pleurs l'âme de cette femme qui est en proie à la douleur, depuis qu'elle a perdu son cher mari ? Allez pleurer dehors, et laissez cet arc ici. Ce sera pour nous une épreuve pénible, car je ne pense pas qu'on

Statue d'Athéna.

bande aisément la corde de cet arc. Il n'y a point ici d'homme aussi fort qu'Ulysse. Je l'ai vu moi-même et je m'en souviens, bien que je fusse encore jeune. »

Antinoos parlait ainsi, mais il espérait secrètement réussir à lancer une flèche à travers les douze haches. Télémaque alors prit la parole :

« Allons, ne retardez pas l'épreuve, hâtez-vous afin que nous voyions qui vous êtes. Moi-même, j'essaierai cet arc ; si je le tends, et si d'un trait je lance une flèche à travers les haches, alors ma mère vénérable* ne quittera point la demeure et ne m'abandonnera point, moi qui serai désormais capable de vaincre aux nobles jeux comme mon père ! »

Il se leva, retira son manteau pourpré*, et il détacha son épée. Puis, ayant creusé un long fossé, il dressa les haches en ligne et il les maintint droites avec de la terre. Tous étaient stupéfaits de son adresse, car ils ne l'avaient jamais vu faire. Enfin, il se mit debout sur le seuil et il essaya l'arc. Trois fois, il faillit le tendre, trois fois la force lui manqua. Et comme il tentait une quatrième fois, Ulysse lui fit un signe qui le retint. Alors Télémaque parla ainsi aux prétendants :

« Ô dieux! Ou je ne serai jamais qu'un homme sans force, ou je suis trop jeune encore et n'ai point la vigueur qu'il faudrait.

Allons ! Vous qui êtes plus forts que moi, essayez et terminons cette épreuve. »

Puis, il déposa l'arc contre les battants de la porte et retourna s'asseoir sur le trône.

Antinoos engagea alors les prétendants à tenter de relever le défi de Pénélope. Le premier qui tenta l'épreuve s'abîma vainement les doigts et dit aux autres :

« Amis, qu'un autre essaie. Mais je crois que nous devons renoncer à l'espoir d'épouser Pénélope. Il faut chercher une femme ailleurs. »

Ils placèrent l'arc devant le feu pour l'amollir et tour à tour ils tentèrent de le tendre sans y parvenir car ils étaient loin d'avoir assez de force. Seul Antinoos ne s'était pas encore essayé. C'est alors qu'Ulysse entraîna le porcher Eumée et l'autre serviteur fidèle hors de la demeure, et il leur dit :

« Je ne vous cacherai rien. Mon âme m'ordonne de parler. Je suis Ulysse. Après avoir souffert de maux innombrables, je reviens vingt ans après sur la terre de ma patrie. Je sais que, seuls parmi les serviteurs, vous avez désiré ardemment mon retour, et je n'en ai entendu aucun autre éprouver les mêmes sentiments. »

Ulysse. Vase grec du Ve siècle av. J.-C.

Afin de leur prouver qui il était, il montra sa grande cicatrice au pied. Quand tous deux l'eurent reconnu, ils pleurèrent en l'étreignant, et ils baisèrent sa tête et son épaule. Mais Ulysse les arrêta et leur donna des ordres pour agir une fois qu'ils seraient de nouveau dans la grand-salle. Il dit au porcher de lui remettre l'arc, malgré les protestations des prétendants, quand il lui ferait un signe. Puis il demanda au serviteur fidèle de fermer les portes de sa demeure, ainsi que celles de la cour, et d'en pousser le verrou.

Ulysse regagna la grand-salle. Aucun des prétendants n'était parvenu à tendre l'arc, et Antinoos, pour éviter l'humiliation de l'échec, prétexta une fête en l'honneur d'Apollon pour retarder l'épreuve. Mais Ulysse prit soudain la parole :

« Écoutez-moi, prétendants de l'illustre reine. Donnez-moi cet arc, afin que devant vous je fasse l'épreuve de mes mains et de ma force, et que je voie si j'ai conservé ma puissance d'autrefois dans mes membres alertes ou bien si ma vie errante me l'a enlevée ! »

En entendant ces propos, tous les prétendants s'irritèrent. Ils craignaient secrètement que le misérable étranger ne réussisse à tendre la corde de l'arc. Antinoos l'injuria violemment en l'accusant d'être ivre, et lui conseilla de ne pas chercher à combattre des hommes plus jeunes que lui. Puis, il s'adressa à ses amis :

Ulysse et Pénélope.
Terre cuite. 450 av. J.-C.

« Chassons cet homme, car il ne serait point convenable qu'il prétende épouser la reine. Nous ne devons pas risquer que ce misérable parvienne à tendre l'arc, car nous devons aussi craindre l'opinion du peuple. Que penserait-il de prétendants qui ne seraient pas parvenus à faire ce qu'un misérable vagabond aurait réussi aisément ? »

La reine Pénélope intervint pour défendre le vieillard ; selon elle, l'étranger, en voulant participer à l'épreuve, n'avait point la prétention de l'épouser. Elle défia ainsi les prétendants :

« Comment pouvez-vous être respectés par le peuple en méprisant et en ruinant la maison d'un homme brave et irréprochable ! Et quelle honte craignez-vous ? Vous vous êtes déjà couverts de honte. Si cet étranger tend l'arc de mon divin époux, je le couvrirai de beaux vêtements, d'un manteau et d'une tunique, je lui donnerai une lance pour qu'il se défende des

*** Vocabulaire**

prétendant (n. m.) : qui revendique un trône auquel il prétend avoir droit, ou qui veut épouser une femme.
subterfuge (n. m.) : ruse.
porcher (n. m.) : gardien de porcs.
vénérable (adj.) : digne de grand respect.
pourpré (adj.) : de couleur rouge vif.
dessein (n. m.) : intention, projet.

▶ Pour en savoir plus, ouvre ton dictionnaire.

Repère

1. Qui a écrit ce récit ?
2. De quel livre cet extrait provient-il ?
3. Où la scène se passe-t-elle ?
4. Qui sont les personnages en présence ?
5. Quelles sont les grandes parties du texte ?
6. De quelle déesse parle-t-on ? Quel est son rôle ?

chiens et des hommes, et une épée à deux tranchants. Je lui donnerai aussi des sandales, et je lui permettrai de retourner là où son cœur et son âme désirent ardemment aller ! Donnez-lui donc l'arc d'Ulysse afin que l'on voie ce qu'il fera. »

Le jeune Télémaque approuva sa mère et lui assura que l'étranger tenterait l'épreuve, mais il lui ordonna aussi de regagner au plus vite sa chambre haute en ajoutant :

« Le jeu de l'arc est l'affaire des hommes, et en premier lieu mon affaire, car je suis le maître de ces lieux. »

Stupéfaite, Pénélope remonta vers sa chambre en pensant aux paroles de son fils.

Le porcher, encouragé par Télémaque, prit l'arc et l'amena à travers la salle, au milieu du tumulte et des protestations des prétendants. Il remit l'arc et le carquois empli de flèches à Ulysse dissimulé sous les traits du mendiant. Pendant ce temps, le serviteur fidèle verrouillait les portes de la demeure et de la cour. Ulysse déjà maniait son arc, le tournant de tous côtés, examinant si les vers n'avaient point rongé la corne pendant son absence. Les prétendants murmuraient entre eux en le regardant :

« Ce vieillard doit être un amateur ou un voleur d'arc...

– Peut-être en possède-t-il un semblable dans sa demeure ?

– Comme ce vagabond, plein de mauvais desseins*, le retourne entre ses mains ! »

Ou bien ils disaient encore :

« Plût aux dieux que cet arc lui porte malheur ! »

Le subtil Ulysse, lorsqu'il eut bien soupesé et étudié l'arc en tous sens, le tendit aussi aisément qu'un homme tend les cordes de la cithare. Il tendit de sa main droite la corde et la fit résonner avec ses doigts comme un cri d'hirondelle. Une amère douleur saisit alors les prétendants qui pâlirent d'angoisse. Zeus tonna fortement, faisant un signe manifeste. Ulysse alors saisit une flèche qui était hors du carquois. Il l'ajusta sur l'arc, prit la corde et la plaça sur l'encoche et, sans même se lever de son siège, il tira en visant juste. Il ne manqua pas une des douze haches.

HOMÈRE, *L'Odyssée*,
d'après la traduction de LECONTE DE LISLE, Hachette.

Petite biographie

HOMÈRE

Poète grec vivant vers 850 av. J.-C. Son existence mystérieuse est entourée de légendes. On disait qu'il était aveugle et qu'il errait de ville en ville en chantant pour le public les aventures des héros et des dieux, en vers. Auteur de *L'Iliade* et de *L'Odyssée* : deux récits fabuleux qui font de lui un des plus grands poètes de tous les temps.

Explique

1. Comment le nouveau roi sera-t-il désigné ?
2. Pourquoi Pénélope pleure-t-elle ?
3. Pourquoi Ulysse révèle-t-il son identité à ses serviteurs ?
4. Pourquoi Télémaque demande-t-il à sa mère de se réfugier dans sa chambre ?
5. Pourquoi les prétendants pâlissent-ils d'angoisse ?

Explore

1. Quelles sont les expressions qui se rapportent à l'arc ?
2. Quelles sont les paroles par lesquelles Ulysse demande de participer à l'épreuve ?

Lecture

Lis d'autres aventures de *L'Iliade* (le Cheval de Troie) et de *L'Odyssée* (le Cyclope).

Œdipe roi

Petite biographie

SOPHOCLE

495 - 406 av. J.-C.

Poète tragique grec, Sophocle eut un très grand succès au théâtre. On lui attribue de très nombreuses tragédies mais il ne nous en reste que quelques-unes. Il a fait évoluer la tragédie grecque en donnant une plus grande place à l'action et au dialogue, en diminuant le chant et les chœurs. Il adopta aussi des costumes réels et des décors peints qui rendaient les représentations plus expressives.

Le roi Laïos a été averti par l'oracle qu'il serait tué par son propre fils et que celui-ci épouserait sa mère. Pour que la prédiction ne se réalise pas, les parents abandonnent leur enfant sur une montagne. Mais il est recueilli par des bergers. Devenu adulte, Œdipe se renseigne sur les mystères de sa naissance.*

LE MESSAGER. – À présent, dis-moi, te souviens-tu qu'un jour tu m'as confié un enfant, à charge de l'élever comme mon propre fils ?

LE SERVITEUR. – De quoi t'avises-tu de me demander cela ?

LE MESSAGER. – Le voici, mon brave, ton nourrisson d'autrefois !

LE SERVITEUR. – Que la peste t'étouffe ! Ne veux-tu point tenir ta langue ?

ŒDIPE. – Allons, ne le gronde pas, vieillard. C'est toi, plutôt, que je devrais gronder.

LE SERVITEUR. – Ô mon excellent maître, en quoi ai-je méfait* ?

ŒDIPE. – Tu ne lui as pas répondu au sujet de l'enfant.

LE SERVITEUR. – Il parle en étourdi. Mais il perd sa peine*.

ŒDIPE. – Toi, si tu ne veux pas parler, prends garde : je saurai bien t'y forcer.

LE SERVITEUR. – Au nom des dieux, ne malmène pas un vieillard !

ŒDIPE. – Qu'on lui attache immédiatement les mains derrière le dos.

LE SERVITEUR. – Ah ! pauvre de moi ! Pour quoi faire ? Qu'as-tu besoin de savoir ?

ŒDIPE. – L'enfant dont parle cet homme, le lui as-tu remis ?

LE SERVITEUR. – Eh oui ! J'aurais mieux fait de mourir, ce jour-là.

ŒDIPE. – Cela t'arrivera aujourd'hui, si tu caches ce que tu dois révéler.

LE SERVITEUR. – Dis plutôt que, si je parle, je suis mort.

ŒDIPE. – Cet homme-là nous amuse, c'est clair.

LE SERVITEUR. – Moi ? J'ai déjà dit que j'avais remis l'enfant.

ŒDIPE. – Où l'avais-tu pris ? Était-il à toi ? Le tenais-tu d'un autre ?

*** Vocabulaire**

oracle (n. m.) : réponse donnée par une divinité, annonce faite sur ce qui va arriver.

méfaire (v. vieilli) : faire une mauvaise action.

perdre sa peine (v.) : faire des efforts inutiles.

faire périr (v.) : tuer.

prédestiné (adj.) : dont le destin heureux ou malheureux est fixé à l'avance.

▶ Pour en savoir plus, ouvre ton dictionnaire.

Repère

1. Qui a écrit ce texte ? À quelle époque ?
2. Qui sont les personnages qui interviennent dans cette scène ?
3. Quelles sont les informations données dans l'amorce ?
4. Quel est le personnage qui est qualifié de vieillard ?

LE SERVITEUR. – Il n'était pas à moi ; je l'avais reçu.

ŒDIPE. – De quel citoyen ? De quelle famille ?

LE SERVITEUR. – Non, par les dieux, non, maître ! ne m'interroge pas plus avant.

ŒDIPE. – Tu es mort si je répète ma question.

LE SERVITEUR. – L'enfant était né dans la maison de Laïos.

ŒDIPE. – Esclave, ou du sang du roi ?

LE SERVITEUR. – Malheur à moi ! me voici devant ce qui est effroyable à dire.

ŒDIPE. – Et, pour moi, à entendre… Allons ! il faut l'entendre.

LE SERVITEUR. – On disait que c'était un fils de Laïos. Mais ta femme qui est dans le palais t'expliquerait mieux que moi les choses comme elles sont.

ŒDIPE. – C'est elle qui te l'a confié ?

LE SERVITEUR. – Oui, roi.

ŒDIPE. – Pourquoi ?

LE SERVITEUR. – Pour le faire périr*.

ŒDIPE. – Sa mère ? La misérable !

LE SERVITEUR. – Elle craignait les menaces d'un oracle.

ŒDIPE. – Quelles menaces ?

LE SERVITEUR. – Que l'enfant tuerait ses parents.

ŒDIPE. – Mais toi, pourquoi l'as-tu remis à ce vieillard ?

LE SERVITEUR. – Par pitié, maître. Je me disais qu'il l'emporterait à l'étranger, bien loin, dans son pays… Hélas !
Il l'a sauvé, et ce fut pour le pire ; car, si tu es l'enfant qu'il dit, sache que tu es vraiment un prédestiné* du malheur.

ŒDIPE. – Oh !… Oh !… comme tout est clair, à présent !…

Ô lumière du jour, puissé-je, à cette heure, tourner vers toi mes derniers regards ! Tel, moi-même, je me suis dévoilé : enfant indésirable, époux contre nature, meurtrier contre nature !

Charles Berling dans le rôle d'Œdipe. Mise en scène de J.-L. Martinelli.

SOPHOCLE, *Œdipe roi, Théâtre complet*,
traduction de Robert PIGNARRE, GF- Flammarion.

Réfléchis

1. Qui a remis autrefois l'enfant au messager ?
2. Pourquoi a-t-on voulu faire mourir cet enfant ?
3. Pourquoi le serviteur se fait-il prier pour parler ?
4. Pourquoi Œdipe le presse-t-il de questions ?
5. À quel moment Œdipe comprend-il la vérité ?

Lecture expressive

1. Œdipe est nerveux, inquiet. Le serviteur redoute de révéler la vérité. Donnez au dialogue un ton tragique et tendu.
2. Laissez transparaître une certaine lenteur, de la tristesse dans la diction.

Mise en scène • Le messager met en relation le serviteur et Œdipe, puis il assiste à la scène. Tenez compte de cette mise en retrait.

• À la fin, les deux personnages atterrés, s'assoient. La dernière tirade ne s'adresse pas au serviteur : Œdipe s'apitoie sur lui-même. Jouez avec soin ce court monologue.

Découvrir l'étymologie

1

Quelques mots-racines grecs ou latins

On peut comprendre le sens de certains mots français inconnus, si on reconnaît dans ces mots des racines grecques ou latines qui ont servi à les former.

Si tu t'aides, par exemple, de la liste donnée ici, tu peux comprendre qu'une *cardiopathie*, en langage médical, c'est une maladie de cœur.

2 En te familiarisant avec ces racines, tu peux devenir vite capable de comprendre un grand nombre de mots, souvent savants.

Les éléments précédés d'un tiret (par exemple *-cide*) se trouvent seulement à la fin des mots : ce sont des **suffixes**. Tu trouveras, à leur place alphabétique dans le dictionnaire, de nombreux **préfixes**, comme *anti-*, *inter-*, etc. 8

3

élément	*sens*	*exemple*
aéro	air (puis aviation)	aéromodélisme
-algie	douleur	névralgie
anthrop	homme	philanthrope
aqu	eau	aquatique, aqueduc
arbor	arbre	arboriculteur
archie	le pouvoir	monarchie (pouvoir d'un seul)
-arque	qui a le pouvoir	monarque
bibl	livre	bibliothèque, bibliophile
cardi	cœur	cardiaque, cardiologie
carn	chair	carnivore, incarné
chrom	couleur	polychrome (de plusieurs couleurs)
chron	temps	chronomètre
-cide	meurtre ; qui tue	tyrannicide, insecticide
cosm	univers	cosmique, cosmonaute
-cratie	force, pouvoir	démocratie, bureaucratie
crypt	caché, secret	cryptographie (écriture secrète)
drom	course	hippodrome, vélodrome
dynam	force	dynamisme, aérodynamique (force de pénétration dans l'air)
-fère	qui porte, produit	mammifère, somnifère
-fique	qui produit	soporifique, maléfique
-fuge	qui fuit, ou qui chasse	transfuge, vermifuge
gastr	estomac	gastrique, gastro-intestinal
-gène	qui produit	fumigène, pathogène (qui provoque une maladie)
-gone	angle	polygone, hexagone
graph	écrire, enregistrer	graphique, photographie

4 5 6 7

élément	*sens*	*exemple*
hém(at)	sang	hémorragie, hématome
hipp	cheval	hippique
hydr	eau	hydravion
iatr	médecin, soigner	psychiatre
lith	pierre	monolithe, aérolithe (pierre qui tombe du ciel)
-logie	science	sociologie, rhumatologie
-logue	spécialiste	sociologue, rhumatologue
-mètre, métrie	mesure	thermomètre, voltmètre
neur, névr	nerf	neurologie, névrose
-oïde	qui est proche de	ellipsoïde, anthropoïde (singe proche de l'homme)
path	souffrance, émotion, maladie	pathologie, antipathie
phag	manger	anthropophage
phil	aimer, ami	philanthrope, francophile
phob	haïr, ennemi	phobie, xénophobe
phon	voix, parole, son	phonétique, francophone
photo	lumière	photographie, photo-électrique
psych	esprit	psychologie, psychiatre
scop	voir, examiner	télescope, radioscopie
-thèque	armoire, lieu de rangement	bibliothèque, discothèque
thérap	soigner	thérapeutique, chimiothérapie
therm	chaleur	thermique, thermomètre
-vore	qui mange	carnivore

9 10

Larousse Maxi débutants CE2 - CM. 11

Repères de lecture

1 Le titre : il présente ce qui est expliqué et montré dans les listes. Le terme *racine* désigne la partie du mot qui est porteuse de la signification du mot. Les éléments proposés dans la liste ont deux origines (ou étymologies) : grecque ou latine. L'étymologie est la science qui étudie l'origine des mots.

2 Un texte introductif : il donne des explications générales et aide à comprendre comment lire le tableau.

3 Un élément : c'est la partie du mot qui vient soit du grec, soit du latin, et qui est utilisée dans la composition du mot français.

4 Le sens : la racine grecque ou latine a une signification qui est donnée dans cette colonne ; cela constitue la traduction de l'élément, l'idée générale donnée par l'élément.

5 Une racine latine : *aqua* signifie *eau* en latin.

6 Une racine grecque : *khrôma* signifie *couleur* en grec.

7 Un suffixe : c'est un élément d'un mot placé après le radical du mot (le tiret nous le fait comprendre). Ce suffixe vient du latin *ferre* qui veut dire *porter*.

8 Un préfixe : c'est un élément d'un mot placé devant le radical. De nombreux mots français ont un préfixe d'origine latine (*bi* : deux, par exemple, biface : outil de pierre taillé sur les deux faces) ou d'origine grecque (*hémi* : la moitié, par exemple, hémisphère).

9 Un exemple : un mot français – *bibliothèque* – construit à partir d'un élément grec, ici un suffixe. En se rapportant à l'élément *bibl-* dans la liste, on peut voir que le mot *bibliothèque* est formé à partir d'un deuxième élément grec.

10 Un exemple : un mot français – *carnivore* – construit à partir d'un élément latin, ici un suffixe. En se rapportant à l'élément *carn-* dans la liste, on note que *carnivore* est formé à partir d'un deuxième élément latin.

11 La référence de l'ouvrage d'où est tirée cette page de dictionnaire.

Repère

1. Quel est le sujet traité dans cette page ? De quel ouvrage cette page est-elle extraite ?
2. Comment les listes sont-elles construites ?
3. Où se trouvent les explications générales ?
4. Comment repère-t-on les suffixes ?
5. Que signifient les éléments : *arbor-, cosm-, hydr-, phon-* ?

Explique

1. Qu'est-ce que la racine d'un mot ?
2. Quel est l'intérêt de connaître ces racines ?
3. Quel rôle les exemples jouent-ils ?
4. En t'aidant des renseignements lus dans cette page et d'un dictionnaire, trouve les racines et le sens des mots suivants : *aéroporté, monochrome, cancérologue, ovoïde, conifère, phonétique, hippodrome, insectivore.*

Les dieux de l'Olympe

Les dieux sont des puissances immortelles. Ils sont supérieurs aux hommes, qui craignent leur colère. Les mythes sont des légendes qui racontent comment ils ont présidé à la naissance du monde et des humains à travers leurs disputes, leurs amours et leurs jalousies.

Comment naissent les dieux ?

Toujours dans des circonstances fabuleuses ! Athéna jaillit du crâne de Zeus, son père, tout armée et poussant un cri de guerre. Aphrodite émerge des flots de la mer. Qu'ils naissent jeunes (comme Apollon) ou d'âge mûr (comme Zeus), ils conservent éternellement leur première apparence et ne vieillissent pas.

Une punition divine

Il fut un temps où les hommes vivaient sans effort et sans soucis. Tous les malheurs (peine, maladie, fatigue) étaient enfermés dans une jarre. Un jour, Zeus voulut punir les hommes d'avoir dérobé le feu aux dieux. Il créa alors la première femme, Pandore. Celle-ci souleva le couvercle de la jarre, d'où s'échappèrent tous les maux. Seul l'Espoir y est resté, servant de consolation aux hommes.

Zeus (1), le maître des dieux, est représenté ici avec sa femme Héra (2), Poséidon (3), qui gouverne les océans, Apollon (4), dieu des arts, Hermès (5), messager ailé, Aphrodite (6), déesse de l'amour, et Athéna (7), déesse de l'intelligence. Héraclès (Hercule, 8) est un demi-dieu.

À Delphes, Apollon répond aux questions que lui posent les humains : faut-il faire la guerre aux Perses ? Devons-nous fonder une colonie ? Le dieu répond par la voix d'une jeune fille, la pythie. Les Grecs affluent de partout pour consulter l'oracle (personne qui prédit l'avenir).

30

*** Vocabulaire**

Olympe (n. m.) : massif montagneux de la Grèce (2 917 m au mont Olympe). Les Grecs en avaient fait la résidence des dieux.

pythie (n. f.) : prêtresse de l'oracle d'Apollon à Delphes.

Troie : citée antique de l'Asie Mineure appelée aussi Ilion (d'où le nom d'Iliade).

Achéens : la plus ancienne peuplade grecque. Les Achéens envahissent la Grèce au début du IIe millénaire.

▶ Pour en savoir plus, ouvre ton dictionnaire.

Repère

1. Quels sont les deux grands titres de ce document ?
2. Comment distingue-t-on le texte introductif ?
3. Quelle sorte d'illustrations voit-on ? Que représentent-elles ?
4. Où et comment sont placées les légendes qui accompagnent les illustrations ?
5. Quelle page faut-il lire pour avoir des informations sur Homère ?

L'Iliade et L'Odyssée

Dans L'Iliade, les Grecs se cachent dans un cheval de bois pour pénétrer par surprise dans Troie et prendre possession de la ville.

Dans L'Odyssée, Ulysse est obligé de se faire attacher à son bateau par ses compagnons pour résister au chant des sirènes (femmes oiseaux), qui l'attirent.

Ce sont deux grands poèmes très importants de l'histoire grecque. Homère, un poète qui aurait vécu au VIIIe siècle av. J.-C., les aurait recomposés à partir de différents récits transmis de génération en génération.

Que content ces poèmes ?

Pâris, le fils du roi de Troie, a enlevé la belle Hélène, épouse de Ménélas, roi grec de Sparte. Ménélas et les Achéens partent pour Troie afin de ramener Hélène et de punir les Troyens. *L'Iliade* raconte un moment du siège de Troie. Dans *L'Odyssée*, le héros grec, Ulysse, après la victoire des Grecs sur Troie, retourne dans son royaume d'Ithaque. Il lui arrive alors des aventures incroyables !

Les dieux aux côtés des hommes

Chaque dieu a choisi son camp : ainsi, Héra aide les Grecs tandis qu'Apollon protège Troie. Les dieux interviennent sans cesse dans l'action des humains en aidant l'un ou l'autre des personnages.

La guerre de Troie a-t-elle vraiment eu lieu ?

Oui. Troie a été détruite vers 1200 av. J.-C.
À cette époque, la ville était très riche. C'est pour piller la cité, et non pour les beaux yeux d'une reine, que les Achéens se sont unis contre Troie.

31

Explique

1. Qui sont les dieux de l'Olympe ?
2. Qu'est-ce qui caractérise leur naissance ?
3. Pourquoi les hommes ne vivent-ils plus sans effort et sans souci ?
4. Comment le dieu Apollon répond-il aux questions des hommes ?
5. Qu'est-ce que *L'Iliade* et *L'Odyssée* ?
6. Qui a utilisé un cheval de bois ? Pourquoi ?
7. Que s'est-il réellement passé lors de la guerre de Troie ?

Histoire - Sport

Trouve dans les livres de la bibliothèque des renseignements sur les premiers Jeux olympiques.

Le corbeau et le renard

Un corbeau sur un arbre perché tenait en son bec un bout de viande volée. Le renard, qui le vit et qui était fort alléché, se piéta devant lui, s'écria qu'il était joli et qu'il lui semblait beau, et que si son ramage répondait à son plumage, personne n'était mieux fait pour être le roi des oiseaux. Le corbeau, pour montrer sa belle voix, se met largement à brailler et laisse tomber sa proie. Le renard court dessus, s'en saisit, et dit : « Mon bon corbeau, si tu avais aussi quelque peu de jugeote, il ne te manquerait rien en effet pour être le roi des oiseaux. »

Cette histoire est une leçon pour les sots.

ÉSOPE, *Anthologie de la poésie grecque*,
traduction de Robert BRASILLACH, © Stock.

Sur deux rangs le sapin des rames battait la mer.
Le vent dans la voile emportait leur barque :
vers quel effort pour la grandeur de leurs maisons ?
L'espoir est cher à l'homme et il nous perd,
en nous rendant insatiables.
Et pour se charger d'or
on se livre au gré des tempêtes,
aux dangers des villes barbares.
Tous sont pris au même mirage,
mais l'un s'égare ou rien n'est à gagner,
et la fortune échoit à d'autres.

EURIPIDE, *Iphigénie en Tauride*,
traduction de Marie DELCOURT-CURVERS, Gallimard.

Chant du Chœur

Entre tant de merveilles du monde, la grande merveille, c'est l'homme.
Il parcourt la mer qui moutonne quand la tempête souffle du sud,
il passe au creux des houles mugissantes,
et la mère des dieux, la Terre souveraine,
l'immortelle, l'inépuisable,
une année après l'autre
il la travaille, il la retourne,
alignant les sillons au pas lent de ses mules.
Le peuple oiseau, race légère
et les fauves des bois et la faune marine,
il les capture au creux mouvant de ses filets,
cet inventeur de stratagèmes !

SOPHOCLE, *Antigone, Théâtre complet*,
traduction de Robert PIGNARRE, GF-Flammarion.

Au collège St-Jacques à Joigny, dans l'Yonne.

...Vers la sixième
Kamo, l'idée du siècle

Lire un texte littéraire

pages 184 à 192

• Un roman (extraits)

Il n'y a rien à savoir sur la sixième
La valse des profs

de Daniel PENNAC

*La sixième vous inquiète ? La sixième vous fait peur ?
Kamo, lui, a trouvé une solution pour se familiariser avec le collège.
Une solution qui a d'étranges conséquences…*

Il n'y a rien à savoir sur la sixième

Dans la cour de récréation, Kamo se fâche contre les adultes qui ne lui parlent que de la sixième.

Si on les écoutait, on ne pourrait plus rien faire sous prétexte qu'on rentre en sixième « Quel âge il a, votre petit ? Dix ans et demi ? Oh ! mais ça devient sérieux, plus question de rigoler, il va bientôt entrer en sixième ! » « Ah ! non, désolé, l'année prochaine pas de piscine, tu entres en sixième ! » « Quoi ? Cinéma ? Rien du tout ! Tu ferais mieux de réviser ton calcul si tu veux qu'on t'accepte en sixième ! »
« Kamo, je te l'ai dit cent fois, on ne met plus son doigt dans son nez quand on va entrer en sixième ! » Tous ! Tous autant qu'ils sont, ils n'ont que ça à la bouche, ma mère, tes parents, le poissonnier : la sixième ! la sixième ! Même le clébard* de la boulangère quand il me regarde, j'ai l'impression qu'il va me dire : « Eh ! oh toi, là, fais gaffe, hein, n'oublie pas que l'année prochaine, tu entres en sixième... ».
Les hurlements de Kamo avaient ameuté* les copains. Nos copains de CM2, ceux qui allaient entrer en sixième, justement.

Le grand Lanthier, le plus grand de nous tous, attendit que Kamo reprît son souffle pour dire très vite :

– Il n'y a qu'une seule grande personne qui ne parle jamais de la sixième, une seule !

Kamo avait ouvert la bouche pour continuer sa tirade*. Bouche ouverte, il regarda Lanthier.

– Qui ça ?

– M. Margerelle ! répondit Lanthier qui avait toujours peur de dire une bêtise tellement il était grand pour son âge.

Deux secondes plus tard, tout le monde déboulait* dans la classe. M. Margerelle était en train d'imprimer les feuilles d'histoire sur sa Ronéo*. Il tournait la manivelle et nos ancêtres les Gaulois sortaient de là en violet très pâle.

– Qu'est-ce que vous faites-là, les enfants ? La récré n'est pas finie...

Il nous a dit ça sans se retourner, sans gronder, de sa voix à lui, toujours souriante. C'était notre maître, M. Margerelle, pas de panique, jamais, « notre Instit' Bien Aimé » comme l'appelait Kamo, quand on avait une permission à lui demander. Mais là, tout de même, M. Margerelle a dû sentir que l'heure était grave, le silence bien silencieux, parce qu'il s'est redressé, et il nous a fixés un bon moment.

– Qu'est-ce qui se passe ?

Kamo a regardé ses baskets.

– On peut vous poser une question, m'sieur ?

M. Margerelle a eu un geste d'impuissance.

– Il n'est pas né celui qui pourra t'empêcher de poser une question.

– Vous ne nous parlez jamais de la sixième, pourquoi ?

– Pardon ?

– C'est vrai, dit Lanthier, vous êtes la seule grande personne qui ne nous dise rien de rien sur la sixième.

– Tout le monde nous parle de la sixième, tout le monde !

Les copains se déchaînaient :

– C'est vrai ! ma mère ! mon père ! ma tante ! le beau-père de ma sœur ! la voisine du dessous ! l'assistante sociale ! le docteur Muzaine ! le garagiste de mon grand-père, même le facteur, hier matin ! La sixième ! Tout le monde sauf vous ! La sixième ! La sixième !

Un vrai déluge. Au point que M. Margerelle a dû ouvrir ses bras très grands, comme pour arrêter un train fou.

Petite biographie
Daniel Pennac

Né en 1944, Daniel Pennac est romancier et enseigne le français dans un collège parisien. Auteur de romans et d'essais pour adultes (*Au bonheur de ogres, La Petite Marchande de prose*), il écrit aussi pour la jeunesse : *Cabot-caboche, L'Œil du loup*. Plusieurs de ses romans ont pour héros le jeune Kamo : *Kamo, l'Agence Babel, L'Évasion de Kamo, Kamo et moi. Kamo, l'idée du siècle* est le quatrième volume de ses aventures.

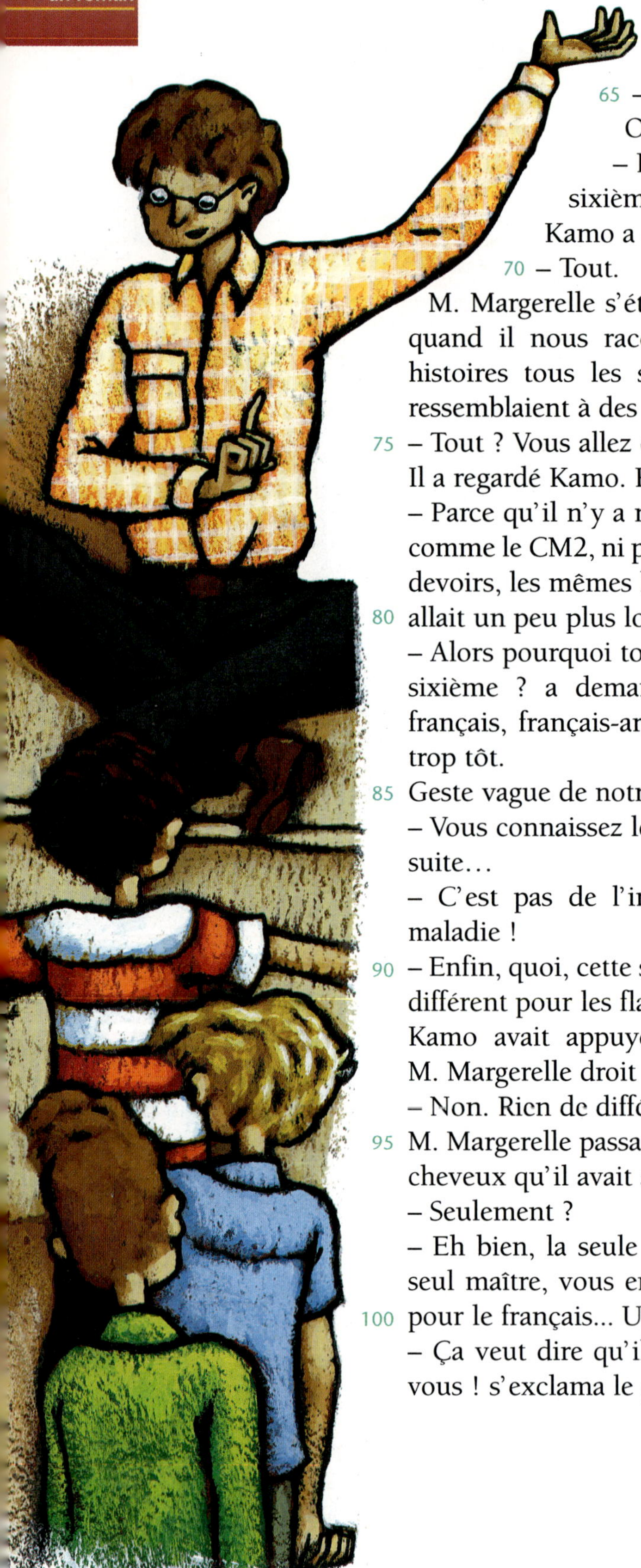

– Stoooop !

On a stoppé.

– Allez vous asseoir.

On s'est assis.

– Bon. Qu'est-ce que vous voulez savoir sur la sixième ?

Kamo a dit :

– Tout.

M. Margerelle s'était assis sur son bureau, en tailleur, comme quand il nous racontait une histoire. (Il nous racontait des histoires tous les samedis matins. Oui, avec lui les samedis ressemblaient à des dimanches.)

– Tout ? Vous allez être déçus.

Il a regardé Kamo. Puis nous autres.

– Parce qu'il n'y a rien à savoir, sur la sixième. La sixième, c'est comme le CM2, ni plus ni moins. Les mêmes matières, les mêmes devoirs, les mêmes horaires... un peu plus poussés, comme si on allait un peu plus loin sur le même chemin, c'est tout.

– Alors pourquoi tout le monde nous bassine* avec cette foutue sixième ? a demandé Kamo qui parlait couramment argot-français, français-argot, un héritage de son père qui était mort trop tôt.

Geste vague de notre Instit' Bien Aimé :

– Vous connaissez les parents... toujours un peu inquiets pour la suite…

– C'est pas de l'inquiétude, a crié Lanthier, c'est une vraie maladie !

– Enfin, quoi, cette sixième, elle doit bien avoir quelque chose de différent pour les flanquer dans un état pareil !

Kamo avait appuyé sur l'adjectif « différent » en regardant M. Margerelle droit dans les yeux.

– Non. Rien de différent. Seulement...

M. Margerelle passa sa main dans sa tignasse*. Ce n'était pas des cheveux qu'il avait sur la tête, c'était la forêt d'Amazonie.

– Seulement ?

– Eh bien, la seule vraie différence, c'est qu'au lieu d'avoir un seul maître, vous en aurez six ou sept : un pour les maths, un pour le français... Un professeur par matière, quoi.

– Ça veut dire qu'ils seront six ou sept fois moins savants que vous ! s'exclama le grand Lanthier.

Margerelle éclata de rire :

– Ne va surtout pas leur dire ça, malheureux !... non, ce sont des spécialistes, un peu comme en médecine : un docteur pour le cœur, un autre pour le foie, un troisième pour les reins, tu vois ?

– Et alors, demanda Kamo, où est le problème ? (« Où est le problème », c'était l'expression favorite de Tatiana, la mère de Kamo, à qui rien ne paraissait impossible... « Et alors, où est le problème ? »)

– L'adaptation, répondit M. Margerelle.

– L'adaptation ?

– Oui, jusqu'à présent vous n'aviez qu'un maître par an, que vous connaissiez bien ; bon ou mauvais, vous faisiez avec. En sixième, il faudra vous habituer à six ou sept caractères différents dans la même année. (Il ajouta) : Quelquefois très différents. (Il regarda Kamo.) Il pourrait même s'en trouver un qui supporte moins bien qu'un autre les questions de Kamo...

Là, silence. Le genre de silence où on commence à comprendre... Et c'est dans cette peur silencieuse que j'ai dit :

– Les profs de sixième, c'est tous des voleurs de télés !

Tout le monde m'a regardé, et M. Margerelle avec des yeux grands comme ça.

– Qu'est-ce que tu dis, toi ?

Je savais très bien ce que je disais, mais j'ai répondu :

– Rien.

Kamo est revenu à la charge :

– C'est très embêtant, ça, le coup de l'adaptation, c'est très très embêtant...

– Il ne faut rien exagérer, dit M. Margerelle, c'est pas dramatique.

– Pas dramatique ? Un type qui ne répondrait pas à nos questions, vous trouvez que ce n'est pas dramatique ? Et les réponses, alors ? Qui est-ce qui nous filera les réponses quand vous ne serez plus là ?

Une telle angoisse dans la voix de Kamo que nous nous sommes sentis orphelins, tout d'un coup, tous ! (Mais, Kamo sans doute plus que nous, vu que son père était mort, un soir, à l'hôpital.) Plus de M. Margerelle, plus d'Instit' Bien Aimé, plus de réponses à nos questions... Le petit Malaussène, qui avait un an d'avance sur nous tous, se mit à pleurer... il balbutiait :

– Si, c'est grammatique ! c'est vachement grammatique !

Kamo lui ôta ses lunettes pleines de buée et, tout en les essuyant avec son mouchoir, dit, très calmement :

– Arrête de pleurer, Le Petit… il y a une solution. Je crois même que je viens de trouver l'idée du siècle.

Puis, à M. Margerelle, un peu comme on donne un ordre :

– Il faut que vous nous prépariez *vraiment* à la sixième, monsieur, dès demain ! Il faut nous apprendre à affronter tous ces caractères différents !

– On peut savoir comment ? demanda M. Margerelle qui commençait à s'amuser.

Le visage de Kamo s'illumina, comme toujours quand il trouvait « l'idée du siècle » (ce qui lui arrivait deux ou trois fois par jour).

– En jouant les rôles de tous ces nouveaux profs ! s'exclama-t-il. Fini le M. Margerelle que nous connaissons tous ! Vous arrivez demain et vous jouez le rôle d'un prof de maths complètement inconnu, ou du nouveau prof d'anglais ; vous allez jouer tous ces rôles de profs comme vous faites avec les personnages de Molière... tous !

– Même celui qui répond pas aux questions ? demanda le petit Malaussène avec un reste de peur dans la voix.

– Surtout lui ! C'est surtout à celui-là qu'il faut « s'adapter ! »

Kamo tomba à genoux et leva des bras suppliants vers M. Margerelle toujours assis sur son perchoir :

– Allez, quoi, notre Instit' Bien Aimé, faites ça pour nous !

Toute la classe l'imita. À genoux, tous, bras levés, tous, et braillant* comme des affamés :

– Faites-le pour nous, notre Instit' Bien Aimé ! Faites-le pour nous !

D'abord, M. Margerelle ne répondit rien. Les mains à plat sur le bureau, il secouait lentement la tête de droite à gauche en regardant ses pieds avec un sourire qui n'en revenait pas. Puis, il dit :

– Décidément, tu es complètement cinglé, mon pauvre Kamo.

C'était dit sur un ton affectueux. Mais Kamo sentit que le vent tournait.

– C'est oui ou c'est non ?

M. Margerelle sauta de son bureau sur le sol.

– C'est non. Je ne suis pas le clown de service.

Et, avant que quelqu'un ait pu ajouter un seul mot :

– Et vous n'êtes pas des guignols. Fini la rigolade. Asseyez-vous et sortez vos classeurs d'histoire.

La valse des profs

Pour faciliter l'adaptation de ses élèves à la sixième, M. Margerelle finit par accepter de jouer le rôle de différents professeurs…

Il est comme ça, Margerelle. Il pourrait se diviser en millions de Margerelle. Il pourrait imiter tous les profs de la Terre. Incroyable, non ?

Si.

Après M. Arènes, le prof de maths, avec son bon gros calme sympathique, on a eu droit à M. Virnerolle, le prof d'histoire, (un bavard intarissable* qui passait des heures à nous raconter des histoires de famille, de vacances, de chien-chien et de bagnoles sans aucun rapport avec l'Histoire ce qui ne l'empêchait pas de nous donner des interros écrites exactement comme s'il nous avait fait cours) ; il y avait aussi M. Pyfard, le prof de biologie, (qui ouvrait les grenouilles au scalpel* mais ne pouvait s'empêcher de pleurer devant la grenouille ouverte) et M. Larquet, le prof de gym (un ex-champion universitaire de basket qui soulevait le petit Malaussène à bout de bras pour marquer les paniers, et j'entends encore le rire du petit Malaussène quand il s'envolait, le ballon dans les mains et les lunettes sur le nez...).

Chacun de ces profs avait un caractère qui le distinguait de tous les autres... et c'était chaque fois Margerelle, pourtant, un Margerelle sans aucun rapport avec notre Margerelle à nous.

– Quel type, hein ! Quel type et quelle aventure ! Non ? Non ?

Oui, oui, situation très excitante, oui, tous les profs du monde servis sur un plateau avec leur mode d'emploi et leurs pièces de rechange... (Margerelle était allé jusqu'à imiter les remplaçants de nos profs quand ils tombaient malade, et même, un jour, on a vu entrer dans notre classe un remplaçant de remplaçant !) oui... formidable, vraiment...

Kamo était plutôt fier de lui.

– Ça, c'est ce que j'appelle une préparation à la sixième !

Seulement voilà, les semaines chassant les mois, une question commençait à se poser tout de même, une question de rien du tout, d'abord, mais qui, petit à petit, prit de l'ampleur*, et qui se mit bientôt à nourrir toutes nos conversations : qu'était devenu le vrai Margerelle, notre Instit' Bien Aimé ?

Tous les soirs, nous attendions Margerelle à la sortie de l'école, mais ce n'était jamais Margerelle qui sortait. Si la journée s'achevait sur un cours d'anglais, on voyait apparaître la grande silhouette dégingandée* de Saïmone (« Baille-baille djêntlemèns* ! ») ou la lourde carcasse d'Arènes si le dernier cours avait été un cours de maths (« À demain, les matheux !... »).

– Il joue le jeu jusqu'au bout, expliquait Kamo, il est très très fort.

Kamo avait beau s'appliquer, il était de moins en moins convaincant. [...]

Les élèves s'inquiètent de ne plus reconnaître M. Margerelle. Ils aimeraient que tout redevienne comme avant.

– Plus de jeunes filles aux cheveux bruns ou blonds pour attendre M. Margerelle à la sortie de l'école, plus de moto non plus... plus rien qui pût nous rappeler notre Instit' Bien Aimé.

– C'est comme si tu l'avais fait disparaître en lui-même...

– Comme si je l'avais fait disparaître ? Vous n'étiez pas d'accord, peut-être, pour qu'il nous prépare sérieusement à la sixième ?

– C'était ton idée, Kamo, pas la nôtre.

– Ton « idée du siècle ».

– Une idée géniale, tu peux être fier de toi !

– Lanthier a raison, on ne plaisante pas avec ces trucs-là... [...]

Un responsable, c'est la chose au monde la plus difficile à trouver quand il faut prendre une décision, mais la plus facile à inventer quand les choses tournent mal. Avec Kamo, la classe tenait son responsable. Elle ne le lâchait plus.

– Et toi, qu'est-ce que tu en penses, toi ?

Moi, je n'en pensais rien.

J'aurais bien aimé revoir M. Margerelle. Deux mois d'hiver venaient de s'écouler avec une lenteur de glacier et je trouvais que la plaisanterie avait assez duré. Seulement, j'étais comme tout le monde, je n'étais plus du tout sûr qu'il s'agît d'une plaisanterie. D'ailleurs, Margerelle ne plaisantait même plus avec les autres instit', ses collègues, et quand M. Berthelot, le directeur, croisait un des Margerelle dans le couloir, il s'engouffrait dans une classe, au hasard, comme pour l'éviter.

– Enfin, quoi, me disait Kamo, quand il rentre chez lui, il doit bien redevenir lui-même, non ?

Nous nous mîmes à le suivre, en nous cachant, jusqu'à la porte de son immeuble, mais d'un bout à l'autre du chemin, c'était Virnerolle qui marchait devant nous, ou Saïmone avec tous ses bras et toutes ses jambes, ou Crastaing, le prof de français, qui, même vu de dos, et même à cent mètres de distance, continuait à nous flanquer une trouille bleue*...

– Il doit sentir qu'on le file, disait Kamo, ça ne peut pas s'expliquer autrement...

Un après-midi, alors qu'Arènes pénétrait dans l'immeuble de Margerelle, Kamo eut une fois de plus « l'idée du siècle ». Il fonça dans une cabine téléphonique et composa le numéro de notre Instit' Bien Aimé.

– Là, dit Kamo, en entendant la sonnerie, là, il est coincé.

Rien du tout. Ce ne fut pas Margerelle qui décrocha. Kamo partagea l'écouteur avec moi. Il y eut un déclic et une voix impossible à identifier – on aurait dit une voix en conserve – répondit sur un ton mécanique, comme on récite une leçon :

– Dans l'incapacité momentanée de vous répondre, nous vous prions de bien vouloir laisser votre message après le bip sonore. Merci.

– Un répondeur automatique, dit Kamo en raccrochant, il a tout prévu.

Puis le sourcil très inquiet :

– Tu as entendu ? il dit *nous* vous prions... *nous*... tout de même bizarre, non ?

Daniel PENNAC, *Kamo, L'idée du siècle*,
coll. « Lecture Junior », Gallimard Jeunesse.

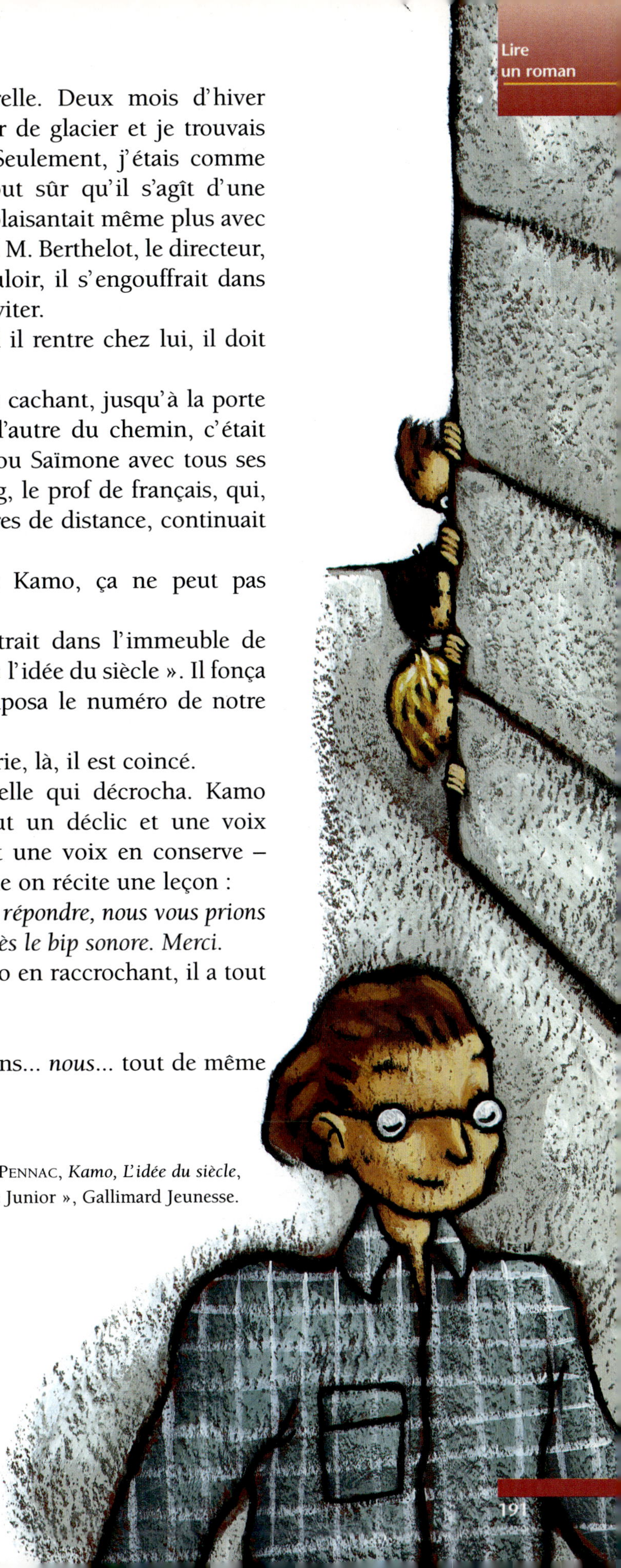

*** Vocabulaire**

clébard (n. m. pop.) : chien.

ameuter (v.) : rassembler en faisant du bruit.

tirade (n. f.) : longue suite de phrases dites sans interruption.

débouler (v.) : arriver rapidement comme une boule.

Ronéo (n. f.) : machine à reproduire un texte ou un dessin faits avec un papier spécial (stencil).

bassiner (v. pop.) : ennuyer, fatiguer.

tignasse (n. f.) : chevelure abondante et mal peignée.

brailler (v.) : crier ou parler très fort de façon ridicule.

intarissable (adj.) : qui ne cesse de parler.

scalpel (n. m.) : petit couteau à manche plat utilisé pour les dissections.

prendre de l'ampleur (v.) : prendre de l'importance.

dégingandé (adj. fam.) : qui est comme disproportionné dans sa haute taille et désarticulé dans ses mouvements et sa démarche.

Baille-baille djêntlemèns (de l'anglais : *bye-bye gentlemen*) : au revoir, messieurs.

flanquer une trouille bleue (familier) : faire très peur.

▶ Pour en savoir plus, ouvre ton dictionnaire.

Repère

1. Quel est le titre du roman d'où ce texte est extrait ?
2. Qui en est l'auteur ?
3. Dans quels autres romans le héros Kamo apparaît-il ?
4. Où la scène se passe-t-elle ?
5. Qui sont les personnages ?
6. Quels sont les titres des deux parties ?
7. Comment l'instituteur s'appelle-t-il ?
8. En quels personnages se transforme-t-il ?
9. Pendant combien de temps Margerelle joue-t-il différents professeurs ?
10. Comment le directeur réagit-il face aux « métamorphoses » de l'instituteur ?
11. Que dit le message du répondeur ?

Explique

1. Quelle est la préoccupation des CM2 ?
2. Quels sont les inconvénients de la sixième ?
3. Pourquoi Kamo propose-t-il de s'adresser à Monsieur Margerelle ?
4. Quels renseignements l'instituteur donne-t-il sur la sixième ?
5. Pourquoi parle-t-il d'adaptation ?
6. Quelle est l'idée du siècle de Kamo ?
7. Monsieur Margerelle accepte-t-il son idée ?
8. Que fait l'instituteur pour habituer ses élèves aux différentes personnalités ?
9. Pourquoi le « vrai » Margerelle a-t-il disparu ?
10. Pourquoi Kamo est-il inquiet en raccrochant le téléphone ?
11. Pourquoi ce récit est-il vivant ?
    Comment l'auteur s'y prend-il pour rendre l'histoire drôle et familière ?
12. Comment l'auteur introduit-il du suspense ?

Explore

1. Quelles sont les expressions qui ont un rapport avec l'univers scolaire ?
2. À quoi Monsieur Margerelle compare-t-il les professeurs de sixième ?
3. Quel mot le petit Malaussène balbutie-t-il ?
4. Quel est l'auteur de théâtre évoqué dans le texte ?
5. Comment la classe supplie-t-elle l'instituteur d'accepter l'idée de Kamo ?
6. Quels sont les portraits des différents professeurs joués par Margerelle ?

Lecture Pour connaître la fin de l'histoire, lis le roman, *Kamo, L'idée du siècle*, en entier. Plonge-toi aussi dans ses autres aventures : Kamo va encore te surprendre...

La sixième Rassemble des informations sur le collège : emploi du temps, noms des professeurs, moyens de transport pour s'y rendre, fonctionnement de la cantine, règlement intérieur de l'établissement...

Couverture et maquette intérieure : Marie-Christine CARINI
Mise en page et réalisation : PICTORUS
Suivi éditorial : Véronique KEMPF

Illustrations

– Couverture : Géraldine Besnard, Claude-Henri Saunier.
– Intérieur : pp. 8-11 : Hervé Florès ; pp. 24-26 : Marie-Marthe Collin ; pp. 27-29 : Franck Perrot ; pp. 40-41 : Claire Gandini ; pp. 42-43 : Sylvie Serprix ; pp. 44-45 : Rony Turlet ; p. 50 : Peter Bull (bd), Gill Tomblin (cb) ; p. 51 : Peter Bull (c), Roger Stewart (h) ; p. 53 : Stuart Mackay ; pp. 72-74 : Pierre Balhouey ; pp. 75-77 : Jérôme Ruillier ; p. 82 (hg) et p. 83 (hd) : Michel Sinier ; p. 84 (mg, d, b) et p. 85 (m, hd) : Marc Mosnier ; pp. 91-93 : Thierry Chapeau ; p. 96 : © RéNass (Réseau des laboratoires en Sciences de la Terre du CNRS (INSU) et des Universités) ; p. 101 : infographie Daniel Musch ; pp. 104-106 : Buster Bone ; pp. 107-109 : Claude-Henri Saunier ; p. 114-117 : infographies, O. Charbonnel, C. Oubrerie, G. Boilève, S. Bornot, A. Green, C. Olivès, M. Philips ; pp. 120-122 : Jean-Louis Goussé ; pp. 123-125 : Géraldine Besnard ; pp. 128-129 : Laurent Rullier ; pp. 139-141 : Axel Maja ; p. 144 : cartographie, Amélie Veaux ; p. 146 : Christian Voltz ; p. 147 : infographie, Hélène Bareau ; pp. 152-154 : Xavier Crauffon ; pp. 155-159 : Christophe Chaboute ; p. 164-165 : Florence Cestac ; pp. 180-181 : Marie-Christine Lemayeur et Bernard Alunni ; p. 183 : Jean-Philippe Chabot ; p. 184 à 191 : Guillaume Renon.

Crédits photographiques

– Couverture : Jean Philippe Varin/Jacana.
– Intérieur : p. 7 : © Collection Christophe L. ; p. 8 : © Collection Institut Lumière/Lyon-France ; p. 9 : J.-L. Charmet ; pp. 14-15 : © Prod ; p. 16 : © Aldo GR/ Collection Kipa ; p. 18 (g et d) : © Collection Institut Lumière/Lyon-France ; p. 19 : Association Frères Lumière/Collection Institut Lumière ; pp. 20-21 : Arte/Kipa/Sipa/DR ; p. 23 : Lesueur, *La plantation de l'arbre de la liberté*, musée Carnavalet, Paris, Photo Josse ; p. 30 : © Laurent M./Gamma ; p. 31 : © Prod ; p. 32 : © Josse ; p. 36 (h) : G. Namun/Lalance ; p. 36 (m et b) : Bulloz ; p. 37 (m) : D. Genet ; p. 37 (h) : Bulloz ; p. 38 : Illustration de Hansi, bibliothèque des Arts décoratifs, Paris, cliché J.-L. Charmet ; p. 39 : Euro RSCG Babinet Erra Tong Cuong ; p. 46 : © Collection Roger Viollet ; p. 47 : © Photo Ph. Coqueux/Specto ; p. 48 : Jules Verne, © Kharbine Tapabor ; *métro*, © Urba Images ; p. 50 : Anthony Howarth (cg) ; p. 51 : Jane Burton (bg), Frieder Sauer (cg), Kim Taylor (c) ; p. 52 : Bruce Coleman (hg), U.S. Dept. of Energy (bc) ; p. 53 : Sinclair Stammers (hd) ; p. 55 : © Bruno Bade/Vandystadt ; p. 56 : © Gérard Vandystadt/Vandystadt ; p. 58 : © Richard Martin/ Vandystadt ; p. 59 : © Pascal Tournaire/Vandystadt ; p. 60 : © Didier Givois/Vandystadt ; p. 61 : © Sylvie Chappaz/Vandystadt ; p. 62 : © Louis Monier/Gamma ; p. 63 : Collection particulière, Japon-Hokusai 1760-1849, Paris, © G. Dagli Orti ; p. 70 : Collection Kharbine-Tapabor ; p. 71 : Illustration anglaise, fin du XIXe, bibliothèque des Arts décoratifs, Paris, cliché J.-L. Charmet ; p. 78 : © Falour/Stills ; p. 79 : © Éric Catarina/Stills ; p. 80 : *La Liberté de l'Est* ; p. 82 (hd) : Abel Pann, *Elias Howe*, vers 1900 ; p. 82 (b) : Pierre Loti, *L'art ménager*, février 1930, p. 74 ; p. 83 (hg) : DR/© Thomson Archives, Paris ; p. 83 (hm) : Machine à coudre de Thimonnier, 1830/© musée des Arts et Métiers, Paris ; p. 83 (mg) : in *La Merveilleuse Histoire du lave-linge* de Michel Rachline, Thomson/Olivier Orban, p.16/DR ; p. 83 (bg) : Anonyme, 1949/ © Bibliothèque Forney, Paris ; p. 83 (bd) : © Patrick Léger, Gallimard Jeunesse ; p. 84 (h) : M. Maurette/© CNES, Toulouse ; p. 85 (hg) : David Parker/Science Photo Library/© Cosmos, Paris ; p. 85 (bg) : Antonio Pagnotta/ © Cosmos, Paris ; p. 87 : Jean Philippe Varin/Jacana ; p. 88 : Denis-Huot/Hoaqui ; p. 89 : Krafft/Hoaqui ; p. 90 : Krafft/Hoaqui ; p. 94 : P. Baril/ Kipa ; p. 95 : © C.E. Bidard/Specto ; p. 98 : Olivier Martel ; p. 99 : P. Miller Black Star/Rapho ; p. 100 : photos DR ; p. 102 : © Zefa-Nightlight ; p. 103 : Merten Hans-Peter ; p. 110 : © Harlingue/Roger Viollet ; p. 111 : © G. Dagli Orti ; p. 112 : © Thomas/Jerrican ; p. 119 : © Bramaz/Jerrican ; p. 126 : © L. Monier/Gamma; p. 127 : Photo Josse © Succession Picasso 1999 ; p. 132 (h) : © Roger Vlitos ; p. 132 (m) : © Science Photo Library ; p. 132 (b) : © Roger Vlitos ; p. 133 (h) : © Frank Spooner Pictures ; p. 133 (d) : Roger Vlitos ; p. 134 : © G. Dagli Orti ; p. 135 (h) : *The Menin Road*, 1919, Paul Nash, Imperial War Museum/Bridgeman Art Library, Londres, Paris, NY ; p. 136 : © ND-Viollet ; p. 137 : © Boyer-Viollet ; p. 138 : Jean Vigne ; p. 142 : Hubert Josse ; p. 143 : © Ph. Coqueux/Specto ; p. 146 : Noël Quidu/Gamma ; p. 147 (h) : F. Horvat/Saba/Rea ; p. 147 (d) : Antonio Ribeiro/Gamma ; p. 148 : Photo Josse © Succession Picasso 1999 ; p. 150 (h) : AKG Paris ; p. 151 : © G. Dagli Orti ; p. 160 : © Roger-Viollet ; p. 161 : © Ph. Coqueux/Specto ; p. 162 (g et c) : © AFP ; p. 167 : Collection des vases grecs de M. Lambert-ed. 1813, bibliothèque des Arts décoratifs, Paris, © G. Dagli Orti ; p. 168 : musée archéologique de Naples © G. Dagli Orti ; p. 169 : Crète. Hérakléion, musée d'archéologie © G. Dagli Orti ; p. 171 : musée national du Bardok, Tunis, © G. Dagli Orti ; p. 172 : musée national d'archéologie d'Athènes © G. Dagli Orti ; pp. 173-174 : musée du Louvre, Paris, © G. Dagli Orti ; p. 176 : musée du Capitole © G. Dagli Orti ; p. 177 : S. Sauret/Specto ; p. 183 : © J.-P. Pouteau/Ciric.